Eva Weber-Guskar
Die Klarheit der Gefühle

Ideen & Argumente

Herausgegeben von

Wilfried Hinsch und Lutz Wingert

Walter de Gruyter · Berlin · New York

Eva Weber-Guskar

Die Klarheit der Gefühle

Was es heißt, Emotionen zu verstehen

Walter de Gruyter · Berlin · New York

Gedruckt mit Unterstützung der Geschwister Boehringer Ingelheim Stiftung für Geisteswissenschaften in Ingelheim am Rhein.

⊗ Gedruckt auf säurefreiem Papier,
das die US-ANSI-Norm über Haltbarkeit erfüllt.

ISBN 978-3-11-020463-6

ISSN 1862-1147

Bibliografische Information der Deutschen Nationalbibliothek

Die Deutsche Nationalbibliothek verzeichnet diese Publikation in der Deutschen Nationalbibliografie; detaillierte bibliografische Daten sind im Internet
über http://dnb.d-nb.de abrufbar.

Printed in Germany

Umschlaggestaltung: Martin Zech, Bremen
Umschlagkonzept: +malsy, Willich
Druck und buchbinderische Verarbeitung: Hubert & Co. GmbH & Co. KG,
Göttingen

Vorwort

Dieses Buch ist eine leicht überarbeitete Fassung meiner Dissertation, die ich im Februar 2007 am Fachbereich Philosophie und Geisteswissenschaften der Freien Universität Berlin eingereicht und im Juli desselben Jahres verteidigt habe. Viele Personen haben den Entstehungsprozess dieser Arbeit begleitet. An erster Stelle möchte ich meinen beiden Betreuern und akademischen Lehrern für ihr Interesse, ihre Unterstützung und ihre unverzichtbaren Anregungen danken. Peter Bieri hat das Projekt mit mir von der ersten Idee an besprochen, als noch das Verstehen im Mittelpunkt stand. Hilge Landweer lernte ich mit der Schwerpunktverlagerung auf das Thema der Gefühle kennen und mit ihr öffnete sich für mich der verstreute Kreis Emotionen erforschender Philosophinnen und Philosophen, insbesondere auf den Tagungen in Dubrovnik, wo ich beide Male wichtige Impulse erhielt. Auch Peter Goldie danke ich für Gespräche und Korrespondenz zum Thema.

Für die Finanzierung der Promotion und darüber hinaus Treffen und Seminare in dieser Zeit bin ich der Friedrich-Ebert-Stiftung zu Dank verpflichtet. Für das letzte Korrekturlesen danke ich Helga Petznick, für das Setzen des Textes David Löwenstein und für die Betreuung im Verlag Christoph Schirmer.

Außerdem gilt ein großer Dank Achim Spelten für seine Ermutigungen und seine unermüdliche Diskussionsbereitschaft in der Anfangszeit der Arbeit. Für einzelne Kapitellektüren und wertvolle Diskussionen, gemeinsame Gefühle, und überhaupt ihr lebendiges Beispiel danke ich Anne Lindner, Catherine Newmark, René Majer, Jürgen Müller, Philipp Keller, Arnd Pollmann, Matthias Schloßberger, Jan Slaby und ganz besonders Ralph Amann.

Für ihre ausführliche, immer konstruktive Kritik und ihre Kommentare zum gesamten Manuskript danke ich Dina Emundts.

Meinen Eltern danke ich für einen Korrekturlesegang – und natürlich überhaupt und gänzlich. Denn sie sind es, von denen ich Gefühle zu allererst gelernt habe.

Berlin, September 2008   Eva Weber-Guskar

Inhaltsverzeichnis

Einleitung

Das menschliche Leben besteht sicher nicht zum kleinsten Teil darin, Gefühle zu verstehen. Unser sozialer Alltag würde kaum funktionieren, ohne dass wir uns bemühten und Erfolg darin hätten, die Gefühle anderer zu verstehen. Und die eigenen Gefühle zu verstehen, ist eine Aufgabe, die zumindest all jene Personen beschäftigt, die sich um Selbsterkenntnis und um ein erfahrungsreiches oder auch selbstbestimmtes Leben bemühen.[1] Was aber heißt es genau, Gefühle zu verstehen? Was wir da tun, was die Voraussetzungen für Erfolg darin sind und wie weit wir dabei kommen können, das sind die Fragen, denen diese Arbeit gewidmet ist.

Dafür bewegt sich diese Untersuchung im großen Rahmen der Philosophie des Geistes oder auch philosophischer Psychologie. Dazu kommen Philosophie der Gefühle und Hermeneutik; letztere nicht als Methode, sondern als philosophischer Bereich, der den Verstehensbegriff zum Thema hat. Vor dem Hintergrund aus diesen Koordinaten lassen sich Relevanz und Interesse der Fragestellung noch klarer herausstellen.

Philosophie der Gefühle

Gefühle sind besonders komplexe Phänomene, die von vielen Perspektiven aus betrachtet werden können; sei es neurologisch-medizinisch, biologisch-evolutionär oder sozial-symbolisch. In der Philosophie sind sie seit Aristoteles ein Thema, nur führten sie hier im Vergleich zu anderen Themen meist eine Randexistenz. Dennoch gibt es von der Antike bis ins 18. Jahrhundert eine lange Tradition der Beschäftigung mit diesen

Phänomenen, nur unter verschiedenen Begriffen, von Passionen, über Affekte und Emotionen bis zu Gefühlen.[2] Bei Aristoteles als „Passionen" noch Bestandteil der Rhetorik, werden sie Teil der Wissenschaft von den Seelenvermögen und der Ethik und finden auch bald Überschneidung mit der Ästhetik. Als zentrales Problem wird von der Stoa über die Scholastik bis Descartes die Möglichkeit bzw. insbesondere Beschränktheit der Verfügungsmacht über die affektiven Phänomene diskutiert. Im 18. Jahrhundert flaut einerseits das Interesse daran unter dem verstand- und vernunftorientierten Aufklärungsgedanken ab. Andererseits etabliert in dieser Zeit kein geringerer als Immanuel Kant erstmals den Begriff des „Gefühls" in der Philosophie. Außerdem spielen Emotionen in der Ästhetik und für manche Empiristen auch weiter eine bedeutende Rolle: In der *moral-sense*-Debatte wird Mitgefühl oder Mitleid als moralfundierend untersucht. Im 19. Jahrhundert sind die Gefühle kaum als Thema in der Philosophie vorzufinden, sondern eher in den Naturwissenschaften und der neu aufkommenden Psychologie. Um 1900 setzt im Zuge der Psychoanalyse und vor allem in der phänomenologischen Philosophie eine erste Renaissance ein, eine zweite ist gegenwärtig seit den 1980ern und 90ern zu konstatieren. Diese neue Aufmerksamkeit bezüglich der Gefühle in der Philosophie hat ihren Grund nicht zuletzt darin, dass Gefühle in der heute wieder verstärkt geförderten Interdisziplinarität besonders geeignete und ergebnisversprechende Untersuchungsobjekte sind. Vor allem aber wird den Gefühlen auch immer mehr Bedeutung zugemessen, was die Frage nach einem angemessenen Menschen- bzw. Personenverständnis ausmacht. Von der Vorstellung des Menschen als eines *animal rationale* ist eine Tendenz zum *animal emotionale* zu registrieren.[3]

Die gegenwärtigen Abhandlungen sind tendenziell auf eine von drei Hauptinteressen ausgerichtet: Entweder es wird gefragt, „was Gefühle wirklich sind"; das ist klassisch die ontologische Frage und aktuell die Diskussion, die auch in Annäherung an und in Kontroverse mit Neuro- oder Kognitionswissenschaften stattfindet.[4] Oder es steht die Frage nach der Rationalität im Mittelpunkt, wobei das Ziel stets ist, die Auffassung der Irrationalität von Gefühlen zu widerlegen[5] – was mittlerweile schon so oft getan wurde, dass es bereits wieder Stimmen gibt, die den Vernunft und Wahrnehmung beeinträchtigenden Aspekt der Gefühle neu betonen.[6] Und schließlich wird die Frage nach dem Zusammenhang zwischen Gefühlen und Moral häufig diskutiert.[7] Noch liegt aber keine philosophische Abhandlung vor, die sich dezidiert mit dem Verstehen der Gefühle auseinandergesetzt hätte. In der philosophischen Literatur zu Gefühlen wird einerseits natürlich über nichts anderes geredet, als darüber, wie Gefühle zu verstehen sind. Wer eine philosophische Antwort auf die Frage „Was sind Gefühle?" gibt, der hat auf bestimmte Weise verstanden, was Gefühle sind. Wer ihre Rolle in der Moral oder ihre Bedeutung für die Rationalität einer Person eingesehen hat, hat sie auch in bestimmten Hinsichten verstanden. Doch andererseits wird wenig darüber diskutiert, denn es wird selten erörtert, wie wir Gefühle im alltäglichen Leben verstehen, also, was es heißt, einzelne Gefühle konkret zu verstehen, anstatt in philosophischer Reflexion auf die „Art".[8]

Der Fokus, unter dem ich Gefühle betrachte, bringt es mit sich, dass Fragen zum Wesen der Gefühle gleich in Hinsicht auf unser Verhältnis zu bzw. unseren Umgang mit ihnen angegangen werden. Das bedeutet eine Betonung von bestimmten Aspekten, die die Untersuchung von Gefühlen eng heranführen an unser Selbstverständnis. Dabei ist insbesondere wichtig, dass ich auch explizit und ausführlich das Verstehen *eigener* Emotionen thematisiere. Mit dem Blick auf Gefühle aus der Perspektive der ersten Person wird das Selbstverhältnis klar, in dem man zu seinen Gefühlen steht.

Der Verstehensbegriff und das Projekt einer allgemeinen Hermeneutik

Der Verstehensbegriff ist ein so alter wie zentraler Begriff der Philosophie. Jede Beschäftigung mit ihm kann man als einen Beitrag zum Projekt einer „allgemeinen Hermeneutik"[9] betrachten. Dieses Projekt kann man einerseits als ein *historisches* ansehen, in dem nach und nach die Kunst des Verstehens in verschiedenen Bereichen entwickelt wurde und wird; begonnen mit der alltäglichen Praxis des Verstehens, über Reflexionen zu bestimmten Verstehensobjekten, etwa heiligen Texten, bis hin zu ausgearbeiteten Theorien im großen Stil, wie sie erstmals in der frühen Neuzeit und dann vor allem im 19. Jahrhundert entstanden. Andererseits verfolgt eine *systematische* allgemeine Hermeneutik das Ziel, die allgemeinsten Prinzipien herauszudestillieren, die möglicherweise alle Verstehens- und Interpretationsformen verbinden, ihnen gemein sind. Auf der Suche nach diesen allgemeinsten Verstehensprinzipien ist man auf die Ausarbeitung vieler Spezialhermeneutiken angewiesen. Eine Spezialhermeneutik nimmt sich einen bestimmten der so verschiedenen Objektbereiche des Verstehens vor.

Man muss bedenken, wie vielfältig einsetzbar der Verstehensbegriff ist. Zum einen tritt er in ganz unterschiedlichen Kontexten auf, hat also diverse Objekte. Wir können eine Äußerung akustisch verstehen, eine fremde Sprache verstehen, einen mathematischen Beweis, ein Uhrwerk, eine Symphonie, Phänomene wie den Regenbogen oder eine Sinnestäuschung, auch ein neurotisches Symptom, eine Handlung oder eine Person. Die Erläuterungen des Verstehens gehen dabei in ganz verschiedene Richtungen. Etwa als das Identifizieren sensorischer Konturen, als Analyse von Struktur und Aufbau, als Subsumieren von Einzelnem unter Allgemeineres, also Anwenden von Gesetzen, als Spezifikation des Zwecks bzw. der Funktionen oder als Deutung in Bezug auf Kontexte. Zum anderen wird das Verb mit verschiedenen Konjunktionen verwendet:

verstehen, *was* jemand gesagt hat, was etwas ist oder was etwas bedeutet. Verstehen, *wie* etwas funktioniert, aufgebaut ist oder wie jemand etwas gemeint hat. Verstehen, *warum* etwas geschehen ist oder warum jemand etwas getan hat oder überhaupt, warum etwas so ist, wie es ist. Die Reihen ließen sich fortsetzen. Wir verstehen nicht nur Sprache und nicht nur Text, worauf sich die früheren Hermeneutiker konzentrierten, und auch nicht nur Phänomene wie den Blitz oder den Aufbau der menschlichen Zelle; wir verstehen auch Urteile und Handlungen von Personen – und deren Gefühle. Im Vergleich der verschiedenen Prinzipien, die dabei Anwendung finden, kann herausgearbeitet werden, was allgemeine, die verschiedenen Verstehensformen verbindende Prinzipien sind. Eine solche synthetische Aufgabe selbst habe ich mir für diese Arbeit nicht gestellt; ich werde nur am Schluss Hinweise darauf geben können, inwiefern man dafür an meine Arbeit anknüpfen kann.

Den Gefühlen als Verstehensobjekten einer Spezialhermeneutik kann man eine besondere oder sogar Schlüsselrolle zusprechen. Denn man kann sie als besonders geeignete Kandidaten ansehen, um solche Aspekte des Verstehens aufzuzeigen, die über ein häufig vertretenes Verstehenskriterium hinausgehen und immer wieder eine Herausforderung darstellen.

Als gemeinsamen Grundzug vieler Verstehensprinzipien kann man die Idee nehmen, dass Verstehen heißt, Regularitäten zu erkennen; also zu erkennen, welchen Regeln das Interpretandum folgt, es einordnen zu können und damit zu verstehen.[10] Dieses Prinzip lässt sich für eine Reihe von potentiellen Verstehensobjekten als Prinzip einer allgemeinen Hermeneutik aufstellen. Das gilt insbesondere für den Bereich der Naturwissenschaften und auch für Sprache. Einmal sind die Naturgesetze die Referenzpunkte, einmal die Regeln von Grammatik und Gebrauch. Doch für andere Bereiche treten immer wieder Zweifel auf, ob dies wirklich das Prinzip ist, mit dem erfasst wird, was man meint, wenn man vom Verstehen spricht. Dazu gehören Objekte der Geisteswissenschaften wie Geschichte und Literatur. Und dazu gehört das menschliche Gegenüber.

Was können wir von einer anderen Person im Sinne des Prinzips verstehen, dass es um Regularitäten-Erkennen geht?[11] Ihre Äußerungen verstehen wir zunächst nach den Regeln der Sprache, die enthaltenen Behauptungen unter anderem nach den Gesetzen der Logik. Aber natürlich nicht nur. Auch ein formal logisch richtiger Satz kann in anderer Hinsicht unverständlich sein. Die Rationalität, hier ein entscheidendes Stichwort, hat keine solch klaren Gesetze und ist in verschiedener Hinsicht zu differenzieren. An Handlungen als weiterem Aspekt, hinsichtlich dessen Personen zu verstehen sind, kann man wiederum zuerst gewisse Regelmäßigkeiten erkennen, Verbindungen zwischen Absicht und Tun. Aber auch hier reicht das eine Verstehensprinzip nicht aus, wenn man Personen einen freien Willen zuschreibt, der mit der Idee von gesetzesmäßigem Handeln kaum vereinbar ist. Eine Herausforderung von besonderer Art für allgemeine Verstehensprinzipien stellen schließlich die Gefühle dar: Bei den individuell so verschiedenen emotionalen Reaktionen einzelner Personen ist es von Anfang an unklar, was die allgemeine Gesetzmäßigkeit sein sollte. Darüber hinaus unterscheiden sie sich auch von Überzeugungen und Handlungen in einem sehr grundsätzlichen Punkt: Letztere beide nennen wir rational (und damit verständlich), wenn sie – um eine Kurzformel zu verwenden – aus guten Gründen gewählt sind. Emotionen aber wählen wir nicht auf diese Weise und haben sie nicht selten wider bessere Einsicht.

So gesehen sind Gefühle ein brisantes Feld für Überlegungen zum Verstehensbegriff. Die Suche nach dem gewissen anderen des Verstehens statt Regelerkennen, hat im Laufe der Zeit und der Differenzierung der Hermeneutik immer wieder eine Rolle gespielt. Dafür ist in der Geschichte vor allem zu erinnern an Schleiermacher und Dilthey.[12] Diltheys berühmtes Diktum, dass wir nur das „Seelenleben" *verstehen* und die Natur hingegen allein *erklären* könnten, halte ich jedoch für keine hilfreiche Unterscheidung der Begriffe.[13] Zum einen lässt sich der Verstehensbegriff einfach in sehr vielen verschiedenen Bereichen, über den des rein Geistigen hinaus, sinnvoll verwenden.

Zum anderen muss man ernst nehmen, wie sich die beiden Begriffe in ihrer je eigenen Bedeutung ergänzen, anstatt gegeneinander zu stehen: Erklären kann als eine Tätigkeit gesehen werden, die zum Prozess des Verstehens beiträgt bzw. zu einem Zustand des Verstehens führt.

Zu den Gefühlen als besonderen Verstehensobjekten kommt in dieser Arbeit hinzu, dass insbesondere das Verstehen eigener Gefühle thematisiert wird. Das ist insofern ungewöhnlich, da Verstehen meist als Fremdverstehen diskutiert wird. Diese selbstbezügliche Anwendung des Begriffs zu untersuchen verspricht ebenfalls eine gute Ergänzung zu anderen Überlegungen zu bieten.

Methodenbemerkungen

Die Thematik „Gefühle verstehen" könnte jedoch auch auf einen grundlegenden Widerstand treffen. Gefühle, so mag mancher zunächst bemerken, seien doch einfach da, sie machten unser Befinden aus. Sie mögen unser Handeln beeinflussen, und das könne man zu verstehen versuchen, aber sie selbst zu verstehen, das ergebe doch keinen Sinn. Eine „Theorie der Gefühle" gar sei etwas völlig Unmögliches, ja Absurdes. Sie seien doch das, was dazwischenfunkt, das, was unkontrollierbar, unvorhersagbar, unverständlich ist.

Eine Weise, mit diesen Zweifeln eines Skeptikers umzugehen, wäre, einzelne Prämissen und Behauptungen zum Verstehen einerseits und den Gefühlen andererseits, die dazugehören würden, zu widerlegen bzw. als Missverständnisse zu entlarven. Die beste Erwiderung auf diese Herausforderung scheint mir jedoch, sie als solche zunächst links liegen zu lassen und direkt die Frage dieser Arbeit anzugehen. Denn die Untersuchung der Frage, was es heißt, Gefühle zu verstehen, ist am besten selbst dazu geeignet, die Vermutung, man könne Gefühle gar nicht verstehen, im Ganzen zu entkräften. Anstatt die Konzepte von Verstehen und Gefühlen isoliert auf bestimmte Eigenschaften hin zu untersuchen, die vermeintlich für die Unmöglichkeit einer Verbindung sprechen würden, etwa die Rationalität auf der einen und die Irrationalität auf der anderen Seite, will ich direkt auf die Phänomene eingehen, in denen wir davon sprechen, Gefühle zu verstehen – und zeigen, was damit sinnvoll gemeint sein kann. Es kommt also auf die Methode an. Wenn die Arbeit mit dieser Methode funktioniert, „beweist" sie gewissermaßen zugleich, was sie voraussetzen sollte: Wir können Gefühle verstehen. Ein paar Worte mehr zur Methode.

Absicht des Unterfangens ist nicht, etwas im strengen Sinn zu beweisen, sondern vielmehr, etwas sichtbar zu machen. Um uns über die Bedeutung von Begriffen klar zu werden, müssen wir die Worte in Aktion zeigen. Es nützt nichts, sie allein und isoliert anzusehen, denn sie zeigen ihre Wahrheit nur im Gebrauch mit anderen Worten, im Zusammenhang der ganzen Sprache. Um einen Zusammenhang zwischen Verstehen und Gefühlen aufzeigen zu können, muss ich deshalb zunächst darauf aufmerksam machen, wie wir über das Verstehen von Gefühlen und damit verknüpften Ideen sprechen und denken. Das geschieht weniger in einzelnen Beispielsätzen, als viel mehr durch ausführlichere Beschreibung von Situationen und Begebenheiten, die Beispiele für die Phänomene sind, für deren Artikulation wir die Begriffe haben. Es müssen also konkrete Fälle von „Gefühle verstehen" und ihren Verhinderungen in Beispielen analysiert werden, anstatt Unmöglichkeiten von einer rein theoretisch-begrifflichen Ebene her zuerst zu behaupten. Dabei sollen erstens Gebrauch und Logik der zentralen Begriffe aufgezeigt werden und zweitens dem Leser die Möglichkeit gegeben werden, immer wieder zu überprüfen, ob er sich in der Erörterung des Begriffs mit seinen Erfahrungen wiedererkennen kann, die er in Szenen, in denen diese Begriffe eine Rolle zu spielen scheinen, gemacht hat. Darin soll sich die Korrektheit einer Analyse bestätigen. Richtig ist sie, wenn die Beispielerläuterungen auf Zustimmung stoßen, d.h., wenn der Leser sagt: Ja, so ist es, das kenne ich, das habe ich auch schon so erlebt und das ist eine gute Beschreibung. Dazu wird an Intuitionen appelliert und vorgeschlagen, wie sie einsichtig zu rekonstruieren sind. Zentral ist die Ausbalancierung zwischen Begriff und Phänomen. Wenn der Leser einsichtig findet, wie von Beispielen ausgehend über Gefühle und davon, inwiefern wir sie verstehen können, gesprochen wird, dann ist auch gezeigt, dass wir sie verstehen können.

Wenn ich den Leser mitunter direkt anspreche, so geschieht das, um die persönliche Vorstellung der Beispiele bei jedem anzuregen, da sie für die Lektüre an einigen Stellen, besonders im dritten Teil, nötig ist. Das „wir", das ich verwende, ist selbstverständlich weder eines der Majestät noch ein weltumspannend vereinigendes. Die Leserschaft einer solchen Arbeit ist klein genug, dass ich denke, es mir nüchtern erlauben zu können, um Übereinstimmungen in Sprachgebrauch und Verhaltensgewohnheiten einzufangen.

Um der methodischen Ausrichtung meiner Arbeit ein „Label" zu geben, kann man sagen, dass ich hauptsächlich mit Autoren der „analytischen" Tradition arbeite. In Zeiten, da die Dogmen gefallen sind,[14] ist es nicht ungewöhnlich, dass daneben auch Autoren der phänomenologischen Tradition eine nicht unbeachtliche Rolle spielen. Ich habe mich in der Anfangszeit meines Projektes insbesondere mit Sartre, Heidegger und Scheler beschäftigt und auch mit Hermann Schmitz. Wenn von diesen Autoren nun in den Argumentationen nur noch Scheler und Heidegger hin und wieder vorkommen, so haben alle doch einige Bedeutung für die Idee und Herangehensweise der Arbeit. Im übrigen verweise sich manchmal auch auf Autoren aus anderen wissenschaftlichen Disziplinen, wie Psychologie und Neurowissenschaften, soweit deren Perspektive auf Gefühle auch für die hiesige Fragestellung aufschlussreich ist.

Ziel der Untersuchung

Insgesamt verfolge ich ein doppeltes Ziel, denn ich beginne gewissermaßen mit zwei Unbekannten. Zum einen möchte ich klären, was Gefühle sind, insofern wir sie als Aspekte einer

Person verstehen können. Das läuft auf eine Darstellung von *Emotionen* als spezifischer gefasste Gefühle hinaus, wie ich erläutern werde, wobei ich weit davon entfernt bleibe, eine umfassende Theorie der Emotionen aufzustellen. Zum anderen will ich den Verstehensbegriff entziffern, soweit wir ihn in Bezug auf Emotionen gebrauchen. Dabei bin ich weder an einer strengen Definition von Gefühlen bzw. Emotionen noch an einer erschöpfenden Erläuterung von Verstehen interessiert, sondern mehr daran, Phänomene emotionaler Kommunikation und Selbsterkenntnis zu erklären und zu erläutern.

Aufbau

Ein kurzer erster Teil ist alleine einer einführenden Erörterung von Gefühlen gewidmet. Das ist aus mindestens zwei Gründen nötig. Erstens, weil unter diesem Begriff in der Alltagssprache sehr viel mehr Phänomene gefasst werden als jene, die in dieser Arbeit zentral sind. Zweitens, weil ich mich zumindest in einer Hinsicht in den Lagern der philosophischen Diskussion klar verorten möchte: Ich gehe davon aus, dass Gefühle eigenständige Phänomene sind und nicht auf andere Einheiten wie Überzeugungen, Wünsche oder Körperempfindungen reduziert werden können. Für diesen Teil habe ich zwei hauptsächliche Referenzautoren gewählt. Gegen die starke kognitivistische Position von Martha Nussbaum, die Emotionen als Urteile konzipiert, argumentiere ich mit Peter Goldie, der die Intentionalität von Emotionen im Fühlen selbst verortet. Für die folgende weitere Explikation von Gefühlen ist insbesondere eine Idee von Bennett Helm wichtig.

Der zweite Teil ist dem Verstehen von Emotionen anderer gewidmet. Hier gilt es zunächst, Verstehen von bloßem Zuschreiben von Gefühlen abzusetzen, wie es manche Beiträge zur Alltagspsychologie diskutieren. Nach dieser negativen Annäherung kann ich dann auf die Beispiele zu einer positiven Bestimmung eingehen. Anhand deren Analyse scheint es am treffendsten, Verstehen von Gefühlen anderer damit zu erläutern, eine „narrative Erklärung" geben zu können. Diese zeichnet sich vor anderen Erklärungen dadurch aus, dass der Zusammenhang, den man zwischen dem zu erklärenden Phänomen und anderen herstellt, nicht auf strengen allgemeinen Regeln beruht. Eine Geschichte ergibt nicht aufgrund von Ursache-Wirkungs-Verhältnissen eine sinnvolle Einheit. So gilt es auch für Gefühle. Um ihre Ausrichtung und Entstehung zu verstehen, setzen wir keine Elemente nach Gesetzen zusammen, sondern im Sinne einer Geschichte, deren Kohärenz wir über Vergleich erkennen: Und zwar im Vergleich mit Narrationen zu selbst erfahrenen Gefühlen. In diesem Sinn braucht es für das Verstehen Gefühle auf Seiten des Verstehenden, und das Verstehen ist nichts rein Objektives, sondern verlangt, dass etwas von der eigenen Subjektivität eingebracht wird. Im Unterschied zu anderen Ansätzen, arbeite ich den Gefühlsaspekt weder als den allein wichtigen noch als einen nur zusätzlichen Aspekt im Verstehen heraus, sondern als einen integrativen Teil eines komplexen Verstehensprozesses. Ist die Möglichkeit des Verstehens einmal anschaulich gemacht, gehört als wichtige Ergänzung schließlich dazu, die Grenzen des gegenseitigen Verständnisses in Gefühlsdingen auszuloten, was ich mir im letzten Kapitel dieses zweiten Teils vornehme.

Im dritten Teil untersuche ich das Verstehen eigener Emotionen. Das Thema schließt sich in meiner Arbeit selbstverständlich an, da am Ende des vorherigen Kapitels die Frage stehen wird, inwieweit es notwendig ist, dass man zum Verstehen von Gefühlen anderer bei sich selbst auf verstandene Gefühle zurückgreifen muss. In diesem Teil wird als wichtiger Punkt deutlich, dass Verstehen auch heißen kann, Einfluss auf das Verstehensobjekt zu nehmen: Unsere Gefühle können sich verändern, wenn bzw. indem wir sie verstehen. Als mentale Ereignisse bleiben sie nicht unbeeinflusst von der Selbstreflexion auf sie. Das zieht sich durch bei der Analyse verschiedener Verstehenshindernisse. Mit der Frage nach Selbstverstehen muss auch die Möglichkeit von und unser Verhältnis zu unbewussten Emotionen erörtert werden. Schließlich räume ich der Problematik des Missverstehens eigener Gefühle einen großen Platz ein. Für das Verstehen eigener Gefühle ist keine solche Grenze vorstellbar, wie sie es zwischen zwei Personen gibt. Dafür gibt es umso verwickelter die Möglichkeit, die eigenen Gefühle misszuverstehen; „verwickelt" ist das insbesondere deshalb, da vorher gezeigt wurde, wie man verstehend in die Gefühlsausbildung eingreifen kann. Das führt dazu, dass man prüfen muss, inwiefern aufgrund von Fehlern dabei eine Art Pseudoemotion bzw. unechte Emotion entstehen kann.

Bei der Fülle der Themen, die ich letztlich auf dem Weg meiner entwickelnden Frage-Beantwortung antreffe, streife ich eine Menge von Diskussionen immer wieder nur kurz, und es gäbe fast überall noch mehr zu sagen. Ich gebe bewusst keine ausführlichen Überblicke über andere Positionen, sondern versuche, möglichst geradlinig für meine spezielle Frage eine Antwortlinie vorzuführen und nachvollziehbar zu machen. Dabei bin ich mir wiederum auch der Gefahr bewusst, dass im Gelände (um nicht zu hochtrabend von Gebirge zu reden) der philosophischen Psychologie der zu beschreitende Grat schmal ist, zwischen banaler Wahrheit und Spekulation. Doch ich denke, der Versuch, relativ theoriearm und dafür phänomen- und begriffsnah zu denken und zu erklären, lohnt sich, um die Begriffe und Phänomene gegenseitig transparenter zu machen und so wieder ein kleines Stück zur Selbstkenntnis von uns als Personen beizutragen.

Gewisse Dinge sind darauf angelegt, dass das Denken
schweigt – so wie das Denken darauf angewiesen ist, dass
gewisse Dinge schweigen – Was tun zwischen dieser
doppelten Notwendigkeit? Beiläufig festhalten, dass unter
diesen Dingen auch Gefühle sind.[1]

I Emotionen zwischen Empfindungen und Werturteilen

Was ist ein Gefühl? Diese Frage kann man in ganz verschiedenen Kontexten und mit dementsprechend verschiedenen Erkenntniszielen stellen. Für einen Einstieg in diese Arbeit ist es wichtig, eine erste Fassung dessen, was wir als Gefühle bezeichnen, im Rahmen anderer, (vermeintlich) bekannteren und klareren Begriffen anzubieten, die in der Philosophie des Geistes eine Rolle spielen. Diese Fassung wird im Laufe der Arbeit in verschiedenen Punkten ausgeführt und differenziert. Eine erste Herausforderung besteht darin, zu klären, inwiefern es Gefühle als Phänomene zwischen reinen Körperempfindungen einerseits und rein kognitiven Zuständen wie Überzeugungen andererseits gibt. Je nachdem, wie man das beantwortet, gelangt man zu ganz verschiedenen Gefühlskonzeptionen. Wenn man Gefühle für explizierbar in Rückführung auf Körperempfindungen einerseits oder Überzeugungen und/oder Wünsche andererseits hält, vertritt man einen reduktiven Ansatz. Gefühle sind dann nur besondere Formen des anderen oder gewisse Kombinationen, aus Überzeugungen und Wünschen zum Beispiel. Wenn man Gefühle aber als eigenständige Phänomene ansieht, wie es in dieser Arbeit der Fall ist, muss man erläutern, als was man sie sich im Vergleich zu den genannten Aspekten des menschlichen Geistes vorstellt. Im Folgenden diskutiere ich zwei gegensätzliche Ansätze: eine reduktive Position im Sinne von Martha Nussbaum, nach der Gefühle eine Art von

Urteilen sind, kritisiert anhand einer Konzeption im Sinne von Peter Goldie, nach der Gefühle als ein originärer Weltbezug aufzufassen sind, dessen Intentionalität im Fühlen selbst und nicht in damit zusammenhängenden Überzeugungen zu verorten ist.

In diesem einführenden Teil der Arbeit halte ich mich näher an den Texten von anderen Autoren als in den folgenden Teilen. Das ermöglicht es mir, eine Folie auszubreiten, vor der sich meine über die Arbeit verteilten Thesen zu Gefühlen absetzen können, teils im Kontrast, teils in anschließender Differenzierung.

1. Empfinden, Spüren, Fühlen

Freude, Trauer, Furcht, Stolz, Scham, Neid, Liebe, Hass, Mitleid, Wut... – all das sind Gefühle.[2] Wie ist zu erläutern, was solche Gefühle sind? Eine erste Antwort mag schlicht lauten: „Ein Gefühl zu haben heißt, etwas zu fühlen." So ist ein Freund beim Abschied „traurig". Der anonyme Taxifahrer, der dabeisteht, „fühlt nichts". Das ist richtig, und doch muss man aufpassen, in welchem Sinn *Fühlen* hier zu verstehen ist.

Als eine Möglichkeit, Fühlen zu erläutern, scheint sich anzubieten, es als Empfinden zu umschreiben. Empfinden kann man zum Beispiel einen Stich, helles Licht oder Hunger. Unter Empfindungen sind Sinneseindrücke und Körperwahrnehmungen zu zählen. Dann würde die Antwort lauten, Emotionen seien eine eigene Art innerhalb dieser Gattung. Klassiker einer solchen Empfindungstheorie ist William James.[3] Gefühle sind nach ihm das Empfinden bestimmter Körperreaktionen bzw. -zustände. Danach ist Trauer beispielsweise das Wahrnehmen unseres Weinens.

Unter Sinneseindrücken verstehen wir alles, was wir mit Sinnesorganen wahrnehmen. Sie werden typischerweise ausgelöst durch materielle Affizierung: ein Lichtstrahl auf der Netzhaut, Schallwellen im Ohr usw. Für Sinneseindrücke haben wir einzelne Verben wie sehen, hören, riechen, schmecken, tasten. Körperwahrnehmungen wiederum informieren uns über Vorgänge und Zustände unserer Körperteile und Organe. Diese *spüren* wir, kann man sagen. Ich spüre ein Kribbeln im Fuß, ich spüre einen Druck in der Magengegend, ich spüre ein Ziehen im Armmuskel.

Kann man nun unter diese Beschreibungen von Empfindungen auch Gefühle bringen? Können wir sagen, ein Gefühl zu haben heißt, zu fühlen im Sinne von empfinden? Nein, lautet die Antwort, die der Verweis auf zwei schlichte Tatsachen nahelegt: Für Gefühle gibt es weder Sinnesorgane noch sind sie in bestimmten Körperteilen lokalisiert. Daher sind sie nicht einfach als Empfindungen wie die genannten aufzufassen. Aber was heißt es dann, etwas zu fühlen?

Sehen wir uns dazu ein einfaches Beispiel an. Eine klassische Situation für Ärger kann eine nicht eingehaltene Verabredung sein. Eine Frau wartet auf eine Kollegin. Sie wartet eine Viertelstunde im Café, so lange registriert sie es ohne besonderen Kommentar. Doch nach einer halben Stunde wird sie unruhig. Sie hatten sich verabredet für eine gemeinsame Besprechung, jeder hat nur begrenzt Zeit und morgen müssen sie gemeinsam etwas vorstellen. Als die Kollegin endlich ankommt, ohne eine Begründung oder Entschuldigung, ärgert sich die Wartende über sie. Sie schaut die andere mit zusammengezogenen Brauen an und beschwert sich bei ihr, sie ist nahe daran, einfach aufzustehen und zu gehen („soll sie doch für sich allein arbeiten"), sie findet die Situation unangenehm, das Herz schlägt etwas schneller und es „grummelt in ihr" oder „sie kocht innerlich" (je nach Temperament).

Das Grummeln könnte man versucht sein, als Empfindung zu deuten, die das Gefühl ausmacht. Aber es ist keine Sinnesempfindung, weil es kein Sinnesorgan dafür gibt, und es ist keine Körperempfindung, weil es nicht klar lokalisierbar ist wie der Herzschlag zum Beispiel. Die Phänomenalität eines Gefühls ist offenbar etwas anderes. Und der Rahmen des komplexen Sachverhaltes zeigt: Ein Gefühl zu haben ist anders verur-

sacht als eine Empfindung und betrifft anderes bzw. mehrere
Komponenten zugleich. Wir könnten nicht sagen, dass die Frau
sich ärgert, wenn all die anderen erwähnten Aspekte nicht
auftreten würden: eine gewisse Überzeugung über die Situation
bzw. über einen Sachverhalt (jemand kommt eine Stunde zu
spät zu einer wichtigen Verabredung), Ausdrucksverhalten,
Handlungstendenz, Lust- Unlustempfindung, körperliche
Veränderung. Sicher gibt es Beispiele von Gefühlen, die nicht
all die genannten Elemente aufweisen. Wir können traurig sein,
ohne es uns anmerken zu lassen. Es gibt auch Gefühle, die kein
klares Ausdrucksverhalten haben, ohne dass dies unterdrückt
würde. Eine bestimmte stille Freude zum Beispiel. Letztere
kann es auch ganz ohne konkrete Handlungstendenz geben. Sie
kann eine völlige Zufriedenheit sein. Außerdem kennen wir
Gefühle wie Liebe und Hass, die derart lang andauern, dass
längst nicht mehr ständig körperliche Veränderungen damit
einhergehen. Aber insgesamt gehören zu Gefühlen offenbar
immer mehr Aspekte als zu den „klassischen" Empfindungen.

Entscheidend ist, dass Gefühle in einem Situationszusam-
menhang stehen. Wir müssen eine kurze Szenerie wie die obige
schildern, um ein Gefühl zu beschreiben. Dabei wird insbesondere deutlich, dass man sich mit Gefühlen immer auf etwas bezieht. Die Frau ärgert sich *über* die Kollegin *wegen* deren Verspätung. Deshalb werden Gefühle geläufigerweise als *intentional*
bezeichnet.[4] Ich verstehe „Intentionalität" zunächst in dem
ganz groben Sinn von Gegenstandsbezogenheit, in dem sie von
Ronald de Sousa für Gefühle eingeführt wird. Nach ihm sind
die relevanten Objekte in einer allgemeinen Fassung „alles, *von
dem, auf das bezogen, mit dem, wegen dessen* oder *wofür* ein Gefühl ist,
was es ist"[5]. Gefühle haben Objekte in der Welt, auf die sie sich
beziehen und von denen ihre Existenz (auf zu spezifizierende
Weise) abhängt. Gefühle sind nicht nur „in" uns, wir beziehen
uns mit ihnen auf Objekte. Das aber trifft auf Gedanken und
Wahrnehmungen auch zu, von denen Gefühle jedoch abzu-
grenzen sind. Was ist die spezifische Art von Intentionalität
von Gefühlen? Gibt es da überhaupt eine besondere Art? Zu

welchen Gefühlskonzeptionen bringen uns verschiedene Erläuterungen von Intentionalität?

Der allgemeine Begriff „Gefühl" umfasst einen großen Phänomenbereich. Neben den eingangs genannten Beispielen fallen darein auch solche wie Melancholie und Euphorie, oder Schock und Verwunderung. Das sind andere Arten von Gefühlen. Das erste Paar wäre zu Stimmungen zu zählen, das zweite zu Affekten. Für beides ist die Intentionalität teilweise etwas anders auszudifferenzieren. Ich konzentriere mich jedoch auf Gefühle in einem engeren Sinn, die man zur Abgrenzung als „Emotionen" bezeichnen kann, weshalb dieser Begriff von jetzt ab im Mittelpunkt stehen wird. Auf die anderen verweise ich manchmal zur Absetzung.[6] Wir kennen auch Ausdrücke wie „ein Gefühl von Freiheit" oder das „Gefühl, ausgenutzt zu werden". Das sind noch einmal andere Fälle, die ich hier nicht speziell behandeln werde. Ebenso wenig sind Gefühle in dem Sinn gemeint, wie manchmal von „Intuition" gesprochen wird: etwas „aus dem Bauch" heraus entscheiden oder ein „ungutes Gefühl" haben, das einen von etwas abhält. Diese Dinge hängen wohl mit Emotionen zusammen, sind aber nicht selbst welche.

Im Folgenden stelle ich zwei Versuche vor, wie die Intentionalität für Emotionen zu explizieren ist. Nach einer kritischen Darstellung eines reduktiven Ansatzes (hier vertreten von Martha Nussbaum), bei dem „eine Emotion haben" ersetzt werden kann durch „ein Werturteil fällen", stelle ich Überlegungen (mit Peter Goldie) vor, wonach man von „intentionalem Fühlen" als einem eigenständig intentionalen Phänomen ausgehen kann.

2. Emotionen als Werturteile?

2.1 Emotionen als Werturteile

Da eine Emotion weder ein Sinneseindruck äußerer Dinge ist noch einfach das Empfinden eigener körperlicher Vorgänge, mag es naheliegend erscheinen, den Begriff der Emotion jenseits alles „Körperlichen" zu definieren und stattdessen in Kategorien des Geistigen oder des im weiten Sinn Kognitiven zu fassen. Das ist die Richtung, die Martha Nussbaum für ihre Theorie der Gefühle einschlägt.[7] Dabei kommt sie zu dem Schluss, dass Emotionen am besten als eine Art von Urteilen expliziert werden können, als bestimmte Werturteile: „emotions are appraisals or value judgments"[8].

Diese Idee, Emotionen als Urteile aufzufassen, ist vor allem als Absetzung von einem Emotionsverständnis zu sehen, nach dem Emotionen gedankenlose „pushes" sind, beliebige Regungen, und damit vor allem körperlich statt geistig. Im Gegenteil dazu seien Emotionen begründete Wertungen, auf die wir uns in unserem Leben (in der Regel) verlassen können, ja ohne die wir grundlegend orientierungslos wären. Als solche spielen sie sich in Gedanken ab, in der Form von Urteilen. Die Argumentation zu dieser These besteht einerseits darin, andere Aspekte von Emotionen für akzidentiell zu erklären und andererseits aus einer speziellen Erläuterung, inwiefern Emotionen intentional seien.

Zunächst zur Rolle, die hierbei anderen Aspekten zugewiesen wird: Ausdruck, Handlungstendenzen, Lust-Unlust-Empfindungen sind Momente, die zwar mit Emotionen vorkommen können, so würde man sagen, die jedoch damit nicht verlässlich verbunden sind. Insofern sind sie entbehrlich für die Spezifität bzw. die Identifizierung einer Emotion. Sicher denken wir bei Emotionen zuerst zum Beispiel an die Schamesröte, die uns heiß ins Gesicht steigt – und nicht an einen kognitiven Prozess. Aber kann uns nicht in gleicher Weise das Blut ins Gesicht schießen, wenn wir empört sind oder wütend werden? Unterscheiden sich die Emotionen letztlich nicht allein in den Gedanken, die wir in diesem Moment haben? Nämlich entweder: „Alle haben gesehen, wie ich gerade völlig ungeschickt und lächerlich ausgerutscht bin!" (Scham), oder: „Wie kann er sich erdreisten, vor dem wichtigsten Teil der Besprechung einfach gähnend den Raum zu verlassen!" (Empörung). Körperliche Veränderungen und ihr Empfinden mögen mit Emotionen auftreten und in gewisser Hinsicht sogar notwendig sein, so kann man zugestehen. Doch es wäre zu betonen, dass es wegen der großen Variabilität von relevanten physiologischen Verbindungsmöglichkeiten kein sinnvolles Kriterium gibt, nach dem die anderen Aspekte einer spezifischen Emotion zuzuordnen wären. Das gälte für jegliches Fühlen. Ein qualiahaftes Sich-Anfühlen kann nach Nussbaum nur genauso unspezifisch sein wie körperliche Veränderungen, zum Beispiel Herzschlagbeschleunigung.[9] So könnte nach dieser Darstellung eine Emotion nur durch ihren mentalen Gehalt individuiert werden.[10] Herzrasen ist bei Furcht wie bei Freude (wie beim Rennen) möglich; „ich werde bedroht" ist dagegen eindeutig unterschieden von „mir wird etwas geschenkt". Nach dieser reduktiven Theorie sind Emotionen allein in Begriffen von Urteilen (einer noch zu erläuternden Art) definiert, diese bilden den Kern des Phänomens.[11]

Zu dieser Urteilsthese kann man nicht nur ex negativo über eine Marginalisierung anderer Aspekte und über die Individuierungsthese gelangen, sondern man kann auch positiv dafür argumentieren: Man könnte betonen, in welchen Hinsichten Emotionen Gedanken gleichen, und sie damit im weiten Sinn als „kognitiv" auszeichnen, als etwas, das „Informationen" über die Welt liefert.[12] Die Ähnlichkeit ist in erster Linie durch die Intentionalität gegeben. Eine Emotion ist, wie ein Gedanke, immer „von" oder „über" etwas. Das ist der Sinn, in dem ich auch schon allgemein den Intentionalitätsbegriff für Gefühle eingeführt habe. Wir ärgern, freuen uns, trauern *über* etwas oder jemanden. Für die Idee des reduktiven Ansatzes zeigt dieser Umstand, dass die Intentionalität von Emotionen über speziellere Überzeugungen läuft. Diese wären nur in mindestens zwei Punkten zu konkretisieren: Erstens gehören zu Emotionen immer Überzeugungen über das Objekt. Für Zorn beispielsweise bedarf es eines ganzen komplexen „Sets" von Überzeugungen: Dass ich durch jemanden Schaden erlitten habe, dass dies kein trivialer, sondern ein gravierender Schaden ist und dass die Handlung wahrscheinlich absichtlich von jemandem getan wurde. Zweitens charakterisiert diese Überzeugungen, dass sie das Objekt als wertvoll und wichtig einschätzen lassen: Wichtig in einer bestimmten Hinsicht, nämlich wichtig in Hinblick auf das Wohlergehen und Gedeihen der Person. Was sich auf solch eine Art von Wichtigkeit bezieht, nennt Nussbaum „eudämonisch".[13]

Wenn man auf diese Weise Emotionen als gedankenähnlich bestimmt, bleibt noch etwas zu ergänzen. Man müsste zeigen, wie mit dem kognitiven Ansatz auch die phänomenalen Aspekte von Gefühlen erfasst werden können und welche dementsprechend spezielle Form Emotionen in der Gedankenwelt ausmachen. Bisher könnte man definieren:[14] Emotionen sind Urteile in dem Sinn, dass sie das Akzeptieren von bestimmten propositional erfassbaren Sachverhalten sind, und sie sind eine besondere Art von Werturteilen, insofern sie bestimmten Dingen und Personen außerhalb der Kontrolle der Person große Wichtigkeit für das Gedeihen der Person zuschreiben.[15]

Warum sollte gerade der Urteilsbegriff passend für die Erläuterung sein? Urteile gelten allgemein als distanziert, ruhig und dabei aktiv gefällt, Emotionen dagegen als absolut persönlich, heftig und eher passiv überfallend. Nur mit einer Präzisierung des Urteilsbegriffes könnte man versuchen, Emotionen als eine spezielle Art von Urteilen darzustellen. Allgemein kann mit dem Begriff „Urteil" zweierlei bezeichnet werden.[16] Es kann entweder dasjenige selbst meinen, das als wahr beurteilt wird, oder den Akt des Urteilens, dass etwas wahr ist. Mit anderen Worten kann „Urteil" entweder als Proposition verstanden werden oder als ein mentaler Akt, der mit einer Proposition zu tun hat (dieser Umstand wird auch als Objekt-Akt-Ambiguität bezeichnet). In beiden Fällen ist es unterschieden von dem Satz, der die Proposition ausdrückt. Dasselbe Urteil kann in verschiedenen Worten und Sprachen ausgedrückt werden.

Man müsste nun den Urteilsbegriff in der zweiten Hinsicht verwenden. Damit stellt man heraus, inwiefern sich Emotionen gegenüber Gedanken auszeichnen: Sie sind nicht irgendetwas, das „herumschwirrt", nichts, was man gleich wieder vergisst, keine wechselnden Erwägungen, sondern Emotionen sind das aktive Annehmen von Propositionen, die dabei bestätigt und verinnerlicht werden.

Eine Emotion bestände dann darin, dass man einen Sachverhalt, der das eigene Wohl und Wehe betrifft, für wahr hält oder, in anderen Worten, vollkommen erfasst. Dieses Akzeptieren einer sehr wichtigen Erscheinung, dieses Urteilen im eudämonischen Bereich aufgrund von individueller Sicht der Dinge, macht eine Emotion aus, ist eine Emotion. Die Nachricht von der hohen Zahl an Aidstoten in einem Jahr macht einen in der Regel nicht gleich traurig – nicht, wenn man keinen Bekannten darunter hat. Der anonyme Tod anderer Menschen betrifft nicht direkt. Freilich können auch in so einem Fall Emotionen auftreten; wenn nicht Trauer, so doch zum Beispiel Furcht. Das widerlegt aber den Punkt nicht, da sich in diesem Fall das Gefühl nicht auf die Toten richtet, sondern auf die Gefahrenangabe, die in der Nachricht von den vielen Toten für einen selbst enthalten ist. Trauer kommt in anderen Fällen vor: etwa, wenn die Mutter gestorben ist. Die Emotion in dieser Situation wäre dann etwa zu beschreiben als das eudämonische Werturteil: Meine Mutter, ein wertvoller Mensch und wichtiger Teil meines Lebens, ist gestorben.[17]

Solch ein Werturteil bildet nach Nussbaum in der geistigen Landschaft ein „upheaval" – das von Proust geliehene, titelgebende Zauberwort ihrer Monographie. Ein „upheaval" ist eine geologische Hebung, eine Umwälzung, ist Berg-Tal-Unterschied. Diese könnte den phänomenologischen Aspekt von Emotionen mit sich bringen. Das Wesentliche ist das Urteil. Die Weise, wie das Urteil auftritt, macht dann die zusätzlichen Aspekte einer Emotion aus, die aber nichts mit der Identität der Emotion zu tun haben.

2.2 Kritik an dem kognitiv-reduktiven Ansatz

Spätestens der konkrete Beispielsatz macht skeptisch. Hier wird durch die Drastik klar, was eigentlich gesagt wird: Das Akzeptieren dieses Satzes soll die Emotion sein. Das Anerkennen des Ereignisses, dass die Mutter (mit den entsprechenden Bestim-

mungen) gestorben ist, das soll Trauer sein. Trifft das die Sache? Ist dieses Urteil (und vielleicht noch Appetitlosigkeit, um
nur einen der anderen Faktoren zu nennen, die akzidentiell dabei sein könnten) alles, was die Trauer über den Tod der eigenen Mutter ausmacht? Das scheint, bei aller Klarheit, doch ein
sehr karges Bild zu sein.[18]

Ein erster naheliegender Einwand gegen solch eine kogni-
tiv-reduktive Emotionstheorie ist der Verweis auf Fälle, in denen wir anders urteilen als wir fühlen. Zum Beispiel weiß ich,
dass der Weberknecht an der Zimmerdecke keine Gefahr für
mich bedeutet, und doch kann ich nicht ruhig bleiben, wenn er
in meinem Zimmer ist, und ich tue alles, um ihn hinauszuschaf-
fen (freilich möglichst ohne ihn berühren zu müssen). Wieso
fürchte ich mich? Oder ist es Ekel? Er ist mir nicht als besonderer Krankheitsüberträger o.ä. bekannt, dazu habe ich gar
keine Meinung, kein Urteil.

Auf diesen Einwand könnte man antworten: Tatsächlich
kommt es nicht selten vor, dass man Emotionen *behält*, auch
wenn man die entsprechende Überzeugung nicht mehr hat.
Wem in der Kindheit eingebläut wurde, so nennt Nussbaum als
Beispiel, Farbige seien böse, wird oftmals, selbst wenn er in eigener Erfahrung ganz vom Gegenteil überzeugt wurde, doch
noch manches Ressentiment nicht loswerden. Das ist, so würde
sie sagen, aber nur ein Fall, wie er auch bei Überzeugungen vorkommt. Hat man in der Kindheit die Worte „Earl Warren" und
„California", dessen Gouverneur er war, ebenso oft zusammen
gehört wie die Worte „Earl Warren" und „Supreme Court",
kann es sein, dass man die Überzeugung gewonnen hat, der Supreme Court liege in Kalifornien. Diese Verbindung schleicht
sich nun jedes Mal auch im Erwachsenenalter wieder ein, selbst
wenn man längst um die richtige Verortung weiß. So gälte
auch: Wenn man sich vor dem Weberknecht fürchtet, ohne zu
glauben, dass er einem etwas antun kann, wäre das nichts anderes als das Nebeneinanderstehen zweier widersprüchlicher
Überzeugungen. Und das kommt einfach vor, müsste man sagen.[19] Auf diese Verteidigung gehe ich unten noch einmal ein.

Ein zweiter, geläufiger Einwand ist: Nicht alle Wesen, denen wir Emotionen zuschreiben, können in der Weise ein propositional verfasstes Urteil fällen, wie es hier als konstitutiv für eine Emotion vorgestellt wird.[20] Dafür brauchen wir gar nicht bis ins Tierreich zu sehen. Schon kleine Kinder, die noch nicht der Sprache fähig sind, haben Emotionen. Wenn diese auch noch nicht so ausdifferenziert sein mögen wie die von Erwachsenen, so wird man sinnvollerweise trotzdem von Emotionen bei Kindern sprechen, wenn sie lachen, weinen, sich vor anderen hinter dem Bein des Vaters verstecken u.ä. Es sind wohl primitivere Formen als später, ohne dass man dafür angeben müsste, was eine vollkommen ausgebildete Emotion wäre. Sprachbeherrschung ist auch graduell und so gut wie unendlich steigerungsfähig. Was aber sollte man einem fremdelnden Kleinkind, das weder im Moment noch später diese Emotion mit Worten beschreibt, als Urteil unterstellen?

Auch gegen diesen allgemeineren Kritikpunkt hat sich Nussbaum (besser als andere kognitiven Theorien[21]) gewappnet. Dadurch, dass sie den Begriff des Urteils statt den der Proposition stark macht, will sie der Möglichkeit Rechnung tragen, dass Emotionen sich auch in anderem manifestieren können als in einer sprachlichen Aussage. Damit bewegt sie sich mit ihrem Urteilsbegriff weg von der oben gegebenen, sonst geläufigen Verwendung des Wortes. Ein Urteil ist bei Nussbaum nicht an die Sprache gebunden, es muss nicht grundsätzlich eine Proposition oder eine propositionale Einstellung sein, wenn man diese für grundsätzlich sprachlich-begrifflich verfasst hält. Stattdessen ist es etwas, das auch in anderen Formen Ausdruck finden kann. Damit vertritt Nussbaum die Ansicht, es gebe einen nicht-propositionalen und letztlich nicht-begrifflichen Gehalt von Urteilen.[22] Ein Beispiel dafür, wo sich solch ein Gehalt findet, ist bei ihr die Musik (und, weniger deutlich, auch andere Kunst).[23]

Aber auch nach den beiden Erwiderungen bleibt die Frage offen: Warum sollte man „Urteil" als Schlüsselbegriff zur Erläuterung von Emotionen heranziehen? Ja, die Erwiderungen haben die Frage geradezu noch dringlicher gemacht. Denn mit diesen wurde eher das, was man unter „Urteil" zu verstehen hat, mit Eigenschaften ausgestattet, die wir von Emotionen her kennen, als dass umgekehrt gezeigt worden wäre, dass Emotionen Eigenschaften haben, mit denen wir klassischerweise Urteile beschreiben. Das verstärkt den Verdacht, dass es sich um eine unangemessene Erläuterung handelt.

Diese Verkehrung der Eigenschaften gilt zunächst in Hinblick auf das Phänomen des inneren Widerstreits (zwischen Emotionen und Urteilen), wie ich meine: Wenn Nussbaum an Kalifornien denkt, sobald sie „Supreme Court" hört, weil sie das in der Kindheit einmal als zusammengehörig verstanden hatte, dann schiebt sich nur jeweils eine schnellere, weil ältere Assoziation ein – ihre Überzeugung dagegen ist, sobald sie einen Moment zur Besinnung kommt, nur eine: Der Supreme Court steht in Washington. So ist, wenn überhaupt, der Vergleich von den Emotionen zu den Überzeugungen zu ziehen und nicht andersherum. Meine Furcht vor dem Weberknecht kann bestehen bleiben, egal wie lange ich mir meine Überzeugung vorhalte, er sei nicht gefährlich. Emotionen scheinen wesentlich durch Prägung und Assoziationen begründet – anders als Überzeugungen.[24] Und genauso gilt die Umkehrung auch in Hinblick auf die sprachliche Verfasstheit. Warum besteht Nussbaum auf „Urteil", wenn sie letztlich einen originären emotionalen Gehalt verteidigen will, der sich in verschiedenen Formen manifestieren kann, wie sie es am Beispiel der Musik veranschaulichen will? Ich halte es für unvereinbar, von Emotionen einerseits als von Urteilen zu sprechen und andererseits einen originären emotionalen Gehalt zu behaupten.

Der Begriff des Urteils legt eine bestimmte Art von Gehalt fest und das ist nicht die originär emotionale Art. Das wird schon dadurch bestätigt, wie man bei dem Versuch, Emotionen als Urteile darzustellen, in einige beachtliche Probleme gerät. Dazu drei Punkte. Erstens zu Urteil, Emotion und Wahrheit: Ein Urteil bzw. die Proposition, auf die man sich im Akt des Urteilens festlegt, kann wahr oder falsch sein. Von Emotionen würde man eigentlich nicht sagen, dass sie auf die gleiche Weise wahr oder falsch sein können. Wie könnte man dennoch dafür zu argumentieren versuchen? Dazu müsste man sich ein Werturteil, das eine Emotion ist, gewissermaßen aus zwei Momenten zusammengesetzt denken. Da sind einerseits die (dispositionalen) Überzeugungen, dass die Mutter an sich und insbesondere für das Leben der Tochter von großer Bedeutung ist; und da ist andererseits die Überzeugung, ihre Mutter sei gestorben. Die Nachricht vom Tod ihrer Mutter vor dem Hintergrund der großen Bedeutung der Mutter für die Tochter in einem Urteil zu erfassen bzw. anzuerkennen, das ergibt nach diesem kognitivistischen Ansatz die Emotion der Trauer. Nach Nussbaum gibt es nun zwei Möglichkeiten, weshalb das Urteil falsch sein kann: Entweder ist die Mutter gar nicht tot, oder sie bedeutet einem doch nicht wirklich etwas. Beide Male hieße das auch, sagen zu müssen, die Trauer sei „falsch". Doch das ist kontraintuitiv, denn im ersten Fall glaubt man nur fälschlich, dass die Mutter tot sei. Wenn man deshalb trauert, wird niemand sagen wollen, die Trauer sei falsch. Trauer, die auf einer falschen Annahme über Tatsachen beruht, ist an sich keine falsche Trauer. Nussbaum ist sich der Problematik bewusst und räumt ein, dass es missverständlich sei, hier von „falsch" zu reden; besser solle man „unangemessen" sagen.[25] Aber meiner Ansicht nach ist dieser Kompromiss aus Erklärungsnot geboren, anstatt wirklich begründet zu sein. Deshalb ist er ein weiteres Argument gegen die pauschale Bezeichnung von Emotionen als Urteile. Eine Emotion kann angemessen sein oder nicht, das ist aber eine Frage, die klar zu unterscheiden ist von der Frage von wahr und falsch – darauf werde ich im Laufe der Arbeit noch verschiedentlich zurückkommen. Auch im zweiten von Nussbaum genannten Fall, wenn man trauert, ohne wirklich Grund zu haben, weil die Mutter der „Trauernden" gar nicht viel bedeutet hat, würde man kaum von Falschheit reden, sondern eher von Selbsttäuschung – und das ist auch ein anderes Thema.

Zweitens zum Verhältnis von Emotionen zu anderen Urteilen. Was unterscheidet Emotionen nach Nussbaums Definition von „anderen" Urteilen? Wenn man „Urteil" als „Akzeptieren einer Proposition" definiert, ist es eine Art propositionale Einstellung, also ein Urteil im geläufigen (oben als zweites genannten) Sinn des Begriffs. Nun gibt es Überlegungen dazu, propositionale Einstellungen durch eine jeweils spezifische Art von Intentionalität voneinander zu unterscheiden. Eine Möglichkeit, dahingehend zwischen Überzeugungen und Wünschen zu unterscheiden, lautet: Mit Überzeugungen bezieht man sich auf die Welt, wie sie ist, und diese Überzeugungen müssen sich der Welt „anpassen". Mit Wünschen dagegen bezieht man sich auf die Welt, wie sie sein sollte. Im Idealfall, und sehr allgemein gesprochen, sollte sich die Welt dem propositionalen Gehalt der Wünsche anpassen. Wird in dem skizzierten Ansatz eine Art von Intentionalität hinzugefügt, die Emotionen unter anderen propositionalen Einstellungen auszeichnet? Darauf kann man zweierlei Antwort geben. Erstens: Nein, denn Emotionen werden als Urteile dargestellt und insofern sind sie auf die gleiche Weise intentional wie Überzeugungen. Zweitens: Ja, denn Nussbaum spezifiziert die Intentionalität von Emotionen auf eine Weise, dass es sich zumindest um eine Untergruppe von Urteilen handelt, eine leicht variierte Intentionalität also.

Gehen wir dieser positiven Antwort nach, so kommen wir trotzdem nicht sehr viel weiter, denn von den oben genannten, für Emotionen ausgeführten Intentionalitätsaspekten scheint mir nur ein Punkt darüber hinauszugehen, was allgemein für Intentionalität gilt. Objektbezug und mögliche andere Überzeugungen über das Objekt sind selbstverständliche Aspekte von Intentionalität, wie wir sie von Überzeugungen kennen. Darüber hinaus wurde Emotionen nur noch die Besonderheit der eudämonischen Bewertung zugeschrieben.[26] So bleibt allein eine inhaltliche Bestimmung als Unterscheidungskriterium übrig. Eine Emotion ist ein eudämonisches Urteil.[27] Das aber hieße, dass auch jedes eudämonische Urteil eine Emotion sein müsste. Steht doch dieser inhaltliche Aspekt für die Unterscheidung zwischen den verschiedenen intentionalen Einstellungen, die man haben kann, zwischen fühlen, meinen, wünschen. Aber ist das richtig? Können wir nicht über Dinge urteilen, die uns sehr wohl angehen, ohne auch eine darauf bezogene Emotion zu haben? Man kann sich durchaus eine Person vorstellen, die aufrichtig sagt: „Ich habe das Wertvollste verloren, in meinem Leben klafft eine Lücke – aber ich fühle keine Trauer, ich fühle nichts." Das mag selten sein, aber es ist möglich und es zeigt, dass, auch wenn mit so einem Urteil in der Regel die Emotion der Trauer einhergeht, es doch nicht notwendig ist und vor allem, dass Urteil und Emotion zwei verschiedene Dinge sind.

Drittens liefert der Ansatz insgesamt gar keine klar ausgearbeitete Urteilstheorie in dem Sinn, dass Emotionen als Urteile erläutert würden. Vielmehr funktioniert die Darstellung, wie schon erwähnt, andersherum, was einer *petitio principii* gleichkommt: Man zeigt, wie Urteile Emotionscharakter haben können, und zwar immer dann, wenn Evidenzen der Gefühlsphänomene eingebaut werden müssen.

Intentionalität so erläutert, als Urteilsstruktur in einer reduktiv-kognitiven Theorie, ist offenbar nicht der richtige Weg, Emotionen adäquat zu beschreiben. Ein Gegenvorschlag ist eine Konzeption, bei der die Intentionalität in das Fühlen selbst gesetzt wird, wie es etwa Peter Goldie vertritt. Er setzt sich explizit von der Idee ab, Emotionen hätten immer bestimmte Überzeugungen zum Kern oder auch nur als Voraussetzung – und damit natürlich von der Gleichsetzung mit Urteilen, da diese eine Weise sind, Überzeugungen zu gewinnen.

3. Emotionen und affektive Intentionalität

Wenn man keine befriedigende Erläuterung von Emotionen erreicht, indem man sie als Urteile darstellt, so heißt das für einen anderen Versuch nicht, dass auf einen Vergleich mit Überzeugungen vollkommen zu verzichten wäre. Aber man sagt von vornherein, dass Überzeugungen und Emotionen verschiedene Phänomene sind und macht sich zur Aufgabe, deren Verhältnis zueinander zu klären, ohne Reduktion des einen auf das andere. Damit versucht man letztlich, den Emotionen eine eigene spezifische Intentionalität zuzuschreiben und keine über Überzeugungen „unterzuschieben". Emotionen sollen als eigenständige Phänomene ernst genommen werden und nicht auf andere Einheiten wie Überzeugungen, Wünsche und Körperempfindungen zurückgeführt werden.

3.1 Emotionen und Überzeugungen

Sehen wir uns also einzelne Beispiele auf die Frage nach einem Zusammenhang zwischen Überzeugungen und Emotionen an: Wenn man sich fürchtet, kann man meist sagen, wovor man sich fürchtet. Dabei ist das, wovor man sich fürchtet, nicht völlig beliebig. Viele fürchten sich vor dem Verlust des Arbeitsplatzes, weil daran die gesicherte Existenz hängt. Wenn jemand sagt, er fürchte sich vor einem großen Lottogewinn, so ist das nicht derart evident. Jeder würde zunächst annehmen, er müsse auf einen solchen hoffen oder sich doch vorstellen, wenn er ihn bekäme, sich zu freuen. Aber der Gewinn-Fürchter kann sich uns erklären, wenn er etwas Schlechtes aufzeigt, das mit dem eigentlich doch wünschenswerten Lottogewinn einhergehen würde. Die Erklärung könnte zum Beispiel lauten, er nehme an, er würde Erpressungen ausgesetzt sein oder müsste ständig bettelnde Freunde um sich haben. So gesehen scheint es einen Zusammenhang zwischen gewissen Überzeugungen und gewissen Emotionen zu geben. Furcht ist verbunden mit einer Überzeugung bezüglich Gefahren bzw. drohendem Übel, Freude mit Überzeugung über Angenehmes und so weiter.

Daneben gibt es aber auch die Fälle, die ich oben in der Kritik an Nussbaum bereits angeführt habe: Fälle, in denen Überzeugungen und Emotionen nicht derart evident zusammengehen. Denn es kommt vor, dass man sich vor einer Spinne fürchtet, obwohl man beim besten Willen nicht sagen kann, was denn das Gefährliche an dieser Hausspinne sein soll. Man nennt sie wohl irgendwie gefährlich, kann das aber nicht begründen. Wenn für eine Emotion so offenbar kein begrifflicher, propositionaler Gehalt ausschlaggebend ist, was dann? Sind es Signalmerkmale wie „gefährlich", „beneidenswert", ...? Goldie unterscheidet an diesem Punkt zwischen „bestimmbaren" und „bestimmten" Merkmalen.[28] Ein bestimmbares Merkmal ist zum Beispiel „farbig", ein bestimmtes dagegen „rot". Im Fall der Spinne heißt das: Wenn ich mich vor einer Spinne fürchte, muss ich eine Überzeugung bezüglich eines bestimmbaren Merkmals der Spinne haben; in diesem Fall, dass sie gefährlich ist. Ich muss aber nicht bestimmte Merkmale diesbezüglich nennen können, d.h. sagen können, in was genau sie gefährlich sein soll. Andersherum muss ich und werde ich jedes bestimmte Merkmal, das ich sehe und dessentwegen ich mich fürchte, der Rubrik „gefährlich" zuordnen.

Doch das scheint zunächst nicht viel weiterzuhelfen. Denn diese Begriffe von gefühlsrelevanten, also bestimmbaren Merkmalen wie Gefährlichkeit zeichnen sich dadurch aus, dass sie kein vereinigendes Merkmal haben, das in der Wissenschaftssprache gefasst werden könnte. Was hat ein steiler Abhang mit einem Bonbons schenkenden Mann gemeinsam, um unter „gefährlich" gezählt zu werden? In diesen Begriffen, so Goldie, ist kein propositionaler, formulierbare Gehalt gefasst.

Darüber hinaus kann man sich auch ein Beispiel denken, das zeigt, dass Emotionen ganz ohne vorhergehende Überzeugungen entstehen können. Das ist der Fall bei einfachen Emotionen wie Furcht in einer plötzlichen Gefahrensituation. Peter geht gedankenverloren auf einer dämmrigen Straße. Plötzlich rast ein Laster auf ihn zu – im nächsten Moment ist Peter schon in den Straßengraben gesprungen. Da war keine Zeit für Überzeugungen und lang dauernde Einschätzungen der Situation. Die Furcht war sofort da und hat die Handlung unmittelbar motiviert.[29] Und umgekehrt kann man manches als gefährlich einschätzen, ohne jedoch zugleich sich zu fürchten. Wir wissen alle, dass der tägliche Straßenverkehr lebensgefährlich ist, bewegen uns aber dennoch meist sehr furchtlos darin.

Emotionen sind also nicht nur selbst keine Urteile, sondern auch nicht einfach als Reaktionen auf bestimmtes Urteilen, also das Fassen bestimmter Überzeugungen, erklärbar. Denn es ist keine eindeutige Verbindung zwischen bestimmten Überzeugungen und Emotionen auszumachen.

Dennoch beziehen wir uns mit Emotionen unbezweifelbar auf Dinge, Menschen, Sachverhalte in der Welt. Wie können wir diese Intentionalität erläutern, wenn nicht im Sinne von Überzeugungen? Steckt sie vielleicht in den Wünschen, die meist in irgendeiner Weise mit Gefühlen einhergehen? Intentionalität von Wünschen unterscheidet sich von der von Überzeugungen.[30] Eine Standardunterscheidung wurde bereits bei der Nussbaum-Diskussion erwähnt: Mit Überzeugungen bezieht man sich auf die Welt, wie sie ist, und diese Überzeugungen müssen sich der Welt „anpassen". Mit Wünschen dagegen bezieht man sich auf die Welt, wie sie sein sollte. Im Idealfall sollte sich die Welt dem propositionalen Gehalt der Wünsche anpassen. In mancher Hinsicht scheint die Intentionalität von Emotionen von der für Wünsche typischen Art zu sein. Doch für die in Emotionen involvierten Wünsche müssen hinsichtlich dieser Erläuterung einige Sonderfälle beachtet werden. Die intendierte Weltanpassung steht bei vielen Emotionen in einem besonderen Bezug zur Person, die die Emotion hat. Bei Rache zum Beispiel reicht es nicht, dass der Bösewicht irgendwie zu Schaden kommt, sondern der Geschädigte will es in der Regel selbst tun. Und auch bei zarteren Gefühlen ist es mit der Befriedigung so eine Sache. Befriedigung eines Wunsches bedeutet nicht in jedem Fall auch die Befriedigung der Person, wie man erwarten sollte. Ein Sehnsuchtsgefühl kann bestehen bleiben, auch wenn ein Ziel erreicht ist – wenn zum Beispiel Prousts Marcel seine Geliebte Albertine bei sich zu Hause hat und dennoch nicht ruhig sein kann.

So ist die Intentionalität nicht den mit Emotionen auftretenden Überzeugungen zuzurechnen, da man gut eine solche Überzeugung haben kann, ohne zugleich eine Emotion, und da es umgekehrt Emotionen gibt, ohne die scheinbar notwendige Überzeugung. Und auch die dazugehörigen Wünsche sind – wegen der zwei gerade genannten Punkte Persönlichkeit und

Paradox der Erfüllung – nicht von einer Intentionalität, die genuin die Emotion ausmachen kann. So liegt es nahe, eine eigenständige, originäre Intentionalität von Emotionen anzunehmen, die einfach darin liegt, dass man etwas fühlt – nicht glaubt noch wünscht.

Schon Aristoteles macht aufmerksam auf eine Struktur von Erkennen und Erwiderung, die unserer Emotionalität eigen ist. Dies nimmt Goldie auf, um ausgehend von der eben genannten Einsicht Emotionen folgendermaßen weiter zu erläutern:[31] Wenn wir etwas Gefährliches erfassen, fürchten wir uns. Aber das Verhältnis dabei ist nicht notwendig ein begriffliches.[32] Wie gesagt gibt es keine klare propositionale oder auch nur begriffliche Aufschlüsselung für „gefährlich" – außer dass wir darauf gewöhnlich mit Furcht reagieren. Tatsächlich kann man Gefährlichkeit am ehesten so umschreiben, dass, wer sie zu erkennen und entsprechend zu reagieren weiß, heil durchs Leben kommt. Insofern sind sie wertende Merkmale, das sind solche Eigenschaften, die zu erkennen eine bestimmte Erwiderung verdienen. Diese Erwiderung ist kein Urteil, sondern etwas, das unter die Klasse der Gefühlsbegriffe fällt – mit allem, was die emotionale Erfahrung einschließt: Gedanken, Fühlen und Handlungsmotivation. Das entscheidende ist: Man lernt diese besonderen Merkmale immer zusammen mit gebotenen Reaktionen zu identifizieren: „Das ist gefährlich, geh da nicht hin!". Statt einer begrifflichen Verbindung gibt es also nur eine angelernte Beziehung zwischen solcher Erkenntnis und der Erwiderung als Emotion. Entscheidend ist, dass Erkenntnis und Erwiderung Teil ein und desselben Lernmoments sind. Freilich ist diese Beziehung, da anerzogen, keine verlässlich automatische. Die Erwiderung kann unter bestimmten Umständen ausbleiben und ebenso kann sie unangemessen auftreten.[33]

In dieses Modell passen sowohl die Fälle, in denen ein Zusammenhang zwischen einer Überzeugung und einer dabei auftretenden Emotion vorliegt, als auch Fälle, in denen das nicht so ist. Das eine Mal erkennt man *bestimmte* Merkmale, das andere Mal nur *bestimmbare*. Und im letzteren Fall handelt es

sich um ein Erkennen, das man über die eine, letztlich undeutliche Eigenschaft hinaus nicht propositional explizieren kann.

Auf diese Weise kann man sich im Ansatz veranschaulichen, was es bedeutet, eine Emotion zu haben: das Erkennen
eines Merkmals als ein *gerichtetes Fühlen* zu erleben. Dieses gerichtete Fühlen hat einen eigenen Gehalt, einen anderen als
eine reine Merkmalsfeststellung. Das ist ein Modell, mit dem
betont wird, dass und inwiefern Emotionen zu haben je eine
eigene, originäre Erfahrung ist. Emotionen ist eine eigene Intentionalität zuzuschreiben, sie brauchen nicht auf andere intentionale Größen wie ein Urteil reduziert zu werden.

3.2 Gerichtetes Fühlen

Dabei muss einem eines jedoch bewusst bleiben: Dieses Fühlen
darf nicht als eine atomistische Komponente verstanden werden. Stattdessen kommt es nur holistisch vor, d.h. immer in
Verbindung mit einem „Faktorenkomplex", der eine Emotion
insgesamt ausmacht.

Außerdem muss man sich klarmachen, wie der körperliche
Aspekt, den man doch mit dem Begriff des Fühlens assoziiert,
mitzudenken ist. Es können hier nicht Sinnesempfindungen
wie auch nicht rein „körperliches Fühlen" gemeint sein, die
Wahrnehmung eigener körperlicher Vorgänge, das, was ich
oben als „Spüren" eingeführt habe. Das gerichtete Fühlen bezieht sich typischerweise auf Sachverhalte, Überzeugungen
oder auch Vorstellungen. Solch ein gerichtetes Fühlen ist immer „emotionales Fühlen". Die verschiedenen Möglichkeiten
des Fühlens können sich jedoch mischen. Körperliches Fühlen
kann emotional sein oder nicht, je nachdem, ob es sich auch
auf etwas jenseits des Körpers bezieht oder nicht. Diese Be-
züglichkeit bezeichnet Goldie allerdings als nur eine „geborgte"[34], das heißt eine in Abhängigkeit von Gedanken oder
von Fühlen, das direkt auf etwas anderes als Körperliches gerichtet ist.[35]

An einem Beispiel kann man sich veranschaulichen, welchen Punkt der Phänomenologie der Emotionen diese Unter-

scheidungen treffen. Tatsächlich können wir unseren Herzschlag beschleunigt spüren, einfach aufgrund körperlicher
Anstrengung wie bei einem Marathonlauf. Dieses Fühlen des
Herzschlages unterscheidet sich aber vom Fühlen des Herzschlages in einer Situation der Furcht zum Beispiel. Damit ist
nicht gemeint, dass der Herzschlag ein anderer ist (auch wenn
es da womöglich Unterschiede in der Intensität, dem Rhythmus
usw. gibt), und auch nicht, dass die Wahrnehmung dieser körperlichen Veränderung beim Lauf oder bei der Furcht in physischer Hinsicht eine andere ist. Das Fühlen ist deshalb ein anderes, weil es Teil der Emotion ist. Insofern kann man hier von
„geborgter Intentionalität" sprechen.[36]

Wie ist nun das emotionale, gerichtete Fühlen zu erläutern,
das körperliches Fühlen anreichern bzw. sich mit diesem verbinden und auch allein auftreten kann?[37] Mit diesem Fühlen erfasst man sich ein Objekt auf eigene Weise. Es ist eine spezielle
Art, sich auf das wertende, Erwiderung bedingende Merkmal
zu beziehen. Dieses Erfassen ist emotional und nicht identisch
mit dem Erkennen des Merkmals im Modus einer Überzeugung.

„Fühlen" wäre damit eine affektive Einstellung, die einen
eigenen spezifischen Gehalt hat, der von anderen Einstellungen
gegenüber demselben Objekt unterschieden ist. Damit können
wir hier von einer affektiven Intentionalität als einem originären Weltbezug sprechen; einfach in dem Sinn, dass es anderes
ist, was wir da erfahren, anderes als es uns durch Sinneswahrnehmung allein oder durch Überlegungen möglich wäre. Fühlen ist danach zu umschreiben als ein perzeptiv-imaginativ
wertender Bezug auf Dinge der Welt, der Körperveränderungen, Ausdrucksverhalten, Handlungstendenzen und Gedanken
mit sich zieht. Alles zusammen macht eine Emotion aus.

Insgesamt kann man Emotionen so gesehen am ehesten
mit Wahrnehmungen vergleichen. Denn mit Wahrnehmungen
teilen sie zwei entscheidende Eigenschaften. Erstens sind beide
sowohl intentional als auch phänomenal. Zweitens stehen sie in
einem ähnlichen Verhältnis zu Überzeugungen: Sie können in

vielen Fällen als Grundlage für eine Überzeugung fungieren. Aber sie haben ihre eigenen Regeln, so dass man in Vertrauen auf sie nicht immer zu einer wahren Überzeugung gelangt.[38] Wenn wir z.B. ein Ess-Stäbchen auf dem Tisch liegen sehen und es uns gerade und ganz erscheint, bilden wir eine entsprechende Überzeugung darüber aus und liegen richtig damit. Stellen wir das Stäbchen jedoch in ein Wasserglas, erscheint es plötzlich geknickt bzw. gebrochen. Hier können wir uns auf unsere direkte Wahrnehmung nicht für ein wahres Urteil über die Sachlage verlassen. Stattdessen bauen wir auf unser Hintergrundwissen auf, in diesem Fall das Wissen, dass es sich um eine optische Täuschung handelt (was mit anderen Wahrnehmungen, etwa über den Tastsinn, auch übereinstimmt). Ähnlich verhält es sich mit Emotionen. Wenn ich mich fürchte, so kann ich annehmen, dass es einen Grund gibt, weshalb ich mich fürchte, bzw. dass das Objekt tatsächlich gefährlich ist, und könnte eine dementsprechende Überzeugung ausbilden. Doch wie geschildert gibt es Fälle, in denen ich mich vor etwas fürchte, wofür es, wenn ich es mir überlegt ansehe, keinen Grund gibt. Etwa der Sturz die Schlucht hinunter, vor dem mich ein gutes Geländer doch eindeutig schützt. Wohlgemerkt handelt es sich hier um einen Vergleich mit Wahrnehmungen, nicht um eine Emotionen darauf reduzierende Erläuterung.

4. Emotionaler Weltbezug

An Alternativen zu den Problempunkten, die ich an der kognitivistischen Theorie aufgezeigt habe, hat diese zweite Skizze also Folgendes zu bieten: Zum einen wird dem emotionalen Fühlen selbst Intentionalität zugesprochen. Zum anderen sind die körperlichen Aspekte von Gefühlen mit einbezogen. Auch wenn sie keine absolut notwendigen Momente von Emotionen sind, können sie doch, wenn sie auftauchen, als zur Emotion dazugehörig erläutert werden und nicht nur als kontingente Nebenereignisse.

Damit kann man eine echte Gegenposition zum reduktiv-kognitiven Ansatz bieten, anders als die Position, die sich Vertreter dieser Positionen selbst als Gegner nehmen. Etwas zu Fühlen ist nicht als beliebige Bewegung zu konzipieren, die den Menschen grund- und ziellos hin und her wirft. Gefühle sind als eigene intentionale Größe ernst zu nehmen und müssen nicht auf andere Arten von Einstellungen zurückgeführt werden.[39] Gleichzeitig wird auch dem Umstand Rechnung getragen, dass es in mancher Hinsicht eine enge Verbindung zwischen Überzeugungen und Emotionen zu geben scheint. Diese Verbindung kann man thematisieren, ohne dabei das eine auf das andere zu reduzieren.

Aus der Diskussion dieser beiden Ansätze können wir nun Folgendes als Prämissen mit in die nächsten Kapitel nehmen: Emotionen sind intentional, sie sind nicht rein phänomenale, „blinde" Empfindungen. Emotionen sind aber auch nicht von der Art wie Sinneseindrücke und Körperwahrnehmungen. Ihre phänomenalen Grenzen sind nicht die Grenzen unseres Körpers, und Gefühle sind mehr als die Wirkung in einem Reiz-Reaktionsschema mit materieller Ursache. Wir stehen durch sie in einem komplexeren informativen Bezug zur Welt. Doch deshalb Emotionen als Urteile zu konzipieren, dafür gibt es keinen ersichtlichen Grund. Man erreicht damit keinen Verständnisgewinn. Diese Reduktion der unbekannten Größe „Emotion" auf die des Urteils schiebt diese beiden Konzeptionen ineinander, anstatt sie anhand ihrer Differenzen, die sie innerhalb eines größeren gemeinsamen Rahmens aufweisen, näher zu erklären. Eine Emotion mit einem Urteil zu identifizieren, heißt, nicht ernst nehmen, dass man originär *fühlen* kann anstatt sinnlich wahrzunehmen oder zu denken. Wenn man „Fühlen" als etwas mit eigenständiger Intentionalität expliziert, eröffnet man die Möglichkeit, weiter auszuführen, wie man über Emotionen originär, nicht vermittelt über dazugehörige Urteile, etwas von der Welt erfasst[40]: In Emotionen können wir uns das persönlich Wertvolle von Tatsachen in der Welt erschließen. Erschließen in dem Sinn, wie der Begriff von

Heidegger prominent verwendet wird, also nicht im Sinn von „auf etwas schließen", sondern im Sinn einer eigenen Erfahrungsdimesion.[41] Anstatt mit Urteilen sind Emotionen eher mit Wahrnehmungen zu vergleichen. Wie das noch genauer zu erklären ist, werde ich in den nächsten Kapiteln zeigen, direkt im Zusammenhang mit der konkreten Fragestellung dieser Arbeit und anhand einer weiteren Spezifizierung der emotionalen Intentionalität.

Ich nehme noch einmal die Unterscheidungen vom Anfang des Kapitels auf. Mit Sinnesorganen können wir verschiedentlich empfinden: Ich *taste* zum Beispiel die raue Rinde mit den Fingern. Unseren Körper können wir spüren: Ich *spüre* mein Herz pochen. Aber was *fühlen* wir? Fühle ich einfach Trauer oder fühle ich, dass eine Person gestorben ist? Nach der Diskussion kann man jetzt sagen: In der Trauer fühle ich den *Verlust einer Person*.

Wenn ein Ereignis mich bewegt, so tut es dies nicht,
insofern ich es denke. Vielmehr weil es nicht möglich ist,
es in meiner oder seiner Ganzheit zu denken.[1]

II Emotionen anderer verstehen

Im ersten Teil sollte deutlich geworden sein, dass Gefühle, respektive Emotionen, eigenständige Phänomene sind, die nicht
auf andere Einheiten wie Körperempfindungen, Überzeugungen oder Wünsche reduziert werden können. Deshalb kann es
auch beim Verstehen von Emotionen nicht darum gehen, nur
solche anderen Phänomene herauszufinden und sich darüber
die Gefühlslage klarzumachen, sondern Emotionen zu verstehen ist etwas Eigenes – wenn natürlich auch nicht vollkommen
getrennt von dem Wissen über das Andere. Wie das geht bzw.
worin genau es besteht, möchte ich herausarbeiten; zuerst, in
diesem zweiten Teil der Arbeit, in Hinblick auf die Emotionen
anderer, im dritten Teil in Hinblick auf eigene Emotionen.
Beide Male erörtere ich dazu verschiedene Eigenschaften von
Emotionen, so dass Schritt für Schritt die im ersten Teil ange-
deutete Konzeption von Emotionen weiter entfaltet wird.
Gleichzeitig soll der ganze Umfang des Verstehensbegriffs in
der Anwendung in diesem besonderen Phänomenbereich deutlich werden.

Um das Verstehen Gefühle anderer zu explizieren, beginne
ich mit einer kurzen Diskussion gegenwärtiger Positionen aus
der philosophischen Alltagspsychologie in Bezug auf das Verstehen von Personen und Zuschreiben von Gefühlen. In Absetzung davon lässt sich gut in das Verstehensthema einführen
und damit schaffe ich eine weitere Ausgangslage, wie vorher
anhand der Diskussion zweier Emotionstheorien, von der aus
die eigentliche Erörterung des Themas beginnen kann. Diese
strukturiere ich ausgehend von Fragen, die man an die Gefühle

anderer stellen kann, bzw. ausgehend von der Schilderung von Verstehenshindernissen – um dann in der Umkehrung herausarbeiten zu können, was es im Einzelnen heißt, sie zu verstehen. Dabei zeigt sich insbesondere, dass Gefühle auf Seiten des Verstehenden selbst eine Rolle spielen, was sonst einerseits in allgemeineren Erörterungen zum Verstehensbegriff leicht übersehen und andererseits in Untersuchungen zu Gefühlen oft übertrieben beschrieben wird.

1. Anschein, Theorie und Simulation. Was für eine Emotion?

1.1 Einführung

Der Supermarkt hat an der fensterlosen Seitenfront eine Treppe, die zu einem Hintereingang hochführt. Auf dieser Treppe sehe ich oft einen Mann sitzen. Etwas behäbig, breitbeinig, ruhig. Er sitzt zu abseits, als dass er auf jemanden warten würde. An seiner Seite liegt eine Tasche. Manchmal wedelt er mit einer Zeitung in der Hand. Erst beim zweiten Mal habe ich gesehen, dass es eine der Obdachlosenzeitungen ist. Die zu verkaufen, sitzt er also da. Aber er macht das, ganz ohne sie anzubieten. Eigentlich scheint er doch zu warten, vielleicht selbst ohne zu wissen, auf was. Er ist farbig, so dunkel, dass ich, die ich vor allem weiße Gesichter zu lesen gewohnt bin, aus der Entfernung kaum seinen Gesichtsausdruck erkennen kann. Was er wohl fühlen mag?

Was heißt es, die Gefühle bzw. allgemeiner den Gemütszustand einer Person zu verstehen? Als eine erste Antwort liegt nahe: Man schreibt der Person ein bestimmtes Gefühl zu, wendet ein Wort oder begrifflichen Ausdruck auf sie an. Man sagt, die Person sei traurig oder erfreut oder wütend etc. Als ein erster Schritt zur Erläuterung von Gefühlsverstehen kann deshalb die Frage gesehen werden: Wie schreiben wir anderen Personen Gefühle zu? Natürlich kann man hingehen und fragen oder glauben, was einem ungefragt erzählt wird. Aber was, wenn der andere nichts sagen will oder kann oder wenn wir es selbst herausbekommen wollen? Das Ausgangsbeispiel ist extrem aufgeladen mit erschwerenden Bedingungen, bis hin zum kaum erkennbaren Gesichtsausdruck. In der Mehrzahl der Fälle aber haben wir genau die Möglichkeit: dem andern ins Gesicht, auf die Haltung und die Gesten zu sehen. Und dann sind wir es gewohnt, Personen mit bestimmten solchen Ausdrücken bestimmte Gefühle zuzuschreiben. Genauso gilt es für Handlungen, die einer in einem bestimmten Kontext macht. Innerhalb der Familie genügt oft ein Blick auf den anderen, wenn er zur Türe hereinkommt, dass man sagen kann, wie er sich gerade fühlt – ob er sich freut, nach Hause zu kommen, sich über etwas ärgert, oder Ähnliches. Wie ist theoretisch bzw. begrifflich präziser zu fassen, was wir dabei tun? In der gegenwärtigen Debatte um die Frage, wie wir mentale Zustände zuschreiben, gibt es zwei Hauptpositionen, die ich im nächsten Abschnitt kurz erörtere.[2]

1.2 Theorie- und Simulationstheorie

Die eine Position besagt, wir würden anderen mentale Zustände zuschreiben, indem wir uns einer Theorie bedienten. Solch eine Theorie ist, ganz grob, gedacht als eine Menge gesetzesartiger Verallgemeinerungen, die mentale Zustände jeweils mit anderen mentalen Zuständen, mit Verhalten oder mit äußeren Umständen verbindet. Wenn wir jemanden mit einem Korb unter dem Arm auf den Supermarkt zugehen sehen, so nehmen wir an, dass er einkaufen will. Nach dieser sogenannten „Theorie-Theorie" schließen wir darauf, indem wir eine Regel zur Anwendung bringen, etwa, dass jeder, der mit einem leeren Korb auf einen Laden zugeht, einkaufen will. Und so gälte es auch für Gefühle: Wir würden von dem, was wir von einer Person wahrnehmen und wissen, theoriegeleitet darauf schließen, wie sie sich fühle.[3] Von Tränen, die jemand vergießt, schließen wir darauf, dass die Person traurig ist. Solch eine alltagspsychologische Theorie ist als ein holistisches Gebilde gedacht, in dem die Sätze in einem solchen Verhältnis zueinander stehen, dass man zu konsistenten Interpretationen kommt. Dass es verallgemeinerbare Strukturen im Verhalten, Denken und Fühlen der Menschen gibt, wird nicht nur in der wissenschaftlichen Psychologie behauptet, sondern beweist sich auch in der Existenz und dem Erfolg der Werbeindustrie, mit der gezielt Einfluss auf Entscheidungen von Personen genommen wird.

Als Vorteil dieser Position kann man sehen, dass man damit für die Alltagspsychologie bekannte wissenschaftliche Erklärungsstrategien anwenden könnte, anstatt eine spezielle eigene, was die Sache komplizierter macht. Außerdem verfügte man damit auch über ein klares Modell für die Entwicklung alltagspsychologischer Fähigkeiten bei Kindern, nämlich als die allmähliche Entwicklung einer Theorie. Der größte Einwand gegen diese so genannte Theorie-Theorie ist jedoch das, was ihr Name schon befürchten lässt: Sie betont zu sehr Theorie und System. Niemand, der den Mann auf der Treppe sitzen sieht und sich Gedanken über dessen Gefühlszustand macht, wird, wenn man ihn fragt, wie er das tut, eine explizite Theorie darlegen können, mithilfe derer er vorgeht. Erstens ist eine Theorie in der Regel ein komplexes und nicht einfach zu handhabendes Gebilde. Wir schreiben im Alltag aber meist, wenn richtig, dann auch sehr schnell Gefühle zu. Außerdem sind Kinder schon in einem jungen Alter dazu fähig, in dem andere intellektuelle Fähigkeiten noch nicht ausgebildet sind.[4] Auch viele Erwachsene haben noch nie etwas vom Modus tollens gehört, den sie da angeblich anwenden.[5] Zweitens, selbst wenn man von diesen genannten Schwierigkeiten absehen könnte, etwa mit der Idee einer impliziten, unbewusst angewandten Theorie, bleibt ein anderes Problem: Wie sollte es für Entstehung und Bestehen von Gefühlen überhaupt klare Gesetze geben? Für Überzeugungen und Handlungsabsichten, die klaren Rationalitätsstandards unterstehen müssen, ist das eher denkbar; für Gefühle, die solchen Standards gerade nicht unterliegen, ist der Rückgriff auf solch allgemeine Gesetze jedoch weniger möglich, so die Kritik.[6]

Die andere Seite vertritt dementsprechend die Position, dass nichts dergleichen Theoretisches vonnöten sei. Denn wir simulierten einfach die Situation des anderen und könnten so, ganz ohne Schlüsse ziehen zu müssen, und ohne spezielles Wissen, dem anderen Gefühle zuschreiben. Hier spricht man von „Simulationstheorie".[7] Wir stellen uns also vor, dort auf der Treppe zu sitzen und an einem wolkenverhangenen (oder sonnigen) Tag Obdachlosenzeitungen anzubieten, und beobachten uns selbst, welche Gefühle sich dabei andeuten. Solche sind es, so nehmen wir an, die zumindest ähnlich auch der andere empfindet. Zur Unterstützung dieser Ansicht wird immer wieder das Ergebnis einer experimentellen Befragung herangezogen.[8] Diese können Sie selbst ausprobieren. Denken Sie sich folgende Begebenheit: Zwei Männer fahren mit einem Taxi zum Flughafen, bleiben im Stau stecken, beide verpassen ihr Flugzeug, der eine um eine halbe Stunde, der andere aber, da das Flugzeug Verspätung hatte, nur um fünf Minuten – welcher von beiden ärgert sich mehr? 96 Prozent der Befragten in dem Experiment von Daniel Kahnemann und Amos Tversky sagen, dass Letzterer sich mehr ärgern würde, der mit den fünf Minuten. Es erscheint jedoch nicht besonders rational, sich wegen der fünf Minuten mehr zu ärgern, verpasst ist verpasst. Deshalb, so heißt es, spricht hier einiges dafür, dass man sich einfach vorstellt, selbst an der Stelle der Männer zu sein, und dann wird einem unmittelbar klar, was man (ungefähr) fühlt – unbeachtet von Gesetzen, die etwas vernünftig erscheinen lassen würden.

Ein Problem der Simulationstheorien ist, dass man schwerlich annehmen kann, alle Menschen seien ganz gleich. So muss ich mir nicht *mich* an der Stelle des anderen vorstellen, sondern *mich als den anderen* an dessen Stelle. Doch berücksichtigt man dies, kauft man sich damit die Notwendigkeit einiger Vorannahmen darüber ein, was den anderen ausmacht. Simulation, so deshalb die Kritik, kommt nicht ohne jegliches psychologisches Wissen und damit auch nicht ohne Theorie aus. Außerdem braucht man eine Menge von Informationen, die man wie bei der Theorie-Theorie in den Prozess „einspeisen" muss. In unserem Beispiel gehörte dazu nicht nur die Tatsache, dass der Mann auf der Treppe sitzt und eine Obdachlosenzeitung verkauft, sondern auch, was er bisher in Deutschland oder gerade an diesem Tag erlebt hat etc. Simulation ist nicht so rein und eigenständig durchzuziehen wie von den Verfechtern behauptet.[9]

Als Alternative zu den beiden kritisierten Ansätzen scheint ein anderer nahezuliegen: Statt anzunehmen, dass wir eine komplexe Theorie anwenden oder uns simulierend in die Situation des anderen hineinversetzten, um zu erkennen, wie es ihm geht, kann man einfach die Rolle der Wahrnehmung als solcher ernst nehmen. Haben wir nicht ein Einsiedlerleben gewählt, sind wir ständig darauf angewiesen, nicht nur Meinungen, sondern auch Gefühle anderer Menschen zu erfassen. Als Alltagspsychologen in diesem Sinne nehmen wir in einem Großteil der Fälle einfach wahr, wie sich der andere fühlt, könnte man sagen. Wenn wir jemanden lächeln sehen, dann sehen wir einfach, dass es ihm gerade gut geht oder er sich freut oder Ähnliches, je nach Situation. Und die Zeichen müssen keineswegs immer so auffällig sein wie Tränen bei Schmerz und Trauer. Auch Ungeduld kann ich wahrnehmen. Das liegt nicht an einzelnen Anzeichen, wie ein Wippen des Fußes oder eine gepresste Stimme. Es ist nicht so, dass wir solches wahrnehmen und dann auf ein Gefühl schließen. Sondern, genau so, wie wir einen Tisch als ganzen wahrnehmen, statt dass wir von der Wahrnehmung von vier Beinen und einer Platte darauf schließen müssten, dass es ein Tisch ist, so können wir auch Gefühle am anderen als Ganzes wahrnehmen. Das entspricht der wittgensteinianischen Auffassung, nach der jede Rede über mentale Zustände, die von den normalen mentalen Begriffen wie sehen, hören, wissen etc. abstrahieren will, unsinnig ist.[10]

Diesem Ansatz könnte entgegnet werden: Es stimme, dass man keine Theorie brauche, doch man schließe nach Erfahrung, Gewohnheit und Vergleich auf die beste Erklärung. Man nehme nie ein Gefühl an sich wahr, sondern nur Anzeichen davon: Mimik, Ausdruck, Handlungen – von denen man dann auf das Gefühl schließe. Zu behaupten, man nähme die Gefühle selbst wahr, sei ein Kategorienfehler.[11] Ich will diese Diskussion hier nicht im Detail führen, glaube aber, dass man den Vorwurf mit einer Umformulierung abweisen könnte. Es ist präziser, zu sagen, man nähme nicht ein Gefühl an sich wahr, sondern: Man sieht jemandem sein Gefühl an; seine Trauer, seine Freude, etc. Damit trägt man der Tatsache Rechnung, dass ein Gefühl natürlich nicht isoliert wahrzunehmen ist, wie es freilich nicht isoliert existiert, sondern nur als vorübergehende Eigenschaft einer Person. Damit muss man aber nicht gleichzeitig einräumen, man müsse vom Anschein schließen, sondern es gibt solch eine umfassende, komplexe Wahrnehmung, die uns Gefühle an einer Person wahrnehmen lassen, ohne dass wir sagen können, welche Details genau es sind, die uns darauf schließen ließen.[12]

Diese dritte Position zu der Frage, wie wir einer anderen Person Gefühle zuschreiben, ist im Vergleich zu den anderen in einiger Hinsicht plausibler und insgesamt einfacher, was auch für sie spricht. Ihr Problem ist jedoch, dass sie nur auf einen eingeschränkten Bereich von Fällen anwendbar ist. Nämlich auf Fälle, in denen uns die andere Person erfahrbar präsent ist. Wie wir in anderen Fällen vorgehen, in denen kein Ausdruck wahrnehmbar ist, keine Geste zu beobachten, das kann damit nicht erklärt werden. Doch die beiden bisher geschilderten Beispiele waren genau dieser anderen Art: Bei dem Obdachlosen ist kaum ein Ausdruck zu erkennen und die beiden Herren Crane und Tees sind uns überhaupt nicht präsent, wenn wir sagen sollen, was sie fühlen, sondern wir wissen nur von ihrer Situation. Um eine Vielfalt von Beispielen abdecken zu können, scheint mir deshalb eine Kompromisslösung, die das Treffende jedes einzelnen Ansatzes mit dem der anderen kombiniert, am sinnvollsten.

So ist als zusammenfassender Überblick nach dieser Skizze zur Frage danach, wie wir anderen Personen Gefühle zuschreiben, festzuhalten: Zunächst ist zu unterscheiden zwischen Fällen, in denen uns die andere Person so präsent ist, dass wir ihre Gemütslage an verschiedenen Ausdrucksmöglichkeiten einfach wahrnehmen. Nur wenn das nicht möglich ist, muss man sich weitere Gedanken über das Zuschreibungsverfahren machen, wie es in der skizzierten Diskussion zwischen Theorie-Theorie und Simulationstheorie gemacht wird. Dabei erscheint es unplausibel, dass wir eine ausgefeilte Theorie darüber hätten, in welchen Situationen und unter welchen Voraussetzungen eine Person wie fühlt. Gleichzeitig scheint es richtig, dass wir auf irgendeine Art von Regularität zurückgreifen und nicht jedes Mal völlig neu durch Hineinversetzen in die Situation des anderen dessen Gefühle simulieren müssen, noch können, um sie uns klarzumachen. Wir haben Normalfälle der Übereinstimmung gelernt. Je bekannter etwas ist, desto mehr können wir auf Erfahrungen und Gewohnheiten zurückgreifen, und tun das automatisch, um zu erfassen, was ein anderer fühlt. Das mag erläutert werden als ein Schließen von dem, was wir von dem anderen wissen, auf seine Gefühle, im Sinne der Anwendung bestimmter Regeln, die nicht in einer vollständigen Theorie gesammelt sind. Bei völlig neuen Situationen hingegen ist wiederum Simulation nötig: Wenn wir keine Beispielfälle oder verallgemeinernden Sätze dazu kennen, müssen wir uns, unter der Annahme einer hinreichenden Ähnlichkeit zwischen uns selbst und der zu verstehenden Person, vorstellen, selbst diese Situation zu erleben, um zu erkennen, was für Gefühle darin entstehen.

1.3 Zuschreiben und Verstehen

Ich diskutiere die verschiedenen Ansätze und einen möglichen Kompromiss in dieser Debatte nicht weiter im Detail, weil für den Gang meiner Argumentation nur eine grundsätzlichere Frage wichtig ist: Inwieweit wird mit diesen Ansätzen schon erfasst, was wir meinen, wenn wir davon sprechen, Gefühle anderer zu verstehen?

In der gegenwärtigen Diskussion zur Alltagspsychologie, insbesondere in der zitierten Zuspitzung auf die Alternative Theorie-Theorie oder Simulationstheorie, wird oft relativ leichtfertig mit dem Begriff des Verstehens umgegangen. Die Autoren reden vom Zuschreiben mentaler Zustände, aber auch vom Verstehen, Erklären und Vorhersagen. Das bringt leicht einige Verwirrung und vor allem Ungenauigkeit bezüglich des Verstehens mit sich.[13] Erstens muss man aufpassen, wie die verschiedenen Begriffe zueinander in Beziehung gesetzt werden. Zwar kann es plausibel sein, dass man das, was man erklären kann, auch (zumindest in einer Hinsicht) verstanden hat: Wenn ich erklären kann, warum jemand an einer bestimmten Stelle die Straßenseite wechselt (weil er in die nächste Querstraße auf dieser Seite gehen will), so habe ich seine Handlung auch verstanden; ich kann sie als intentionales Verhalten mit einer Absicht interpretieren, so könnte man etwa erläutern. Doch solch eine Gleichsetzung funktioniert für eine andere Kombination nicht: Was man vorhersagen kann, muss man nicht unbedingt verstanden haben. Ich kann die Person jeden Tag an dieser Stelle die Straßenseite wechseln sehen und es so auch für den nächsten Tag (richtig) vorhersagen, ohne jedoch irgendeinen Sinn darin sehen, also ohne es zu verstehen. Daran wird deutlich, dass man nicht leichtfertig abwechselnd die Begriffe verwenden darf, als könnten sie sich gegenseitig ersetzen.

Zweitens spielt der Begriff des Verstehens in diesem Zusammenhang in drei Hinsichten mit, was nicht genug differenziert wird: Teilweise geht es darum, eine Person zu verstehen, teilweise darum, eine Handlung einer Person zu verstehen, und schließlich klingt es manchmal auch so, dass es darum ginge, einen bestimmten (mentalen) Zustand von ihr, also etwa ein Gefühl, zu verstehen. Den zweiten und dritten Punkt kann man als Unterpunkte des ersten ansehen. Eine Person zu verstehen heißt, ihre Handlungen und Zustände, zu denen auch Gefühle gehören, zu verstehen. Zwischen Handlungen und mentalen Zuständen ist jedoch genau zu unterscheiden. In der genannten Diskussion geht es aber vor allem um das Verstehen von Handlungen. Diese können mit Rekurs auf mentale Zustände erklärt und verstanden werden. Dafür müssen wir wissen, wem wir, wie und aufgrund von was welche Zustände zuschreiben. Doch dabei wird nicht eigens thematisiert, was es heißt, solche einzelnen Zustände, die Voraussetzung für

Handlungen und Verhalten sind, selbst zu verstehen. Mentale Zustände können als Mittel zum Verstehen von Phänomenen (insbesondere Handlungen) Thema sein oder als Gegenstand von Verstehensbemühungen selbst. Nur dieser weitere, letzte Punkt ist es, der in meiner Arbeit Thema ist. Dieser wird jedoch in dem Hauptbeispiel der Theorie-versus-Simulations-Debatte nicht eingefangen, denn bei den Herren Crane und Tees am Flughafen ist eine Situation gegeben und es wird nach dem darin wahrscheinlich erlebten Gefühl gefragt. Das Ergebnis ist das Zuschreiben eines Emotionstyps. Meine Frage geht jedoch wesentlich über diesen Punkt hinaus. Ausgehend von dem Wissen um den Emotionstyp, den jemand erlebt, wird versucht, dessen individuelle Ausgestaltung in einer bestimmten Person zu verstehen. Emotionstypen kennen wir einfach wie die Sammelbegriffe, die sie benennen: Ärger, Scham, Freude, Trauer. Die konkrete Emotion einer Person zu verstehen, ist aber etwas anderes.

Meine auf die Gefühle beschränkte Themenstellung (anstatt auch andere mentale Zustände und Handlungen einzubeziehen) hat den Vorteil, dass von vornherein nur eine Dimension der Person in den Fokus genommen, und so der Verstehensbegriff weniger umfangreich ist und präziser behandelt werden kann. Unter „Person verstehen" kann sowohl fallen, die Argumente zu verstehen, das heißt zu verstehen, warum sie auf bestimmte Weise handelt, als auch, die Gefühle, die dafür (oder dagegen) sprechen, zu verstehen. Die Argumentation kann ganz ohne Gefühle auskommen oder es können darin Gefühle als Gründe auftauchen oder eine Handlung kann mit oder ohne rationale Argumentation auch aus Gefühlen heraus ausgeführt werden (wenn sich eine zu einer Emotion gehörige Handlungsmotivation direkt durchsetzt). In dieser Arbeit aber geht es nicht in erster Linie um das Erkennen, dass eine Handlung auf eine dieser Weisen mit Gefühlen zusammenhängt, sondern darum, ein Gefühl zu verstehen (nicht eine Handlung anhand eines Gefühls); dafür kann es nur auch aufschlussreich sein, wie das Gefühl mit Handlungen zusammenhängt, doch das ist

nicht das Ziel der Frage. Zu verstehen, dass jemand Geld ver-
schenkt, weil er sich gerade übermütig freut, ist etwas anderes,
als diese Freude selbst zu verstehen.

Mit Erörterungen dieser erwähnten Art, wie wir mentale
Zustände zuschreiben, ist nicht erschöpfend erfasst, was es
heißt, Gefühle zu verstehen. Sie behandeln nur die epistemische Frage danach, wie wir erkennen, dass jemand anderes Gefühle einer bestimmten Art (etwa Emotion oder Stimmung)
und/oder eines bestimmten Typs (Freude oder Hoffnung,
Melancholie oder Langeweile) hat. Wer die Gefühle einer Person verstehen will, interessiert sich aber für etwas darüber hinaus. Er interessiert sich dafür, wie sich ein Gefühlstyp als indi-
viduelles Gefühl einer Person gestaltet.

Wenn ich einen Begriff auf jemanden anwende, heißt das,
dass ich auch entsprechende andere Züge eines Sprachspieles
für ihn angemessen finde. Ich verbinde mit der Zuschreibung
von Gefühlen zum Beispiel auch gewisse Erwartungen dahingehend, wie sich der andere verhalten wird oder welche anderen Gefühle folgen können. Aber ich weiß darüber nichts mit
Gewissheit, so wenig wie über die Entstehung des Gefühls und
dementsprechend auch wenig über die genauere Verfassung
des Gefühls selbst. Das aber sind alles Punkte, die interessieren,
wenn man verstehen will. Diese Aspekte kommen in der dargestellten Diskussion um die Zuschreibung von mentalen Zuständen, auch wenn dabei von Verstehen die Rede ist, so gut
wie gar nicht vor. Im Unterschied dazu mache ich die Fragen
genau danach zum Leitfaden der vorliegenden Untersuchung.

2. Verständnisfragen und Antwortgeschichten. Warum diese Emotion?

Um zu klären, was es heißt, Gefühle anderer zu verstehen, gehe
ich nacheinander die Fragen durch, die man stellt, wenn man
Gefühle nicht versteht. Es gibt viele Weisen, etwas nicht zu
verstehen, und erst die Sammlung der entsprechenden Fragen

bzw. der Antworten darauf ermöglicht es, eine umfassende Idee vom Verstehen zu geben. Um möglichst präzise dabei vorgehen zu können, beschränke ich mich auf eine Unterart von Gefühlen, wie ich sie im ersten Teil unterschieden haben: die Emotionen. Vieles, was für sie gilt, gilt auch für andere Gefühle wie Stimmungen. Doch manches müsste wegen der verschieden ausgeprägten Intentionalität verschieden erklärt werden. An einzelnen Stellen werde ich Hinweise darauf geben, doch insgesamt konzentriere ich mich auf Emotionen wie wir sie kennen unter den Begriffen von Freude, Trauer, Wut, Neid, usw. Dennoch kann ich in einem allgemeineren Sinn weiterhin vom Verstehen von Gefühlen sprechen, weil die Emotionen eine Art davon sind und Emotionen zu verstehen immer schon ein erster Schritt ist, um den letztlich noch komplexeren bzw. noch feiner zu analysierenden Gesamtgefühlszustand zu verstehen.

2.1 Die möglichen Fragen zu Emotionen

2.1.1 Ein Beispiel

Gefühle anderer Personen zu verstehen ist für uns genau besehen in anderen Fällen problematisch als in solchen, wie sie die ersten Beispiele zeichneten. Diese hatte ich vor allem deshalb so gewählt, um zeigen zu können, wie Verstehen mit Zuschreiben allein verwechselt werden kann und inwieweit die Diskussion um Theorie- und Simulationstheorien schief zu der konkreten Frage dieser Arbeit steht. Fälle, in denen uns daran liegt, den anderen zu verstehen, sind meist welche unter Personen, die einander nahe stehen. Dabei weiß man meist schon ziemlich viel vom anderen und redet außerdem miteinander, anders, als es im Beispiel mit einem völlig Fremden in der Öffentlichkeit der Fall ist. Ein reiches Feld an geeigneten Beispielen dafür liefern Szenen einer Familie oder eines Paares.

Jean-Luc Godard hat einer Emotion einen gesamten Film gewidmet. „Le Mépris".[14] Es ist die Geschichte einer Liebe, die sich in Verachtung verwandelt. Der Mann, Paul, sieht, dass sich die Gefühle seiner Frau Camille für ihn verändert haben. Er braucht den ganzen Film lang, um ihr neues Gefühl auch nur einigermaßen zu verstehen. An dieser Geschichte lassen sich die verschiedenen Aspekte des Verstehens von Gefühlen modellhaft in einzelnen Schritten aufzeigen.

Es beginnt für ihn mit ihren vorwurfsvollen Blicken. Es geht weiter mit seltsam frostigen Gesprächen. Und es kulminiert darin, dass sie verkündet, von nun an im Wohnzimmer statt im gemeinsamen Bett zu schlafen – des offenen Fensters wegen, wie sie wenig überzeugend erklärt. Er versteht ihr Verhalten nicht, er sieht nur, dass sich ihre Gefühle ihm gegenüber verändert haben müssen, und fragt sich, wie und warum. Da sie seinen indirekten Klärungsversuchen immer wieder ausweicht, konfrontiert er sie schließlich mit der direkten Frage, ob sie ihn noch liebe – und wenn nicht, was sie stattdessen für ihn fühle. Nach erneutem anfänglichem Zaudern und Ausreden ihrerseits erhält er die Antwort schließlich deutlicher, als ihm lieb sein kann: Es stimme, sie liebe ihn nicht mehr. Sie verachte ihn.

Nun geht es nicht mehr darum, ihr Verhalten zu verstehen, nun geht es darum, diese Emotion zu verstehen, und alles andere dient nur dazu. Denn davon, ob er diese Verachtung versteht, hängt nichts weniger als sein weiteres Leben ab. Nicht sein Überleben, aber das Leben, das er glaubte an der Seite dieser Frau zu verbringen. Er muss die Emotion verstehen, um einen wichtigen Teil dieser Frau zu verstehen, er muss sie verstehen, um etwas über sich selbst zu erfahren, auf den diese Emotion gerichtet ist, und beides, um schließlich womöglich in den Lauf der Dinge eingreifen zu können, indem er etwas an den Bedingungen für die Emotion verändert, um diese aufzulösen.

Was sind die einzelnen Punkte, in denen das Unverständnis detaillierter erfasst werden kann und die es zu überwinden gilt, um zu verstehen? Die erste Frage war in diesem Fall auf den Emotions*typ* gerichtet: *Was* fühlt sie, welches Gefühl hat die Liebe ersetzt? Das ist die Zuschreibungsfrage, die eben, wie dargestellt, nicht schon das eigentliche Verstehen thematisiert. Dazu gehören weitere Aspekte: *Auf wen oder was* die Emotion gerichtet ist, zunächst. Das ist in diesem Fall in einer Hinsicht von Anfang an klar: Camille verachtet ihn, Paul, ihren Mann. Er ist gewissermaßen *Gegenstand* der Emotion. Aber wie, so fragt er sich weiter, wie konnte er zum Objekt ihrer Verachtung werden – was hat er getan, was ist geschehen, dass sie ihn, den sie liebte, nun verachtet? Selbst wenn sie ihm das sagte, wie der Film es uns sagt: Sie verachtet ihn, weil er sie alleine mit dem Filmproduzenten im Sportwagen vorausfahren ließ – auch dann wird er noch weiter fragen. Es bleibt die Frage, *warum* sie ihn deshalb verachtet. Damit fragt er nach etwas, das ich hier vorerst den *Grund* einer Emotion nennen will.

Mit dem Wissen um Typ, Gegenstand und Grund würde Paul Camilles Emotion im Wesentlichen verstehen. Was ist damit gemeint? Er versteht die Emotion in ihrer Intentionalität, also in ihrer komplexen Bezugnahme auf die Welt. In Teil I habe ich nur dafür argumentiert, dass Emotionen eigenständige intentionale Phänomene sind. Jetzt geben die konkreten Verstehens-Fragen aus dem Beispiel die Möglichkeit, die vorher in Absetzung zu anderen Auffassungen nur negativ konstatierte affektive Intentionalität genauer positiv zu erläutern. Deshalb ist hier ein Abschnitt nötig zum Thema der Emotionen und ihrer Objekte.

2.1.2 Emotionen und ihre Objekte

Emotionen sind, wie bereits eingangs thematisiert, *intentional* strukturiert, das heißt, sie sind auf etwas gerichtet. Ich freue mich *auf etwas*, beneide *jemanden*, ärgere mich *über etwas* usw. Doch das ist noch nicht alles, was über ihre Objekte gesagt werden kann. Es wurde bereits deutlich, dass Emotionen nicht allein über ein Objekt im Sinne eines Gegenstandes definiert werden können. Bei der Erläuterung des Verstehens von Emotionen anderer gibt es auch die Frage nach dem Grund einer Emotion. Diese zielt letztlich auf zwei weitere Objekte oder Aspekte des Objekts einer Emotion ab, die man differenzieren kann.

Zunächst kann man sich noch einmal vergegenwärtigen, dass sich die Sache mit dem Objekt einer Emotion keineswegs eindeutig und einfach verhält. Ronald de Sousa nennt in einem

Überblick Objekt einer Emotion all das, „von dem, auf das bezogen, mit dem, wegen dessen oder wofür"[15] eine Emotion ist, was sie ist. Diese verwirrend anmutende Vielfalt lässt sich an Beispielen nachzeichnen: Das Objekt der Wut ist in der Regel etwas Konkretes wie eine Person, aber das Objekt der Trauer ist etwas eher Abstraktes wie der Verlust einer Person. Außerdem fürchtet man *um* das eigene Leben. Mancher Emotion scheint man zwei Objekte zuschreiben zu müssen, beispielsweise bei der Eifersucht, da es schwer zu entscheiden ist, auf wen allein sich Eifersucht richten sollte: Auf den Geliebten oder die Rivalin – oder dreht man sich dabei am Ende vor allem um sich selbst? Und bei Neid: Richtet er sich auf die Person oder das Gut, das sie einem voraus hat? Darüber hinaus kann sich eine Emotion sogar auf etwas beziehen, das gar nicht existiert: Wenn jemand hofft oder fürchtet, dass etwas geschehen *werde*. Und schließlich braucht man oft Formulierungen wie: Ich freue mich, *dass* der Frühling begonnen hat.

Diese Vielfalt von Möglichkeiten kann man in drei Gruppen zusammenfassen. Emotionen können erstens eine Person, ein Ding oder ein Ereignis zum Objekt haben, was am klarsten als „Gegenstand" einer Emotion bezeichnet werden kann. Das zeigt sich in Sprachkonstellationen eines Emotionsverbes mit direktem Objekt (ich liebe *jemanden*, ich verabscheue *Austern*) und in präpositionalen Verbalausdrücken (ich fürchte mich *vor einem Tornado*, ich freue mich *auf das Wochenende*). Außerdem kann das „Objekt" einer Emotion durch eine Proposition ausgedrückt sein (ich hoffe, *dass es ihm gut geht*). Und schließlich können Objekte von Emotionen auch aus komplexeren Verbindungen von Gegenständen und ihren Eigenschaften bestehen (ich beneide *ihn um* seine Gelassenheit). Je nach Emotionstyp sind verschiedene Kombinationen von solchen Objektaspekten möglich.

Diese Bandbreite an Objektmöglichkeiten bereitet jedem Versuch der Konzeptionalisierung von Emotionen in Theorien einige Schwierigkeit. Viele Erklärungen der Intentionalität von Emotionen konzentrieren sich auf eine dieser Objektkonstruktionen. Das heißt dann aber auch, dass die Erklärung nur auf eine Unterklasse der Fälle passt. Und so liefern sie mit ihren Lieblingsbeispielen automatisch Gegenbeispiele für eine andere Theorie mit.[16] Deshalb fasse ich all diese Aspekte locker unter dem Oberbegriff „Gegenstand" zusammen.

Auf den Gegenstand besteht aber nur in der Verknüpfung mit zwei anderen Objektaspekten ein emotionaler Bezug. Er muss *als* etwas angesehen werden, wie es auch schon in Teil I erwähnt wurde, als etwas Gefährliches, Beleidigendes, Angenehmes o.ä. Als solcher wird er bewertet oder, neutraler, ausgezeichnet als etwas, das eine bestimmte emotionale Reaktion verdient. Zu jedem Emotionstyp gehört solch eine charakteristische Auszeichnung des Gegenstandes. Dies kann man das *formale Objekt* der Emotion nennen. Diese Bezeichnung verwendet insbesondere Bennett Helm.[17] Das Thema des formalen Objektes habe ich bereits indirekt bzw. unter anderer Bezeichnung behandelt. Im ersten Teil der Arbeit beziehe ich mich auf Peter Goldie, der es unter den Begriffen von bestimmten und bestimmbaren Merkmalen verhandelt. In jeder theoretischen Erläuterung von Emotionen kommt das formale Objekt auf die eine oder andere Weise vor. Es ist etwa die Gefährlichkeit, die man in einem heranrasenden Laster oder einer zunehmenden Ideologisierung im politischen Diskurs sehen kann und der man mit Furcht begegnet; oder das Gute, Zuträgliche, das man in einem Gespräch oder einem Geschenk sehen kann, über das man sich freut, usw.

Von Helm stammt auch eine weitere Differenzierung in der Intentionalitätserläuterung von Emotionen, die ich für angemessen und in verschiedener Hinsicht für hilfreich erachte, wie sich noch zeigen wird. Danach gehört zur Intentionalität einer Emotion als drittes Element auch noch ein sogenannter „Bedeutsamkeitsfokus". Man muss erkennen: Bei jeder Emotion geht es einem um etwas. Das meint zweierlei: Es gibt etwas, das man ein Hintergrundobjekt oder Fokus nennen kann, und dieses ist einem etwas wert.[18] Wenn ich mich z.B. ärgere, da ich sehe, dass mein abgestelltes Fahrrad demoliert worden

ist, gibt es die drei Objekte: Erstens den Täter als „Gegenstand". Zweitens ein mir von ihm absichtlich angetanes Übel
als formales Objekt, dessen Konkretisierung man zur Vereinfa-
chung als Anlass bezeichnen kann, was in diesem Fall etwa wäre: Durch den Täter verschuldet nicht nach Hause fahren zu können und das Fahrrad teuer reparieren lassen zu müssen. Und
drittens das Fahrrad, das mir als Fortbewegungsmittel und finan-
ziell etwas wert ist, der Fokus. Gäbe es nichts derart, was mir
etwas wert wäre, könnte es für mich kein formales Objekt geben; zumindest gäbe es kein Kriterium dafür, wie formales Objekt und Gegenstand zusammenhängen. Die Erwähnung dieses
dritten Objektaspektes hat mindestens zwei Vorteile: Sie eröffnet eine Struktur, mit der erstens noch besser deutlich zu machen ist, was es heißt, eine Emotion zu verstehen, weil ein weiterer Eckpunkt klar wird. Und zweitens wird damit ermöglicht,
die Angemessenheit einer Emotion sinnvoll zu bestimmen.
Doch darauf gehe ich erst später ein (insbesondere in III 2).

An dieser Stelle ist es nur wichtig, die Intentionalität von
Emotionen anhand von Verständnisfragen, die wir stellen können, ausbuchstabiert zu haben. Die bisherigen Fragen könnten
auf folgende Weise für das Beispiel beantwortet werden: Camille verachtet (Emotionstyp) Paul (Gegenstand), insofern dieser dadurch, dass er sie mit dem anderen Mann alleine ließ
(Anlass), etwas Degradierendes getan hat (formales Objekt), da
Camille an dem Bild liegt (Fokus), das Paul vor anderen Männern in Bezug auf die Nähe zu ihr abgibt, was sie durch sein
Verhalten beschädigt sieht.

2.1.3 Emotionen im Kontext

Unkenntnis über das Objekt einer Emotion ist nicht das einzige Hindernis, das sich Verstehensbemühungen entgegenstel-
len kann. Es gibt noch weitere Hinsichten, in denen eine Emotion unverständlich bleiben kann. Diese betreffen ihr Verhältnis zu anderen Zuständen und Aspekten der Person und ihre
Ausführung über die Intentionalität hinaus, die ihre Eckpfeiler
markiert. Die Möglichkeiten dabei zähle ich im Folgenden im

Sinne des Beispiels auf, auch wenn nur für einige Punkte eine direkte Entsprechung im Film zu finden ist.

Eine Emotion ist auf den ersten Blick unverständlich, wenn sie im Widerspruch zu Meinungen der Person zu stehen scheint oder auch tatsächlich steht. Es hieße in dem Beispiel etwa, dass Camille Paul verachtete, aber bestritte, etwas an ihm auszusetzen zu haben.

Ebenso kann eine Emotion insofern unverständlich sein, als sie offenbar zusammen mit einem anderen Gefühl auftritt, das jener entgegengesetzt scheint. In diesem Beispiel wäre das der Fall, wenn Camille sagte, dass sie Paul verachte – und zugleich bewundere.

Ferner kann der Verlauf der Emotion unverständlich sein. Sollte Camille nur genau drei Minuten Verachtung zeigen, und bricht dann alles ab, oder sollte die Verachtung mehrmals am Tag kommen und gehen, obwohl die Umstände die gleichen blieben, wäre es beide Male irritierend. So ein Verlauf würde es erschweren, die Emotion zu verstehen.

Darüber hinaus kann eine Emotion auch deshalb unverständlich erscheinen, weil sie nicht zum Charakter der Person zu passen scheint. Sie war doch bisher immer so ein sanftes Wesen, wie kann sie plötzlich von einem derart negativen Gefühl eingeholt werden, wundert sich Paul.

Ein Gefühl eines anderen Menschen kann auch darin unverständlich sein, wie es ausgedrückt wird. Würde Camille ihre Verachtung mit einem strahlenden Lächeln verkünden, wüsste Paul das sicher nicht in Einklang mit der Aussage zu bringen und er wäre weiter über die Emotion verwirrt.

Auch die Handlungen, die einer vollzieht, können manchmal nicht den Motivationen entsprechen, die normalerweise mit diesen Emotionen einhergehen. So zum Beispiel, wenn Camille Paul nicht meiden, sondern seine Nähe suchen würde.

Schließlich kann eine Emotion auch einfach in der Intensität, in der sie auftritt, unverständlich sein.

Nun stehen wir vor einem Katalog von Hinsichten, in denen eine Emotion verstanden werden kann oder nicht: hinsichtlich ihres komplexen Objekts, das als Gegenstand, formales Objekt und Bedeutsamkeitsfokus zu entziffern ist, hinsichtlich verschiedener Aspekte ihrer Ausführung wie Intensität, Verlauf, Ausdruck und typischen Handlungsmotivationen sowie hinsichtlich ihres Verhältnisses zu anderen mentalen Zuständen oder Einstellungen. Emotionen anderer verstehen heißt, so weit sind wir bisher, Antworten auf die genannten Fragen zu haben. Doch welcher Art müssen die Antworten sein, damit wir verstehen? Was sind befriedigende Antworten konkret und wie sind sie allgemeiner zu charakterisieren?

2.2 Die richtige Art von Antwort

Ich habe Kernfragen und ergänzende unterschieden. Die Kernfragen schließen an das Zuschreiben von Emotionen an. Um die Gefühle eines anderen zu verstehen, reicht es nicht, zu wissen, welcher Typ vorliegt – Trauer, Freude, etc. –, sondern wir wollen die konkrete Emotion dieser Person erfassen. Dafür fragen wir nach Gegenstand und Grund. Um vom Typ auf die konkrete, individuelle Manifestation (Token) zu kommen, müssen wir die „Was-Frage" ergänzen durch eine „Warum-Frage". Unter dieser kann man die beiden Fragen nach Grund und Gegenstand zusammenfassen, da eine Antwort nach dem „worauf gerichtet", als dem Gegenstand, alleine nicht ausreicht. Die weiteren Fragen, die ich aufgezählt habe, betreffen die prozesshafte Ausgestaltung der Emotion und ihre Einbettung in den psychologischen Kontext sowie das Verhalten der Person. Entscheidend für die Erläuterung ist: Die Fragen, die man stellt, wenn man die Emotionen des anderen nicht versteht, erfordern im Unterschied zu den Fragen nach reiner Zuschreibung von Emotionen eine Erklärung – nicht eine Erklärung, warum *ich glaube*, dass die andere Person das und das fühlt, sondern eine Erklärung dafür, *warum sie* dieses fühlt. Im Folgenden will ich klären, welcher Art diese Erklärung ist, die wir geben können müssen, um Emotionen von anderen zu verstehen. Dafür gehe ich zunächst drei Möglichkeiten von Erklärung durch: die kausale, mechanische und narrative Erklärung.

2.2.1 Kausale Erklärung?

In vielen Zusammenhängen, in denen eine Erklärung erwartet wird, ist eine kausale Erklärung das Ziel. Eine kausale Erklärung gibt die Ursache für eine Wirkung an. Eine Ursache ist die notwendige und hinreichende Bedingung für eine Wirkung. Diese beiden Momente, Ursache und Wirkung, sind logisch unabhängig voneinander. Ist solch eine kausale Erklärung auch das Ziel für das Verständnis von Emotionen?[19]

Um diese Frage zu beantworten, muss geklärt werden, was als Ursache genannt werden könnte. Dafür gäbe es zwei Möglichkeiten zu unterscheiden: Unpersönliches und Persönliches. Bei beidem wären etwa je drei Unterpunkte zu nennen. Eine „unpersönliche" Möglichkeit wäre, unter Ursache einer Emotion eine physische Voraussetzung bzw. Stimulation zu verstehen, wie Drogeneinfluss. Doch um solche Gefühle geht es hier nicht. Es interessieren nur die normal aus der Lebenswelt entstandenen. Ob es sich um solche handelt oder nicht, ist ein früherer Schritt des Verstehens von Gefühlen, der hier nicht extra thematisiert wird. Genauso verhält es sich mit der zweiten denkbaren Möglichkeit der unpersönlichen Verursachung: Gefühlsansteckung; wenn man für eine Weile ein Gefühl eines anderen übernimmt, wie etwa die gute Stimmung eines Freundes beim Kaffeetrinken, obwohl es einem selbst eigentlich gar nicht froh zumute ist.[20] Auch dies ist ein anderer Weg, eine Emotion zu haben, und muss festgestellt werden, bevor es um das Verstehen von lebensweltlich entstandenen, originär individuellen Emotionen geht, die mich hier interessieren. Zur Gruppe des Unpersönlichen gehört als drittes schließlich das Ereignis, auf das sich die Emotion bezieht. Eine Frage lautete, warum Camille Paul verachtet. Die Antwort war: weil Paul Camille mit dem Produzenten im Zweisitzer vorangeschickt hat, anstatt gemeinsam mit ihr ein Taxi dorthin zu nehmen. Damit könnte eine Verbindung zwischen zwei logisch voneinander unabhängigen Elementen hergestellt werden. Ist das die Erklärung, die wir suchen? Teils ja, teils nein. Sie reicht nicht aus. Denn das gleiche Ereignis hätte bei Camille unter anderen Umständen oder bei einer anderen Person zu einer anderen emotionalen Reaktion geführt. Paul muss weiter nach einem Grund fragen. Ein Ereignis ist nicht in dem Sinn Ursache einer Emotion, wie das Hinlangen an eine heiße Herdplatte Ursache für einen Schmerz in der Hand ist (oder wie das Treten auf das Gaspedal eines Autos Ursache für die Beschleunigung desselben ist). Deswegen kann damit keine kausale Erklärung aufgebaut werden und wir suchen etwas anderes.

Wonach wir mit dem „warum" fragen, wenn wir Emotionen anderer verstehen wollen, ist ein persönlicher Bezug auf Ereignisse. Damit kommen Zustände und Einstellungen der Person als Erklärungskriterien in Betracht: Überzeugungen, Wertvorstellungen, andere Emotionen. Kommen diese als Elemente einer kausalen Erklärung in Frage? Wenn auch die Tatsache an sich (Wegfahren lassen) nicht die Ursache der Verachtung sein kann, ist es dann die Überzeugung Camilles darüber? Nein, auch diese reicht allein nicht aus. Zu wissen, dass Camille denkt: „Mein Mann lässt mich mit diesem Mann alleine vorfahren", macht Paul die Verachtung ohne weitere Erläuterung ebenso wenig verständlich. Er müsste noch sehr viel mehr wissen und berücksichtigen. Etwa was ihr an dem Verhalten des anderen Mannes auffällt, was sie von Paul erwartet und insbesondere was sie für Gefühle hat. Das kann jedoch nie auf eine gelungene kausale Erklärung hinauslaufen, und zwar aus zwei Gründen nicht. Erstens müssten in der Erklärung dermaßen viele Details vorkommen, dass die Erklärung nur auf diesen Spezialfall zuträfe und nicht mehr ein Gesetz ausdrücken würde, wie es Kausalität jedoch verlangt. Zweitens müssten in der Erklärung andere Emotionen vorkommen. Wir verstehen: Traurig ist man, wenn eine Hoffnung enttäuscht, eine Sehnsucht nicht erfüllt wurde. Verständlich ist der Ärger über den Schaden an einem Gegenstand, über dessen Nützlichkeit oder Schönheit man sich sonst freut, und eifersüchtig ist man in Bezug auf eine Person, die man liebt – um nur ein paar Beispiele zu nennen. Doch Emotionen sind nicht derart unabhängig voneinander, wie es bei den zwei Momenten einer kausalen Erklärung, Ursache und Wirkung, erforderlich ist. Das kann ich hier erst vorgreifend andeuten und werde es später noch genauer ausführen (II 3.3.1).

Nun kann man nach Wegen suchen, die angesprochenen Schwierigkeiten zu umgehen. Einer könnte darin bestehen, auf eindeutige Genauigkeit zu verzichten; das hieße nicht so viele Details zu verlangen, dass daraus die Entstehung genau dieser einen Emotion verständlich würde, sondern nur so viel, dass damit verschiedene mögliche verständlich werden. So würde man nicht mehr von einer kausalen Erklärung reden, sondern von einer, die „mechanisch" zu nennen wäre, wie Jon Elster vorschlägt.[21] „Mechanisch" steht dabei für eine nicht notwendige Verbindung zwischen zwei Elementen. Elsters Beispiel aus dem sozialen Bereich, aus dem her er das Modell überträgt, ist die Entwicklung eines Kindes von alkoholabhängigen Eltern. Die Alkoholsucht der Eltern kann sowohl für eine Erklärung in dem Sinn herhalten, dass das Kind ebenfalls süchtig wurde, als auch dafür, dass es das gerade nicht wurde. Für Emotionen übertragen heißt das: Wir können Emotionen im Nachhinein von einer Ausgangslage her verstehen, auch wenn wir andersherum nicht vorhersagen können, welche Emotion genau aus dieser Ausgangslage hervorgeht. Enttäuschte Hoffnung kann auch wütend machen anstatt traurig.

Das ist ein Schritt in die richtige Richtung. Offenbar ist die Erklärung, die wir beim Versuch, Emotionen anderer zu verstehen, anstreben, eine andere als eine kausale. Doch dieses mechanische Modell erscheint mir noch zu ungenau. Ich denke, wir können doch auch präziser verstehen, als es damit glauben gemacht wird.

2.2.2 Narrative Erklärung

Weder der Vorschlag einer kausalen noch der einer mechanischen Erklärung ist befriedigend. Was für eine Erklärung ist es dann, nach der wir mit den verschiedenen Verständnis-Fragen verlangen? Die Vielfalt der Fragen, die ein Verständnisloser (oder -unbefriedigter) angesichts der Gefühle eines anderen stellen kann, macht eines deutlich: Was wir suchen, wenn wir verstehen wollen, ist nicht eine eindimensionale Ursache-Wirkung-Relation noch Mechanik, sondern ein komplexer Zusammenhang, in dem und durch den die Emotion einerseits genau identifiziert und andererseits eingebettet wird in einen größeren Kontext. Die Art von Erklärung, die es dazu braucht, ist am besten als „narrativ" zu bezeichnen. „Narrativ", „Narration" und Geschichte ist derzeit ein häufiger Topos in der Diskussion um das Wesen von Gefühlen respektive Emotionen. Doch ich verwende ihn hier anders als andere Autoren. Um Missverständnisse zu vermeiden, zeige ich deshalb zuerst, worin ein grundlegender Unterschied im Einsatz des Begriffs besteht, um anschließend genauer darauf eingehen zu können, was eine „narrative Erklärung" von Emotionen positiv auszeichnet.

Autoren, die den Begriff der Narration für Emotionen stark machen, wollen damit in der Regel eine Aussage darüber treffen, was Emotionen *sind*. Ich hingegen will damit lediglich erläutern, wie wir sie *verstehen* können. Dies will ich nicht nur, weil es hier Thema ist, sondern auch, weil es mir die einzige Möglichkeit zu sein scheint, den Begriff der Narration in diesem Zusammenhang richtig einzusetzen. Ich teile größtenteils die Annahmen, die diesen Begriff für Emotionsbeschreibung angemessen scheinen lassen; zum Beispiel, dass Emotionen in Episoden verlaufen können und Gründe in der Biographie der Person haben. Doch diese Annahmen dürfen einen nicht dazu führen, den Emotionen selbst dieses Prädikat zuzuschreiben. Sieht man sich die Emotionen-als-Narrationen-Erläuterungen kritisch an, so lässt sich sogar zeigen, dass sie selbst systematisch gar nicht enthalten, was sie rhetorisch behaupten.

Autoren, die den Narrationsbegriff bemühen, sagen, Emotionen *sind narrativ* oder *haben eine narrative Struktur* oder *ihre Elemente sind narrativ verknüpft*.[22] Doch in den Erläuterungen wird diese Identitätsaussage immer sehr abgeschwächt bis aufgelöst. So heißt es einmal, Emotionen seien grundsätzlich Teil der je eigenen Lebensgeschichte[23] – nun, welcher unserer Zustände, Gedanken etc. wäre das nicht? Nichts kommt aus dem

Nichts, sondern alles hat seine Vorgeschichte. Das ist keine informative Auskunft, was das Wesen von Emotionen ausmacht. Eine informative wird sie nur, wenn man konkreter wird. Etwa: Emotionen Erwachsener können ohne Wissen um die persönliche Geschichte, die Biographie eines Menschen und besonders seine Erfahrungen in der frühen Kindheit nicht vollständig verstanden werden.[24] Doch dann muss man aufmerken: Hier hat sich das Wörtchen „verstehen" eingeschlichen. Somit ist die Erläuterung ein Verweis darauf, wo man hinsehen muss, um eine Emotion zu *verstehen* – keine Erklärung dessen, was eine Emotion *ist*. Ähnliches gilt für die Aussage, jede Emotion habe eine (paradigmatische) narrative Struktur, die sich in einer Situation entfalten könne, unabhängig von der längeren persönlichen Geschichte. Auch hier, nach langen Erklärungsversuchen, wie Narration die Emotion ausmache, heißt es schließlich, dass sie sich „sprachlich adäquat in Form ganzer Geschichten" ausdrücken lasse.[25] Das ist richtig. Aber das zeigt, dass nicht die Emotionen selbst narrativ verfasst sind, sondern dass wir sie uns mithilfe von Narration verständlich machen können. Es ist wichtig klarzustellen: Der Begriff der Narration, der Erzählung, oder der Geschichte ist nur auf Text oder Sprache anwendbar, auf nichts anderes. Ihn für Emotionen zu verwenden ist ein Kategorienfehler.

Man mag mir hierauf erwidern, die Beschreibung beziehe sich auf das komplexe Gebilde Emotion.[26] Sie drücke die Struktur einer Emotion aus. Eine Emotion sei eben nicht nur eine eindimensionale Regung noch etwas Einheitliches wie ein propositionales Werturteil, sondern eine Einheit aus verschiedenen Komponenten in ständiger Bewegung und Veränderung. Für so etwas sei „Narration" die angemessene Bezeichnung, da, so z.B. ausdrücklich Christiane Voss, dieser Begriff nicht nur textbezogen verstanden werden könne, sondern auch allgemeiner. In diesem Sinne meine er eine Form der „Synthetisierung von Heterogenem"[27].

In dieser Bedeutung wäre es möglich, den Begriff auf Emotionen anzuwenden. Doch was wäre damit gewonnen? Es bliebe unklar, warum man, wenn man nur diese sehr allgemeine Idee einführen will, den speziellen Narrationsbegriff heranzieht. Er verspricht eindeutig mehr, ja man spielt mindestens mit den Assoziationen von Text, Autor usw., auch wenn es angeblich nicht darum gehen soll. Denn „Synthetisierung von Heterogenem" allein sagt gar nichts über die Verbindungsart der Komponenten einer Emotion. Genau darüber will man aber doch etwas erfahren. Wenn nichts weiter von dem Begriff im Textsinn benutzt wird, bleibt er uninformativ. Will man den Begriff aber im Textsinn verwenden, begeht man, wie gesagt, einen Kategorienfehler.

Berechtigt und sinnvoll angewendet werden kann der Begriff der Narration nur auf der Ebene der Rede *über* die Gefühle, anstatt auf der Ebene ihrer Eigenschaften. Er kann zur Charakterisierung der Art von Erklärung dienen, die wir für ein Verstehen von Emotionen brauchen. In diesem Sinn ziehe ich ihn heran. Nun kann ich in drei Punkten genauer ausführen, warum ich vorschlage, zu sagen, zum Verstehen von Emotionen anderer bedürfen wir einer „narrativen Erklärung".[28]

Erstens interessieren uns, um Emotionen zu verstehen, nicht Ursachen; jedenfalls nicht im Rahmen der Alltagspsychologie. Ursachen würden interessieren, wenn wir Emotionen als Zustände eines Menschen im Sinne eines biologischen Organismus' verstehen wollten, doch hier geht es um Emotionen als Aspekte einer Person. Unter dieser Perspektive sind Ereignisse, auf die man sich mit der Emotion bezieht, keine Ursachen der Emotion, da das Ereignis immer nur unter einer bestimmten Beschreibung für das Entstehen einer Emotion verantwortlich gemacht werden kann. Ein Ereignis, eine Person, ein Sachverhalt, kurz, alles, was nach der obigen Bestimmung „Gegenstand" einer Emotion genannt werden kann, interessiert nur als intentionales Objekt: das heißt, insofern die Person ihm ein formales Objekt zuschreibt, es auf eine bestimmte Weise auffasst. Deshalb kann es, wie wir gesehen haben, keine kausale Erklärung sein. Überdies ist die Intentionalität von Emotionen, wie in Teil I erläutert, eine eigene, so dass auch nicht einfach Überzeugungen zum Verstehen von Emotionen herangezogen werden können. Was wir zum Verstehen brauchen, ist u.a. eine Antwort darauf, wie die Person dazu kommt, einem Gegenstand ein bestimmtes formales Objekt zuzuschreiben. Dafür müssen wir (gegebenenfalls einen Anlass und) ein Hintergrundobjekt der Person kennen oder annehmen. Mit dem Heranziehen eines konkreten Fokus ist die Erklärung aber oft noch nicht am Ende. Man muss weiter erklären, warum dieses Hintergrundobjekt diese Bedeutung für die Person hat. Dafür muss man unter Umständen auf frühere Erlebnisse zurückgreifen. Deshalb ist es hier angemessen, von einer Geschichte zu sprechen, die man über eine Emotion erzählen können muss, um sie zu verstehen. Anders gesagt: Man muss eine narrative Erklärung für sie geben können.

Mit dem Ausdruck der narrativen Erklärung wird auch ein zweiter Punkt eingefangen. Denn eine Emotion zu verstehen heißt, wie wir anhand der Fragen gesehen haben, nicht nur, ihre Intentionalität erklären zu können, sondern auch, ihren Zusammenhang zu anderen Phänomenen bzw. (mentalen) Zuständen und anderen Aspekten der Person zu erfassen. Das heißt zunächst: Wie ebenfalls in Teil I dargelegt, sind Emotionen Phänomene mit einem affektiv-intentionalen Zentrum, um das herum sich anderes zu einem Komplex zusammengruppiert. Zu einer Emotion können in diesem Sinne Körperveränderungen, Wünsche und Handlungsmotivationen gehören. Die Emotion ist, so kann man auch sagen, eine Weise, etwas (als ein bestimmtes formales Objekt habend) aufzufassen, von der all die anderen genannten Elemente (des Zustandes einer Person) abhängen. Sowenig eine kausale Erklärung in Hinsicht auf die Intentionalität hilft, sowenig hilft hier eine Akkumulation von beliebigen Antworten auf die oben genannten Fragen; stattdessen bedarf es einer Zusammenstellung, die gemeinsam einen Sinn ergibt: So, wie die Elemente einer Erzählung ineinandergreifen. Und schließlich kann man eine Emotion auch noch danach befragen, welche Funktion sie im größeren psychologischen Kontext übernimmt. Das ist eine andere Perspektive auf sie, aus der heraus man auch vor Verstehenshindernissen stehen und mit narrativer Erklärung eine Antwort bzw. Lösung finden kann. So kann eine Verachtung z.B. auch durch den Zweck des Selbstschutzes vor Verletzung motiviert sein. In so einem Fall muss man, um die Emotion zu verstehen, mehr auf solche Schutz-Bedürfnisse bei der Person sehen als darauf, was der andere getan hat.

Drittens ist eine narrative Erklärung dadurch ausgezeichnet, dass sie graduell ist. Sie kann erweitert und verfeinert werden. Wie neue Elemente eine erst unpassende Antwort gültig werden lassen, können andere das Verständnis vertiefen. Und das passt für das Feld der Emotionen. Es gibt Stufen des Verstehens; das gilt sowohl von einer Hinsicht zur anderen (von Intentionalitätsklärung über Erläuterung des biographischen Entstehens des Bedeutsamkeitsfokus bis zur Funktion der Emotion im Kontext komplexerer psychologischer Zusammenhänge) als auch innerhalb einer solchen Hinsicht.

Wenn alle Antworten, die man selbst ersehen oder von der Person erfragen kann, auf Anhieb passen, handelt es sich, so kann man sagen, um eine Standard-Erzählung. Eine Frau könnte einen Mann etwa verachten, weil er sich in der Öffentlichkeit völlig unter Niveau verhalten hat. Sie zeigt das in ihrer Miene und meidet diesen Mann fortan. Das wäre ein typischer Fall von Verachtung. Wir verstehen die Emotion nicht, wenn irgendeines der Elemente (wovon es immer mehr gibt, als hier kurz angedeutet) nicht in den Zusammenhang der anderen passt. Dadurch, dass es keine kausale Erklärung, sondern eine narrative ist, sind jedoch verschiedene „Abweichungen" verständlich zu machen; es gibt extrem viele Kombinationsmöglichkeiten, die Sinn machen können. Abweichungen von der Standard-Erzählung, vom Typischen für einen Emotionstyp, können nicht selten durch andere Aspekte in der Erzählung aufgehoben werden.

In was für verschiedenen Hinsichten es Abweichungen geben kann, habe ich oben anhand der Aufzählung der ergänzenden Fragen bei der Beispielanalyse bereits angeführt. Eine Klärung des gleichzeitigen Auftretens zweier Emotionen, die man eigentlich für miteinander unvereinbar hält, kann nun darin bestehen, zu zeigen, dass sich die beiden Emotionen in der Intentionalität unterscheiden, dass also nicht derselben Sache zwei verschiedene Emotionen entgegengebracht werden: Es kann derselbe Gegenstand sein, aber doch ein anderer Grund. Wenn die Frau ihn etwa verachten und lieben würde zugleich, so könnte eine Erklärung sein: Sie verachtet ihn für diesen Vorfall, aber sie liebt ihn für alles, was er bisher war. Fehlender Ausdruck, fehlende Handlung oder ungewöhnlicher Verlauf können oft erklärt werden durch eine gleichzeitige Ablehnung der Emotion oder durch Widerstreit mit einer gleichzeitigen anderen Emotion. Verachtung will man in mancher Öffentlichkeit wie Trauer nicht zeigen und im Privaten kann etwa ein Stolz es verbieten, Trauer sich ausdrücken zu lassen.

Wenn eine aktuelle Überzeugung nicht zur Emotion zu passen scheint, kann die Emotion dennoch verständlich gemacht werden, indem man den Blick auf einen anderen Bereich lenkt: statt auf Tatsachen und Ereignisse, die sich im sozialen, allgemein (mehr oder weniger) beobachtbaren Bereich abspielen, auf die individuelle psychische Landschaft einer Person, auf ihre Vergangenheit, Prägungen, Traumata, besondere Assoziationen usw. Für ein einfaches Beispiel denke man nur an die individuelle Furcht vor bestimmten Tieren, die eigentlich nicht mehr oder sogar weniger gefährlich sind als andere. Beim einen ist es die Maus, bei anderen das Pferd, beim dritten sind es die Spinnen. In den wenigsten solcher Fälle ist die Furcht begründet durch eine konkrete Gefahreneinschätzung, in dem Sinn, dass die Personen sagen könnten, wie konkret das Tier ihnen Schaden zufügen könnte. Dennoch ist die Emotion verständlich zu machen, wenn bei jemanden die Spinne Hauptmotiv von Kinderfieberträumen war oder das Pferd mit einem unangenehmen Erlebnis assoziiert wird.[29] Hier gilt es, Überlagerungen zu berücksichtigen. Ein Emotionsgegenstand kann für einen anderen stehen, so dass das formale Objekt dem ersten nur stellvertretend zugeschrieben wird und der eigentliche Zusammenhang zwischen einer Trias (Gegenstand, formales Objekt, Fokus) mit einem anderen Gegenstand zu sehen ist.

Die Erklärung, die wir zum Verstehen brauchen, ist also keine kausale und auch der Vergleich mit einem Mechanismus greift zu kurz. Meiner Darstellung folgend ist die Bezeichnung „narrative Erklärung" die passendste.[30] Wir können auf viele verschiedene Hinsichten eine Emotion nicht verstehen, wie sich an den zu Anfang des Kapitels aufgeführten Fragen gezeigt hat. Sowenig, wie die Emotion eines anderen zu verstehen nur heißt, ihm einen Emotionstyp zuzuschreiben, so wenig heißt es nur, einen Grund (oder gar Ursache) für sie anzugeben. Es heißt, eine Menge Fragen beantworten zu können, die die individuelle, zeitliche Manifestation eines Emotionstyps erfassen, das heißt zu ihrem Bezug, ihrer Entstehung (aus den aktuellen Umständen und der Biographie) und der Rolle im weiteren psychologischen und pragmatischen Kontext der Person, also was die Funktion und Auswirkung der Emotion für die Person ist (wie stützt sie z.B. das Selbstbild der Person, was für Handlungen werden durch die Emotion bedingt). Eine narrative Erklärung blickt zurück und voran. Die Antworten auf die verschiedenen Fragen ergeben eine Geschichte. Es reicht keine einsilbige Antwort, sondern es bedarf einer komplexeren, in der jeder Aspekt in den Kontext der anderen passt, so dass es insgesamt ein kohärentes Ganzes gibt; etwas, das wir verstehen.

Paul versucht sich die Verachtung seiner Frau auf verschiedene Weisen zu erklären. War sein Flirt mit der Übersetzerin der Auslöser? Ging es ihr darum, wie sehr er sie wertschätzt oder eben diesbezüglich falsch handelt? Doch das war offenbar nicht das (Haupt-)Problem. Auslöser war, wie er dann auch erkannte, die beiden Male, als er seine Frau alleine mit dem Filmproduzenten, der ihr Avancen machte, fortfahren ließ, ja, sie dazu ermutigte, fast drängte. Wenn dies der Auslöser war, dann muss sie geglaubt haben, er tue dies aus Berechnung: Gebe dem Produzenten die Frau zum Spiel, um auch das nächste Drehbuch schreiben zu dürfen und gut bezahlt zu werden. In ihrem Fokus hätte wieder sie und ihre Wertschätzung durch ihn gestan-

den. Doch zur Geschichte, die man aus ihren Worten erahnen
kann, gehört etwas anderes. Ihr ist es wichtig, wie sich ein Mann,
ihr Mann, in Bezug auf sie gegenüber anderen Männern verhält.
Ihr geht es nicht um Berechnung. Ihr geht es, so kann man es
vielleicht beschreiben, um die Bindung, den Stolz und die Eifersucht, die mit zur Liebe gehören sollten und die solche Gleich-
gültigkeit in den genannten Situationen ausschließen würden.

Der Film lässt den Zuschauer mit Spekulationen über das
richtige Verstehen dieser Verachtung zurück. Man wüsste gern
noch mehr. In dem Fall hat man Glück, weil man auch noch
zum Buch greifen kann, in dem die Geschichte noch ausführlicher erzählt wird.[31] Gesetzt, man weiß viel; oder gesetzt, Paul
weiß alles, was Camille zu sagen hat bzw. was sie selbst weiß,
um die Emotion narrativ zu erklären: Was ist dann dafür verantwortlich, dass die Antworten „ein Ganzes" geben, wenn es dafür offenbar bestimmte allgemeine (gesellschaftliche) Standards
gibt, diese aber nicht alles sind, was verständlich ist? Wessen bedarf es, dass wir mit der Narration tatsächlich verstehen, in einem emphatischen Sinn verstehen, und nicht nur eine Erklärung nacherzählen, was auch ein sinnloses Nachplappern sein
könnte? Dieser Frage widme ich mich im nächsten Kapitel.

3. Sympathie, Mitgefühl oder Empathie?
Gefühle auf Seiten des Verstehenden

Was ist ausschlaggebend dafür, dass eine Narration Sinn macht?
Welche ermöglicht Verständnis – und welche nicht? Es gibt eine allgemeine Intuition, dass beim Verstehen von Gefühlen anderer eigene Gefühle mit im Spiel sein müssten. Gefühlsarme
Menschen sucht man sich nicht aus, wenn man Verständnis in
eigener Sorge oder Freude sucht. Deshalb bietet sich als eine
Konkretisierung der Frage hier an: Kommt es in irgendeiner
Weise auf die Gefühle des Verstehenden selbst an, um anhand
einer narrativen Erklärung die Emotionen einer anderen Person zu verstehen?

Ich will zeigen, dass für das Verstehen von Emotionen anderer auch auf Seiten des Verstehenden Emotionen nötig sind. Jedoch sind dafür meiner Meinung nach nicht aktuelle Emotionen entscheidend, sondern eine Erfahrung in Gefühlen. Doch zunächst sollen andere Intuitionen geprüft werden.

Wie können für das Verstehen von Gefühlen anderer Gefühle auf Seiten des Verstehenden vorhanden sein? Wie müssen sie es? Einerseits scheint das vor dem Hintergrund der bisherigen Darstellung unplausibel. Eine Erklärung geben zu können ist eine intellektuelle Fähigkeit, könnte man meinen. Das Aufsuchen und Zusammenstellen der verschiedenen Momente, die für das Gefühl des anderen eine Rolle spielen, hat nichts mit den Gefühlen des Verstehenden selbst zu tun. Doch es gibt mindestens zwei Vorstellungen zur Rolle der Gefühle, die sich auf den ersten Blick anschließen lassen könnten. Ich stelle sie dar, zeige jedoch, was daran jeweils nicht überzeugend ist, um schließlich meinen eigenen Vorschlag vorzustellen.

3.1 Sympathie und Antipathie

Eine erste Idee für eine Bedeutung der Gefühle auf Seiten des Verstehenden könnte eine Intuition sein, die man manchmal in spontanen Reaktionen zum Thema Verstehen und Gefühle hört: Wen man mag, verstehe man besser als wen man nicht mag. Bei einem zerstrittenen Paar zum Beispiel, so wird erläutert, verstehe plötzlich keiner mehr die Gefühle des anderen. Jeder fühle sich im Recht, den anderen im Unrecht, in Taten wie auch in den Gefühlen. Die entsprechende These wäre: Man muss dem Gegenüber Sympathie entgegenbringen, um ihn verstehen zu können. Als philosophische These ist das bei Dilthey zu finden.[32] Doch diese These ist nicht haltbar. Denn es gibt genug gegenteilige Beispiele, die zeigen, dass negative Gefühle dem anderen gegenüber nicht unbedingt das Verstehen verhindern, wie umgekehrt positive nicht notwendig zum Verstehen führen. So kann insbesondere ein Therapeut einen Patienten in seiner Depression verstehen, ohne dass dieser jenem besonders sympathisch sein muss. Ja, man kann sich sogar „feindliche" Konstellationen vorstellen, etwa wenn zwei Personen sich um den gleichen Job bemühen. Hier kann sich die eine um das Verstehen der Gefühle der anderen bemühen und reüssieren (vielleicht sogar, um in ihrer Bewerbungsstrategie davon Nutzen ziehen zu können), auch wenn sie sich gegenseitig extrem unsympathisch sind. Umgekehrt ist zum Beispiel selbst (oder gerade) die Liebe, als ein Gefühl besonderer Zuneigung bzw. Sympathie, keine Garantie für das Verstehen der Gefühle des anderen. Das Paar, bei dem jeder lebenslang dem jeweils anderen die eigentlich selbst bevorzugte Brötchenhälfte gibt, ist eines der harmlosen Beispiele dafür. Verliebte können einander im Verständnis der Gefühle grandios verfehlen, und aufgrund von Missverständnissen niemals zueinander finden. Nicht wenige liebende, engagierte Eltern stehen ratlos vor den Gefühlen ihrer Kinder.

Sympathie oder Antipathie bilden so gesehen nur Variablen in einer ersten Episode eines Verstehensprozesses. Sicherlich können sie Einfluss haben, aber sie prägen das Verstehen nicht wesentlich. Sie wirken als Anlass bzw. Steigerung von Motivation zum Verstehen oder vermindern sie. Das heißt, Sympathie etwa führt automatisch zu einer bereitwilligen und intensiveren Auseinandersetzung mit dem anderen. Doch sie ist nicht die Auseinandersetzung (das Verstehen) selbst. Antipathie macht in der Regel desinteressiert am anderen, aber wenn man es sich aus anderen Gründen zur Aufgabe macht, die Gefühle des anderen zu verstehen, verhindert sie das nicht grundsätzlich. Andersherum kann außerdem eine stark fokussierte Aufmerksamkeit aus großer Zuneigung den Blick für Wesentliches verstellen, so dass Sympathie auch ein Hindernis für das Verstehen sein kann.

3.2 Empathie

3.2.1 Empathie: Die Emotion des anderen nachfühlen

Als zweite Idee zur Rolle der Gefühle könnte man eine starke These vorschlagen: Um die Emotion des anderen zu verstehen, muss man sie auf gewisse Weise auch selbst fühlen, das heißt mitfühlen oder nachfühlen. „Mitfühlen" ist im Sinne von Mitgefühl (nicht Mitleid) das geläufigere Wort, doch „nachfühlen" scheint mir noch präziser zu sein, da wir nicht nur gegenwärtige Gefühle des anderen verstehen wollen, die im Moment mitzufühlen wären, sondern auch vergangene, die nachzufühlen wären; das hat dann eher den Sinn von „nachahmen", was sich auf Gegenwärtiges wie Vergangenes beziehen kann. Diese Idee des Nachfühlens ist eine erweiterte Variante von Simulationstheorie und findet sich auch in gewisser Form bei Max Scheler.[33] Es hieße sich derart vorzustellen, der andere zu sein, dass man gewissermaßen das Gleiche wie er fühlt, ohne jedoch tatsächlich die Emotion zu haben. Inwiefern das möglich ist, wird in der Literatur zur Simulationstheorie unter verschiedenen Varianten des „sich vorstellen, der andere zu sein" diskutiert.[34] Mit einem anderen, umfassenderen Begriff kann man hier auch von Empathie sprechen. Was ist unter Empathie in diesem Zusammenhang zu verstehen und wie könnte sie für das Verstehen der Gefühle anderer wichtig sein?[35]

Zunächst muss klargestellt werden, dass Empathie nicht mit Gefühlsansteckung verwechselt werden darf. Insbesondere Stimmungen anderer präsenter Personen können anstecken; ob das die gute Laune der Freundin beim Mittagessen an einem für einen selbst düsteren Arbeitstag ist oder die Gereiztheit einer anderen am Abend, die einen solchen Tag ohne aufmunterndes Mittagstreffen verbracht hat: Sie kann einen selbst aus einer neutralen oder sogar gegenteiligen Stimmung herausholen und einen selbst in diese andere Stimmung versetzen. Bei Emotionen passiert das weniger häufig. Aber auch dafür kann man Beispiele geben. Denken Sie etwa, wie ein Freund sich wütend über eine neue Entscheidung der Bundesregierung auslässt. Sie sind sachlich einer Meinung mit ihm, dass der getroffene Kompromiss der Koalition in der Gesundheitsreform kein glücklicher ist, haben aber bislang keine Gefühle damit verbunden. Angesichts des tobenden Freundes jedoch spüren auch Sie eine Wut in sich aufsteigen – auf die Regierung wegen dieses Beschlusses, oder aber auch auf den Kellner, der Sie besonders lange scheint warten zu lassen. Gefühlsansteckung ist Auslösung desselben Gefühlstyps bei einer anderen Person, keineswegs unbedingt eine Emotion mit der gleichen Intentionalität über das formale Objekt hinaus. Sie finden wie Ihr Freund etwas ärgerlich, doch der Gegenstand seiner Wut ist die Bundesregierung, Ihr Gegenstand ist der Kellner. Außerdem passiert Gefühlsansteckung unwillkürlich, ohne dass man sich darum bemühen müsste. Man versetzt sich dafür nicht in den anderen hinein und weiß unter Umständen überhaupt nicht mehr von dessen Gefühl als das, was der Ausdruck zeigt. Gefühlsansteckung kann auch, und tut es oft, zunächst unbewusst geschehen. Erst nach einer Weile bemerkt man, dass man offensichtlich das Gefühl des anderen auch angenommen hat. Solche angesteckten Gefühle verschwinden auch gleich wieder, sobald man allein ist. Als fielen sie von einem ab, wie etwas, das nur kurz übergehängt war.

Von solch einer Ansteckung ist Empathie also zu unterscheiden. Empathie heißt nicht, dass man zufällig ein Gefühl des anderen übernimmt, sondern heißt, dass man sich vorstellt, die Gefühle des anderen zu haben. Man hat nicht selbst ein geliehenes oder eigenes Gefühl, sondern stellt sich vor, das des anderen zu haben. Dafür simuliert man für sich selbst die Situation des anderen. Man stellt sich vor, an seiner Stelle zu sein.

In was würde sich so ein vorgestelltes Gefühl unterscheiden von einem, das man tatsächlich hat? Als wichtigster Unterschied kann angesehen werden, dass ein vorgestelltes Gefühl nicht konkret handlungsbestimmend wirkt. Man kann sich zwar durchaus auch der Motivationen bewusst sein, die zu dem Gefühl gehören (würden), doch sie werden nicht handlungswirksam, wie wenn man das Gefühl tatsächlich hat. Ein Gesichtsausdruck hingegen kann sich dabei sogar zeigen. Letztlich ist es vergleichbar mit lebhafter Erinnerung an selbst erfahrene Gefühle. Damit ist nicht einfach die Erinnerung daran gemeint, dass man etwas gefühlt hat, etwa, dass man sich geschämt hat, als einem das Tablett vor den Augen der anderen herunterfiel, sondern Erinnerung daran, wie es war.[36] Man kann ein Gefühl

so in der Vorstellung noch einmal durchleben, das ganze Unangenehme der Situation wieder fühlen, und vielleicht steigt einem sogar allein in Erinnerung daran die Röte noch einmal ins
Gesicht. Was man aber natürlich nicht tut, ist, aus dem Raum
zu laufen, wie man es damals tat, einfach weil die Situation gar
nicht gegeben ist und auch nicht wirklich ein Gefühl, dem mit
solch einer Handlung entsprochen werden könnte.[37]

Solch ein vorstellungsbasiertes Nachfühlen einer Emotion
ist auf zweierlei Weisen möglich, die auseinanderzuhalten sind.
Erstens kann man sich vorstellen, selbst an der Stelle des anderen zu sein, und beobachten, welche Emotion sich dabei andeu-
tungsweise in einem entwickelt. Man kann sich in die Situation
des anderen hineinversetzen, ein paar Schritte oder gar Meilen
„in seinen Schuhen" gehen, wie es in einem Sprichwort heißt.
Oder aber man stellt sich auch vor, in wesentlichen Punkten die
Person des anderen zu sein, das hieße die gleichen Erfahrungen
und Charaktereigenschaften zu haben.[38] Im Charakter kommen
angeborene Dispositionen und Prägungen durch alle möglichen
Erfahrungen, die man im Laufe seines Lebens, insbesondere in
Kindheit und Jugend, gemacht hat, zusammen und bilden die Basis von emotionalen Reaktionen.[39] Wenn Paul, um auf das Film-
beispiel zurückzukommen, sich vorstellt, ohne seine Frau mit
dem Filmproduzenten im Zweisitzer davonzufahren, kommt
dabei ein anderes Gefühl heraus, als wenn er sich vorstellt, Camille zu sein und ohne Mann wegzufahren. Das gilt auch, nur
weniger eklatant, für weniger unterschiedliche Personen; etwa
zwei Freunde, die sich in einigem ähneln. Dennoch haben sie
einen individuellen Charakter und verschiedene Erfahrungen
gemacht, wovon die Emotionsausbildung abhängt.

Wer Empathie im Sinne solchen Nachfühlens für wesentlich für das Verstehen von Gefühlen anderer hält, muss sich
auf die zweite skizzierte Art beziehen, denn nur mit dieser
könnte überhaupt eine Chance bestehen, Einblick in die tatsächlichen Gefühle des anderen zu erhalten.

Doch genau das, ob dies Erfolg verspricht bzw. notwendig
ist, gilt es nach diesen Erläuterungen zum Empathie-Begriff zu

untersuchen: Was könnte Empathie für das Verstehen von Emotionen anderer leisten? In der Diskussion um Bestimmung dessen, was Empathie genau ist, gehen die Autoren auf diese Frage, für die man die Untersuchung eigentlich beginnt, oft gar nicht genau ein. Das unternehme ich im folgenden Abschnitt.

3.2.2 Verstehen ohne aktuelles Nachfühlen

Was ist die Rolle von Empathie im Verstehen von Gefühlen anderer? Wer der Empathie, dem Nachfühlen, eine entscheidende Rolle zuweist, antwortet darauf etwa: Wir erkennen durch diese imaginäre Erfahrung dessen, wie es ist, die Qualität der Emotion, und nur mit diesem Wissen erfassen wir genau, was des anderen Emotion ist.

Als Vertreter einer solchen Position kann man in einer gewissen Linie Autoren seit Ende des 19. Jahrhunderts bis zu manchen Simulationstheoretikern von heute nennen. In „Reinform" hat so eine Idee Theodor Lipps vertreten. Um das Gefühl einer anderen Person zu verstehen, müsse man es selbst haben, man müsse sich in den anderen „einfühlen", was sein zentraler Begriff war.[40] Bei Scheler (wie auch bei Edmund Husserl und Edith Stein) wird diese Idee variiert, kritisch zwar, aber dennoch im Kern verbunden gegen Analogieschlusstheorien. In dieser Traditionslinie stehen heute gewissermaßen Simulationstheoretiker wie Robert Gordon und Alvin Goldman. Sie betonen, in Variationen, dass man die Situation des anderen nacherleben müsste, und für Gefühle hieße das, diese nachzufühlen. Diese letzten Überlegungen stehen, wie auch oben (II 1.3) bereits erläutert, zwar insgesamt schief zu der hier verfolgten konkreten Thematisierung des Verstehensbegriffs, weil es ihnen mehr um Zuschreiben, Vorhersagen und Erklären geht, als um Verstehen im emphatischen Sinn, aber sie lassen sich als Positionen lesen, nach der für Verstehen Empathie (im eben erläuterten Sinn) wesentlich ist. Auch in Debatten um Bewusstsein und Erfahrungsqualitäten, den sogenannten Qualia, findet sich immer wieder, wenn auch selten explizit, eine solche Überzeugung zum Verstehen der mentalen Zustände anderer. Als berühmtester Text dafür wäre Thomas Nagels *What is it like to be a bat* zu nennen. Wir wissen nicht, wie es ist, eine Fledermaus zu sein, weil wir ihre Erfahrungsqualitäten nicht kennen, heißt es da. Das könnte man in diesem Kontext übertragen als: Wir können die Gefühle anderer nicht verstehen, solange wir nicht ihre Erfahrungsqualitäten kennen; und das hieße, um sie zu verstehen, müssten wir sie nachfühlen, selbst auf gewisse Weise haben, erfahren.[41] Dieser Abschnitt ist natürlich nicht als präzise Darstellung einer der Autoren zu verstehen, sondern als Zusammenfassung verschiedener Ansätze, die sich in einem Punkt ähneln, der die hier skizzierte Verstehen-durch-Empathie-Position auszeichnet. Ist diese haltbar?

Ich positioniere mich letztlich kritisch dagegen, zeige aber zuerst, was dafür spricht und was bis zu einem gewissen Grad daran auch richtig ist. Wie also wäre für die Empathie-These zu argumentieren? Zunächst muss man überprüfen, ob es richtig ist, dass wir mit der Erfahrung einer Emotion mehr über sie wissen als ohne. Das will ich bestätigen. Es macht einen Unterschied im Wissen über einen Emotionstyp, ob man eine solche Emotion schon einmal selbst erfahren hat oder nicht. Warum das? Kann ich nicht allein durch Beschreibungen von anderen Leuten und durch Lektüre von psychologischen Romanen alles über eine Emotion erfahren? Nein. Dass dies nicht alles ist, kann man sich am Beispiel von Emotionen veranschaulichen, die man nicht von ganz klein auf hat, sondern von denen man die Begriffe kennen lernt, bevor man selbst solch eine Erfahrung macht.

Verliebtheit ist so ein Gefühl, von dem die meisten erst nur reden hören und sich bewusst darüber Gedanken machen, was es ist, bevor sie es einmal selbst erfahren. Ein sechsjähriger Junge hört davon reden und möchte von seinen Eltern erklärt bekommen, was das ist, verliebt (oder „verknallt") zu sein. Die Eltern könnten erklären, Verliebtheit sei die Emotion gegenüber einer anderen Person, wenn diese einem viel Wert erscheint, irgendwie besondere Eigenschaften hat, die sie von anderen unterscheidet und man am liebsten all seine Zeit mit dieser Person verbringen würde, am besten ein Leben lang. Dazu würde außerdem der Wunsch gehören, diese andere Person fühle das Gleiche für einen auch. Außerdem würde man alles dafür tun, damit es ihr gut gehe. Verliebtheit sei ein Gefühl, das beflügeln wie hemmen könne und das die Welt allgemein in einem hellen Licht erscheinen lasse, in der alle Probleme klein sind. Schon bei diesem Versuch, eine Beschreibung zu geben, wird eine Schwierigkeit deutlich: Wo aufhören? Es scheint so viel zu sagen zu geben über Verliebtheit und die verschiedenen Varianten. Und das gilt nicht nur für dieses Gefühl, sondern auch für andere Emotionen, die zunächst klarer begrenzbar zu sein scheinen: etwa Hass, als die Emotion einer Person gegenüber, die einem ein derart großes Übel zugefügt hat, dass das Leben danach ein anderes ist als zuvor. Im Hass wünscht man dieser anderen Person alles nur erdenklich Schlechte an den Hals, ja, letztlich gehört dazu der Wunsch, der andere möchte einfach nicht mehr existieren oder nie existiert haben. Hass ist für einen selbst auch unangenehm, da seine Dunkelheit auf andere Teile der Seele abfärben und einem die Freude am Leben nehmen könne. Akut ist Hass mit Empfindungen von Anspannung und Tiefe verbunden, doch er kann sowohl heiß, wutähnlich, oder auch kalt, verachtungsähnlich auftreten. Auch hier mündet es wieder in Varianten. Abgesehen davon, nehmen wir an, es gelänge, zumindest von einer Variante einer Emotion, sagen wir dem glücklichen Verliebtsein, eine adäquate Beschreibung von formalem Objekt, Handlungsmotivationen, Wünschen und Empfindungen zu geben, wüsste der Junge dann schon alles darüber, ohne es selbst erfahren zu haben? Nein, es bleibt ein Unterschied. Es kann sein, dass der Junge nach der Erklärung der Eltern zufrieden sagt: „Ach so, dann bin ich in Max verknallt" – und meint damit den Freund, den er vor kurzem an seinem ersten Schultag kennen gelernt hat. Dann sehen sich die Eltern, unzufrieden mit ihrer eigenen Erläuterung, gegenseitig an. Womöglich kann der Junge in den nächsten Jahren so viel über Verliebtheit lernen, dass er den Begriff schon besser in Sprachspielen verwenden kann – es wird dennoch ein anderes Wissen dazukommen, wenn er es selbst das erste Mal erfährt. Diesen Unterschied kann man allgemein als Unterschied zwischen Beschreibungswissen und Erfahrungswissen bezeichnen.[42] Im Deutschen können wir auch in diesem Sinn zwischen Wissen und Kennen unterscheiden.

Was das Erfahrungswissen von Emotionen im Speziellen ausmacht, wird unter verschiedenen Begriffen zu erläutern versucht. Im Vergleich mit Sinneswahrnehmungen rangiert es unter dem Begriff der „Qualia". Dieser Begriff wird in Bezug auf Emotionen allerdings meist nur von solchen Autoren verwendet, die diese Erfahrungsdimension nicht für wesentlich für Emotionen halten.[43] Denn der Kunstausdruck „Qualia" wurde geprägt, um den qualitativen Charakter von Erfahrungen *isoliert* thematisieren zu können.[44] Doch wie schon in Teil I nahe gelegt wurde, ist die Qualität von Emotionen gerade nicht derart, sondern als intentional zu denken. Es handelt sich bei Emotionen immer um „bezügliches Fühlen", wie Peter Goldie es nennt („feeling towards"). Wer positiv versucht, diese Art von „innerer Erfahrung"[45] als einen wesentlichen Aspekt von Gefühlen zu erläutern, bleibt deshalb bei dem Begriff des Fühlens selbst oder verwandten Ausdrücken; in der „Neuen Phänomenologie" und ihrem Umfeld spricht man von „affektivem Betroffensein"[46] oder von „Affektivität" mit „hedonischer Valenz"[47]. Die Erfahrungsqualität einer Emotion ist durch ihre Intentionalität bestimmt, die, wie gezeigt, aus drei Elementen bestehend zu denken ist (Gegenstand, formales Objekt und Bedeutsamkeits-Fokus). Geht man von einer direkten Korrelation von Intentionalität und Qualität bei Emotionen aus, so scheint es zunächst, als müsste sich jede Emotion grundsätzlich verschieden von jeder anderen anfühlen, die nicht in allen drei Elementen übereinstimmt. Und das hieße, dass man auch durch die Erfahrung einer konkreten Emotion eines bestimmten Typs nichts mehr über diesen Typ erfahren würde, da es nichts Einheitliches gibt, über das man dabei Aufschluss erhalten würde. Diese zweite Folgerung geht meiner Meinung nach jedoch zu weit. Es scheint mir phänomenologisch einfach eindeutig, dass man mehr über einen Emotionstyp weiß, wenn man schon einmal eine Emotion dieses Typs erlebt hat; das erkennt man später, andere Male, an sich wieder, auch wenn sich der Typ in einer anderen Situation dann in einer anderen Variante dieser Qualität zeigt. Es ist jedes Mal als eine Mischung zu denken, die in einem Punkt Ähnlichkeit mit einer anderen hat. Diese Ähnlichkeit kann man durch die Übereinstimmung im formalen Objekt gegeben sehen, die Beleidigung, das Gefährliche, das Zuträgliche etc. Dementsprechend haben Emotionen eines Typs auch vergleichbare Erlebnisqualitäten, also Übereinstimmungen im Phänomenalen: Zu Wut gehört etwas wie eine nach außen gerichtete Aufwallung, zu Furcht ein Zusammenziehen oder Erstarren, zu Freude eine Leichtigkeit.

Wenn es nun stimmt, dass man, wie dargestellt, mit der Erfahrung von Emotionen mehr über sie weiß als ohne, ist die nächste Frage zu stellen: Welche Rolle spielt diese Erfahrung beim Verstehen? Spielt sie die Rolle, die ihr mit dem Vorschlag der Empathie als notwendige Bedingung von Verstehen Emotionen anderer angetragen wird? Das heißt: Muss man die Emotionserfahrung des anderen selbst aktuell simulieren, nachfühlen, wie es in Empathie geschieht? Muss Paul Camilles Verachtung nachfühlen, um sie zu verstehen? Das scheint mir nicht der Fall zu sein. Aus zwei Gründen.

Erstens ist es praktisch kaum möglich, genau dasselbe (in der Vorstellung) zu fühlen wie der andere. Es müsste ja die gleiche Emotion, nicht nur der gleiche Emotionstyp sein, denn es interessiert das Verstehen einer konkreten Emotion. Vielleicht sind eineiige Zwillinge, die ihr ganzes Leben zusammen verbringen, dazu imstande. Aber ansonsten ist es kaum denkbar, dass man alle Details der Ausgangssituation als Information zur Verfügung hat, die es bräuchte, um in einem Simulationsprozess das Gefühl des anderen nachzuvollziehen. Insbesondere wäre unklar, wie man alle relevanten Charaktereigenschaften kennen könnte, weil diese selbst sehr komplex und außerdem über die Zeit variabel sind.

Zweitens aber, selbst wenn das möglich sein sollte: Es scheint mir für das Verstehen überhaupt nicht nötig zu sein, solch eine totale Übereinstimmung zu erreichen. Denn was sollte für das Verstehen gewonnen sein, wenn man aktuell die Emotion des anderen simuliert? Die Tatsache, eine Emotion zu erleben, schließt nicht automatisch mit ein, sie auch zu verstehen. Mit der Erfahrung gewinnt man automatisch Wissen hinzu (sei es Wissen über den Emotionstyp, wenn man den gleichen Typ in einer eigenen Situation erfährt, oder sei es Wissen über die individuelle Emotion des anderen, wenn man sie wirklich ganz nachfühlen könnte) – aber nicht Verständnis. Das Verstehen eigener Emotionen ist ebenfalls komplex und nicht selbstverständlich, wie ich im dritten Teil dieser Arbeit erörtern werde. Wir verstehen nicht jede Emotion, die wir selbst haben. Darüber hinaus ist dasselbe zu fühlen nicht nur keine Garantie für Verstehen, sondern kann sogar kontraproduktiv wirken. Die umfassende Annahme der Situation und Befindlichkeit des anderen kann einem selbst den verstehenden Blick verstellen, da man in der gleichen Perspektivenbeschränkung gefangen sein kann, die mit der Emotion einhergeht. Selbst von einer Emotion befangen, nimmt man manche Dinge anders wahr – zum Beispiel als gefährlicher, als sie es nüchtern betrachtet sind[48], aber auch die Gründe, die Geschichte, wie es zu der Emotion gekommen ist, können einem dabei eher unklar sein als einem informierten Außenstehenden.

Drittens, und das ist ein gewichtiger Punkt: Das präzise Nachfühlen des Gefühls eines anderen durch Simulation seiner Situation setzt eine präzise Narration zu diesem Gefühl voraus. Nur in solch einer Narration ist die ganze Intentionalität des Gefühls erfasst und nur wenn man diese für sich selbst simulieren könnte, könnte man auch das Gefühl nachfühlen. Doch eben diese narrative Erklärung geben zu können heißt zu einem großen Teil, die Emotion zu verstehen, wie ich in den vorhergehenden Unterkapiteln erläutert habe. Dies kann die Empathie nicht leisten, sie ist im Gegenteil darauf als Voraussetzung angewiesen.

Als Einwand könnte hier kommen: Bisher habe ich Empathie nur daraufhin angesehen, wie sie allein zum Verstehen führen könnte und dafür festgestellt, dass sie es nicht leistet. Wie aber, wenn sie nicht alleine hinreichend, wohl aber zusätzlich zur narrativen Erklärung eine notwendige Bedingung ist? Diesen Gedanken etwa unterstützt Goldie.[49] Nach Goldie ist Empathie für Verstehen von Gefühlen anderer insofern von Nutzen, als sie uns ermögliche, über die Narration hinaus zu gehen: Einmal dadurch, dass sie helfen könne, Elemente des Narrativs zu ergänzen, die man vorher nicht erkannt hatte, und einmal dadurch, dass man tatsächlich selbst in der Vorstellung eine Erfahrung macht.

Doch dabei sind meiner Meinung nach die verschiedenen Aspekte des Verstehens noch nicht in ein aufschlussreiches Verhältnis gesetzt. Wie Goldie es darstellt, könnte Empathie einen höheren Grad des Verstehens ermöglichen. Allerdings ist das so nicht plausibel, da es doch zwei verschiedene Dinge sind, ob man eine Geschichte über die Emotion des anderen erzählen kann oder ob man sie nachfühlt. Wenn man nichts weiter über die Verbindung sagt, erläutert man damit das Verstehen nicht weiter. Dass man durch das Nachfühlen „Elemente des Narrativs" ergänzen könne, halte ich für ein problematisches Argument, da es, wie ich bereits erwähnte, genauso möglich ist, dass einem mit der „Innensicht" einige Dinge unkenntlich werden. Auf jeden Fall ist dies letzte nur ein Modell, in dem sich Narration und Empathie addieren zum Verstehen. Damit wird die leitende Frage dieses Kapitels, was denn eine narrative Erklärung letztlich zu einer gültigen macht, noch nicht befriedigend beantwortet. Das möchte ich im Folgenden versuchen.

Meine Argumentation in diesem Unterkapitel war also: Es stimmt, dass man durch Erfahrung mehr Kenntnis von einer Emotion hat als ohne, selbst wenn sie einem ganz genau beschrieben wird. Aber es stimmt meiner Einsicht nach nicht, dass wir die Erfahrung einer Emotion im Moment simulieren müssten bzw. empathisch nachfühlen, um sie zu verstehen. Im Folgenden biete ich eine alternative These zur Bedeutung der

Erfahrung in eigenen Emotionen an, wobei ich statt Empathie nur Empathie*fähigkeit* als notwendig ausweise.

3.3 Die Narration gültig machen

Wenn wir keine Gefühlserfahrung im Sinne eines aktuellen Nachfühlens brauchen, um die Emotionen anderer zu verstehen – was für eine brauchen wir dann? Wir brauchen, so will ich plausibel machen, Erfahrung in Gefühlen in dem Sinn, dass wir selbst bereits Gefühle erlebt haben. Auf sie müssen wir in der Erinnerung zurückgreifen können. Wir nutzen sie dazu, die Elemente der narrativen Erklärung zu einem sinnvollen Ganzen zu machen, das wir verstehen. Dazu müssen wir an uns Bekanntes anknüpfen können. Und das heißt ausgeführt: Was für das Verstehen von Gefühlen anderer notwendig ist, ist nicht vermeintliche „Gleichschaltung" von Erfahrung, sondern ein Erkennen von Ähnlichkeit der Erfahrung des anderen mit einer eigenen. Man muss weder im Moment das Gleiche fühlen, noch in der Vergangenheit das Gleiche gefühlt haben, man muss nur eine vergleichbare Gefühlserfahrung gemacht haben. Warum und inwiefern, das erläutere ich im Folgenden.

3.3.1 Verstehen und Zusammenhang

In den vorhergehenden Unterkapiteln bin ich zwei Vorschlägen nachgegangen, die auf verschiedene Weise der Intuition Rechnung zu tragen versuchen, dass Gefühle beim Verstehen eine Rolle spielen. Doch beide, sowohl der Vorschlag zur Sympathie als auch der zur Empathie als hinreichende oder auch nur notwendige Bedingungen zum Verstehen, haben sich als nicht plausibel erwiesen. Deshalb knüpfe ich noch einmal neu und direkt an die von mir gegebene Exposition des Themas an. Anhand des Mépris-Beispiels habe ich die verschiedenen Hindernisse aufgezählt, die einem Verstehen im Weg sein können. Diese habe ich als Fragen dargestellt, die man sich über die Emotion einer anderen Person stellen kann. Keine von ihnen fragt danach, wie es ist, diese spezielle Emotion zu haben. Wie wir gesehen haben, fragen wir auch nicht nach Ursachen und danach, wie die Emotion als Folge bestimmter Kausalgesetze in ihrer Entstehung zu erklären ist. Doch alle Fragen zielen darauf ab, Zusammenhänge klarzumachen, auf Kohärenz: Zusammenhang des Emotionstyps mit einem Objekt, Zusammenhang der verschiedenen Objektaspekte untereinander, Zusammenhang mit anderen Emotionen, Überzeugungen, Ausdruck, Handlungen usw. Ich habe den Begriff der narrativen Erklärung eingeführt, weil damit einige Aspekte der Art des Zusammenhangs bzw. der Art und Weise, wie wir ihn auffinden, unter einen Namen gebracht werden können. Noch blieb aber die Frage: Was ist ausschlaggebend dafür, dass eine Narration Sinn macht? Welche ermöglicht Verständnis – und welche nicht? Das heißt auch: Was sind die Kriterien für den Zusammenhang, den wir erkennen müssen, um zu verstehen?

Man könnte zunächst meinen, mit dem Zusammenhang sei Angemessenheit gemeint: Es würde genau die Narration eine Emotion verständlich machen, die diese Emotion als eine angemessene darstellt.

Was ist eine angemessene Emotion? Dafür gibt es verschiedene Lesarten, die ich im Laufe der Arbeit vorstellen werde.[50] Die hier relevante wäre: Angemessen ist eine Emotion, von der jeder sagen würde, sie träte in der richtigen Situation auf. Eine angemessene Emotion in diesem Sinn wäre etwa Trauer bei dem Tod einer nahestehenden Person. Über diesen Objektbezug hinaus gehört zu einer angemessenen Trauer auch ein entsprechendes Verhalten, also etwa, dass man nicht am Tag des Todes oder der Nachricht ausgelassen auf einer Party feiert oder Ähnliches. Und so kann man es mit allen weiteren Aspekten durchspielen, nach denen man fragt, um die Emotion zu verstehen.

Doch das käme mit vielen Beispielen in Konflikt. Emotionen können tatsächlich viel diverser auftreten, als es solche Standarderzählungen zulassen würden, die von allen verstanden werden. Über die „Normalfälle" hinaus gibt es viele Emotionen, die aufgrund einer Narration immer nur von manchen, nicht aber von allen Personen verstanden werden, die davon hören oder hören könnten. Wir können unter Umständen auch Emotionen verstehen, die in einer oder verschiedenen Hinsichten „aus der Rolle" fallen.

Diese Idee der Angemessenheit taugt also nicht als das gesuchte Kohärenzkriterium. Deshalb bietet es sich an dieser Stelle an, das Ganze etwas anders zu betrachten. Dazu ist wieder ein Blick auf Beispiele wichtig. Wir haben Beispiele davon, dass wir Emotionen in bestimmten Hinsichten erst dann verstehen, wenn wir selbst bestimmte emotionale Erfahrungen gemacht haben. Ich will zwei vorführen und davon ausgehend eine Lösung für die Kohärenzfrage vorschlagen.

Wenn man annimmt, dass zur Liebe der Wunsch gehört, der Person nahe zu sein, so wird man ebenso einsehen, dass zur verletzten Liebe das Vermeiden auch nur des Anblicks des anderen gehört. Doch es gibt andere Varianten verletzter Liebe, die nicht so leicht allgemein verständlich sind. Verletzte Liebe kann weiterführen: Bis zum Wunsch, der andere möge nicht mehr existieren. Die Literatur und Menschheitsgeschichte selbst ist voll von Mordtaten aus enttäuschter Liebe bzw. Eifersucht oder am besten einer Mischung aus beidem. Diesen Wunsch kann man auch als zivilisierter, kultivierter, moralischer Mensch empfinden, dem es nie in den Sinn käme, irgend etwas zur Erfüllung dieses Wunsches zu tun. Doch das mag einigen Menschen, die so etwas noch nie erlebt haben, unverständlich sein. Ja, die Person selbst, die so eine verletzte Liebe erlebt, mag es vorher, noch glücklich liebend, völlig unverständlich gefunden haben, wie man je auf einen solchen Gedanken kommen sollte. Wieso sollte die reine Existenz des anderen, selbst wenn man ihn nie mehr zu Gesicht bekommt, etwas für einen selbst bedeuten? Wieso sollte man sich diese wegwünschen, was sollte das bringen? Es brächte, wie man in Erfahrung lernen kann, vielleicht Erleichterung von Gefühlsqualen. Vielleicht auch nichts. Man wünscht es sich trotzdem, man wünscht es einfach. Warum, das kann man nicht weiter erklären. Es gehört zur Emotion. Eben das findet man „verständlich" nur, wenn man es selbst erfahren hat.

Mit einem Beispiel aus der Ethnologie, das einen gewissen Verfremdungseffekt mitbringt, lässt sich dieser Punkt aus dem Blickwinkel eines angewandten Forschungsbereichs bestätigen. Der Ethnologe Renato Rosaldo bemühte sich über Jahre, Sozialverhalten im Stamm Ilongot auf den Philippinen zu verstehen.[51] Ein Verhalten war besonders auffällig und unverständlich: Vor allem ältere Männer des Stammes mordeten manchmal ohne ersichtlichen Grund. Auf seine Nachfragen hin erhielt der Forscher immer nur die kurz angebundene Antwort, sie töteten aus einer Wut (rage) heraus, die aus Kummer (grieve) entstanden sei. Offenbar wurde eine Verbindung zwischen Kummer über Verlassensein und einer Wut behauptet, mit der ein Tötungswunsch einhergeht. Für die Leute vor Ort schien das selbstevident, so Rosaldo: „Either you understand it or you don't. And, in fact, for the longest time I simply did not."[52] Das änderte sich durch ein Ereignis. Rosaldo selbst machte eine traurige Verlusterfahrung: Seine Frau, die Ethnologin Michelle Rosaldo, verunglückte bei Feldforschungen tödlich. Da erfuhr er am eigenen Leib, wie dieses Gefühl aus bestimmten anderen Gefühlen heraus entstehen kann. Plötzlich war ihm der Zusammenhang zwischen Trauer und einer Wut, die Tötungswunsch beinhaltet, kein Rätsel mehr. Freilich entlud sich seine Aggressivität nicht in willkürlichen Morden. Doch das, so meinte er, sei nur aus seiner anderen Sozialisation heraus zu erklären. In modernen westlichen Gesellschaften geht man nun mal nicht der Kopfjagd nach. Dass es solche Verbindungen zwischen Gefühlen und dann auch entsprechenden Handlungsmotivationen gibt, mag man angesichts von Taten notgedrungen anzuerkennen gezwungen sein. Doch es zu verstehen, ist man erst bereit und fähig, wenn man es selbst erfahren hat.[53]

So etwas kann man sich auch an den verschiedenen Reaktionen der Zuschauer von *Le Mépris* veranschaulichen. Manche werden Camilles Verachtung aufgrund der im Film gezeigten Elemente einer Narration dazu verstehen. Manche werden auf das Buch von Alberto Moravia zurückgreifen, um die Umstände und Psychologie der Figuren noch detaillierter erzählt zu bekommen und sie dann vielleicht verstehen. Und wieder andere werden sie letztlich immer unverständlich finden, auch wenn sie sich mit den anderen Zuschauern über den Ablauf der Ereignisse der Geschichte einigen können. Wer es versteht, wird es am ehesten mit Verweis auf eigene Erfahrung begründen.

Die Ablehnung des Angemessenheitsvorschlags zusammen mit diesen Beispielen scheint eine Antwort auf die Frage nach der nötigen Kohärenz der Narration plausibel zu machen: Es gibt kein allgemeines, objektives Kohärenzkriterium, auf das es für die Narrationsführung ankommt, sondern, abgesehen von den allgemein anerkannten Standardfällen, ist es individuell vom Verstehenden und seinen Erfahrungen abhängig, ob er die Emotion einer anderen Person unter einer bestimmten Narration versteht oder nicht. Entscheidend scheint einfach zu sein, dass die verstehende Person die Narration als einen Zusammenhang akzeptiert, einfach weil oder insofern sie hinreichende Ähnlichkeit mit dem Erlebnis eigener Emotionen hat und der Weise, wie diese narrativ erklärt werden können. Das heißt auch: Es kommt offenbar auf einen Vergleich zwischen selbst erlebten Emotionen und der der anderen an. Das führe ich im Hinblick auf den Verstehensbegriff im nächsten Abschnitt noch etwas weiter aus.

3.3.2 Verstehen und Vergleich mit Ähnlichem

Inwiefern kann Vergleich ein wesentliches Element eines Verstehensprozesses sein? In unserem Fall soll es das wesentliche Element sein, das noch gefehlt hat, um die These der narrativen Erklärung als Erläuterung zum Verstehen von Gefühlen anderer überzeugend zu machen: ein Vergleich bzw. Abgleich der Narration zu einer fremden Emotion mit der einer eigenen, selbst erfahrenen und beschriebenen.

Dieses Element des Abgleichs beim Verstehen findet sich auch in anderen Bereichen. Als allgemeinere These zum Verstehen überhaupt, die hinter dieser Erläuterung von Verstehen der Gefühle anderer steht, wäre zu formulieren: Verstehen bedeutet nicht gleichzumachen, sondern zu vergleichen. Und detaillierter: Verstehen heißt, etwas zunächst Fremdes, Singuläres mit etwas Bekanntem vergleichen und dabei hinreichende Ähnlichkeiten finden. Das Bekannte kann eine Regel sein oder selbst etwas bisher Singuläres. Diese sehr allgemeine Formulierung kann man in ganz verschiedenen Bereichen anwenden. Der Unterschied liegt insbesondere darin, was für einen angemessenen Vergleich herangezogen werden kann. In den Naturwissenschaften hieße es etwa: Phänomene in ihrem Ablauf in Entsprechung zu bekannten Gesetzen zu sehen. Ein Phänomen kann mit einem anderen, vertrauten verglichen werden über das gemeinsam geteilte Gesetz. Oder im Bereich des Verstehens von Personen in ihren Handlungen. Hier ist ein Vergleich und Abgleich mit allgemeinen Gesetzen nicht hinreichend. Es ist der Abgleich mit eigenen (erfahrenen oder vorstellbaren) Handlungsmotivationen nötig. Nach der relevanten Ähnlichkeit fragt man: Wäre für mich die Handlung der Person, wenn ich in ihrer Situation wäre, auch attraktiv? Man will keine Erklärung für eine ideal-rationale Person, sondern eine, die man sich auch für sich selbst vorstellen könnte – eigener zeitweiliger Irrationalität in gewissen Maßen eingedenk.[54]

Verstehen heißt nie nur, vorhersagen zu können, was unter bestimmten Umständen passieren wird, sondern immer auch, an Erfahrung anzuknüpfen: um Geschehnisse erklären zu können und diese als Rechtfertigung für Annahmen über Zukünftiges zu nutzen. So kann man es sowohl für Naturwissenschaften als auch für das Bemühen um Verstehen von intentionalem Verhalten erläutern. Man greift immer auf Erfahrung zurück und fordert Übereinstimmung damit von Erklärungsansätzen. Ein Unterschied besteht darin, dass der naturwissenschaftliche Forscher auf Erfahrung mit anderen Phänomenen zurückgreift, während jemand, der eine andere Person in ihren Handlungen verstehen will, auf eigene Erfahrungen mit Handlungsmotivationen zurückgreift. Denn in diesem Fall sind Interpretierender und Interpretierter ähnliche Wesen. Deshalb muss unter diesen beiden die Entsprechung aufgezeigt werden.[55]

Für das Verstehen von Gefühlen gilt nach dem gleichen Prinzip das, was für Handlungsverstehen gezeigt wurde, nur noch in stärkerem Maße. Auf jeden Fall dann, wenn es, wie hier angenommen, für das Entstehen von Gefühlen und ihrer Dynamik keine Möglichkeit einer nomologischen Erklärung gibt, die verlässlich auf viele Menschen anzuwenden wäre. Dann bleibt nur, Entsprechung und Ähnlichkeit zwischen Individuen als einander ähnlichen Wesen zum Maßstab des Verstehens zu nehmen.

Solches Verstehen hat nur bedingt mit Empathie zu tun: Nämlich nicht in dem Sinn, dass aktuell nachempfunden werden müsste, sondern nur insoweit, als der Verstehende potentiell Entsprechendes fühlen könnte. Deshalb will ich nur von Empathie*fähigkeit*, als einer notwendigen Bedingung für Verstehen von Gefühlen anderer sprechen. Die Emotion eines anderen zu verstehen heißt, sie nach*vollziehen* zu können. Doch dafür ist es nicht nötig, sie tatsächlich nachzu*fühlen*. Nachvollziehen kann man, indem man eine narrative Erklärung gibt, eine, die für einen selbst Sinn macht. Und das tut sie, wenn man ihren Zusammenhang aufgrund von Vergleichen mit eigenen Erfahrungen erkennt. Dieses Nachvollziehen heißt dann auch, dass man die Emotion sehr wahrscheinlich auch aktuell empathisch nachfühlen könnte. Das ist jedoch eine Möglichkeit, die sich aus dem Nachvollziehen ergibt, und nicht andersherum. So kann man das Leid eines anderen durchaus vollkommen verstehen, ohne jedoch selbst leiden zu müssen, wie es bei einer Konzeption von Empathie als momentanem Nachfühlen der Fall wäre.

Mit dieser Darstellung des Verstehens von Emotionen anderer werden dem Verstehensbegriff unter anderem zwei Merkmale zugeschrieben: Erstens, dass verstehen heißt, etwas Fremdes dadurch zu verstehen, dass man es mit etwas Vertrautem in Verbindung bringt bzw. abgleicht. Wie ich eben bei der Erläuterung angedeutet habe, kann dies als eine allgemeine These zum Verstehen auch in anderen Bereichen gesehen werden, doch darauf gehe ich nicht weiter im Detail ein.[56] Es sollte nur klar werden, dass ich den Verstehensbegriff hier nicht auf eine „exquisite" Art erläutere, sondern eher in einer, die einen seiner verschiedenen Aspekte betont. Zweitens wird auf eine Bedeutung der Emotionen auf Seiten des Verstehenden hingewiesen. Dies wirft ein neues Licht auf den Verstehensbegriff. Es wird deutlich, dass Verstehen nicht immer etwas Objektives ist, das jedem gleichermaßen zugänglich wäre, sondern dass es abhängig und geprägt von subjektiven Bedingungen sein kann. Im Bereich der Gefühle heißt das, abhängig von eigener Gefühlserfahrung.

Paul versteht Camille bis zum Ende des Films nicht vollständig. „Ich verachte dich, weil du diese Liebe nicht mehr in mir erwecken kannst", sagt sie. Und er: „Unsinn, was soll das. Wir fahren weg. Wir packen die Koffer und fahren weg." Sie steigt statt dessen ins Wasser und schwimmt davon, sie weiß sich unverstanden. Er kann sie nicht verstehen, so eine mögliche Lesart des Films, da er es noch nicht erlebt hat, dass Liebe eine gewisse einschränkende Eifersucht des Geliebten braucht, anstatt dass dieser völlige Freiheit ließe, denn unter diesem anderen Blick erscheint das Freiheit-Lassen wie eine Schwäche, eine Schwäche des Mannes und seiner Liebe, etwas, das Verachtung hervorruft.

An dieser Stelle bleibt noch die Frage, wie gleich die eigene Gefühlserfahrung der der zu verstehenden sein muss. Bisher habe ich nur allgemein davon gesprochen, dass man die fremde Emotion mit einer vertrauten, also selbst erlebten Gefühlserfahrung vergleichen muss. Welche aber halten dafür her, welcher Art, welcher Ähnlichkeit müssen sie sein? Dieser Frage widme ich mich erst nach dem folgenden Unterkapitel, nämlich im Kapitel II 4, in dem ich die Grenzen des Verstehens thematisiere, und dabei wird einiges noch detaillierter dargestellt. Zuerst aber diskutiere ich den bisherigen Vorschlag zum Verstehen noch kritisch in einem kleinen Exkurs.

3.4 Kritischer Exkurs: Verstehen und Umgang

Bisher habe ich Eigenarten des Verstehens von Gefühlen in Absetzung von und in Vergleich mit Verstehensprinzipien in anderen Bereichen hervorgehoben, wo Verstehen „unter Gesetze bringen" oder „Regeln erkennen" heißen kann. Es hat sich gezeigt, dass es für das Verstehen von Emotionen anderer nicht auf das Erkennen allgemeiner Regeln ankommt, sondern dass man vergleichen muss zwischen eigenen und fremden Fällen, um anhand von Ähnlichkeiten zwischen diesen verstehen zu können. Einen anderen großen Verstehenstopos habe ich bisher noch nicht berücksichtigt. Er besagt, dass Verstehen heißt, mit dem Verstehensobjekt umgehen zu können, etwas tun zu können. Das will ich hier als mögliche Alternative untersuchen, die meine bisherige Darstellung kritisieren und in Frage stellen könnte.

Diese Idee als praktische Deutung des Verstehens findet man prominent bei Heidegger.[57] In seiner Existenzialphilosophie steht statt der Begriffe das Sein selbst im Mittelpunkt, und darüber hinaus bezieht er sich konkret auf Dinge: Etwas zu verstehen heißt, seine Möglichkeiten zum Gebrauch zu erkennen und umzusetzen. Das eigene Sein zu verstehen heißt, dessen Möglichkeiten umzusetzen, und das heißt, zu existieren, sein Leben zu leben.[58] Was etwas ist, versteht man insofern, als man erkennt, wozu es zu gebrauchen ist. Was ein Hammer ist, versteht man, wenn man weiß, dass und wie man mit ihm hämmern bzw. einen Nagel in die Wand schlagen kann. Nun sind Gefühle einerseits nicht „alles" wie das Sein, andererseits, selbst als bestimmte Emotionen einer Person, auch nicht solche klar definierte, gar greifbare Dinge, ja Nutzgegenstände wie sie bei Heidegger Thema sind, etwa der Hammer – schon gar nicht die Emotionen der anderen. Was könnte diese Idee also überhaupt für mein Thema bedeuten?

Dazu kann man sich das Anfangsbeispiel (aus II 1) fortgesetzt vorstellen: Ein anderer Passant erblickt den Mann auf der Treppe. Er hält einen Moment inne und geht dann auf den Sitzenden zu. Dann kauft er ihm nicht nur eine Zeitung ab, sondern setzt sich dazu, blättert ein wenig darin, bietet schließlich etwas von seinen Einkäufen an und macht sich dann wieder, mit einem Kopfnicken zum Abschied, auf den Weg.

Mit diesem Beispiel könnte man versuchen zu zeigen: Verstehen von Emotionen anderer heißt auch, mit diesen Emotionen, bzw. den Personen in ihren Emotionen, umgehen zu können. Das wäre in zwei Richtungen zu erläutern. Mit den Gefühlen umgehen zu können, kann einerseits heißen, dem anderen in seinem Gefühl entgegenzukommen, zu tun, was für ihn das Beste in dem Moment wäre: hilfreiche Ratschläge erteilen oder vielleicht nur Präsenz zeigen – was jeweils konkret das Richtige ist, das hängt natürlich stark von der jeweiligen Persönlichkeit ab und nicht nur von der Gefühlsart oder dem Emotionstyp. Es gibt kein Patentrezept, bei welchem Emotionstyp man sich wie zu verhalten habe. Es gibt nicht ein Verhalten für „die Trauer", sowenig wie es „die Trauer" an sich gibt. Der Emotionstyp „Trauer" tritt je individuell als eigenes Erlebnis eines einzelnen Menschen auf. Andererseits hieße umgehen zu können mit den Emotionen des anderen genauso, sie (bzw. die Person) manipulieren zu können oder für die eigenen Zwecke auszunutzen. Zorn kann man beschwichtigen oder aufwiegeln, eine zaghafte Freude ersticken oder entfachen. Zusammenfassend könnte man sagen, Emotionen eines anderen zu verstehen heiße, mit ihnen gezielt umgehen zu können, sie beeinflussen zu können.

In dieser Beschreibung des Beispiels ist sicher etwas Richtiges enthalten, sie scheint mir jedoch insgesamt zu voreilig. Durch das Beispiel ist einfach nicht sichergestellt, dass die Fähigkeit des gezielten (und erfolgreichen) Umgangs allein tatsächlich ausreicht dafür, dass wir sagen, jemand habe die Emotion eines anderen verstanden. Stellen wir uns das vor: Wenn uns der Passant keine Beschreibung der Emotionen des Obdachlosen geben könnte, den Emotionen keinen Namen gäbe, nicht sagen könnte, worauf sie sich beziehen und was die Geschichte ist – sagen wir dann trotzdem, er hat die Emotionen verstanden, einfach weil es dem Obdachlosen nach diesem „Besuch" ein bisschen besser geht, seine Trauer etwas weniger geworden ist? Das scheint mir unplausibel. Eher scheint es mir richtig, zu sagen, der Passant habe einfach erkannt bzw. vielleicht auch nur vermutet, dass es dem Mann auf der Treppe aus irgendwelchen Gründen nicht gut geht, und dass ein bisschen

Zuwendung ihm bestimmt nicht schlechttäte. Er beweist dann in seinem Verhalten tatsächlich einige soziale Kompetenz. Aber die muss und kann nicht automatisch mit Verstehen gleichgesetzt werden. Dafür spricht auch, dass im Beispiel von Paul und Camille gar nicht klar wäre, wie es in dieser vorgeschlagenen Hinsicht zu beschreiben wäre. Paul muss einfach schon sehr viel von Camille und ihren Gefühlen verstanden haben, um sich irgendwie sinnvoll ihr gegenüber verhalten zu können.

Mir scheint nur eine andere Behauptung zum Gefühlsverstehen und Umgang mit Gefühlen vertretbar zu sein: Der gekonnte Umgang mit den Emotionen eines anderen ist ein ziemlich sicherer Hinweis darauf, dass jemand diese Gefühle verstanden hat. Denn wenn man weiß, was für eine Emotion es ist, etwa Trauer oder Sehnsucht, wenn man weiß, worauf sie sich bezieht, wenn man etwas über die genaueren Umstände und den bisherigen Verlauf weiß, wenn man in diesen Hinsichten eine Emotion verstanden hat, dann kann man mit großer Wahrscheinlichkeit auch mit ihr umgehen. Je höher der Grad des Verstehens, desto höher die Wahrscheinlichkeit der Fähigkeit, Einfluss auf die Emotion zu nehmen. Ob man diese Fähigkeit dann selbst als ein Element des Verständnisses bezeichnet, das auf anderem aufbaut, oder ob man es als etwas Eigenes ansieht, das auf ein gewisses vorgängiges Verständnis angewiesen ist, macht keinen großen Unterschied. Klarer scheint mir zu sein, es zu trennen.

Noch ein zweiter Versuch ist zu überprüfen, doch noch etwas von der Idee zu retten, Verstehen könne im Umgang selbst liegen und nicht nur Anzeichen davon sein. Dafür wird anders interpretiert, was „Umgang" in diesem Zusammenhang sei. Umgang mit Emotionen anderer, so könnte man behaupten, sei, reaktive Emotionen zu zeigen. Mit der Idee dieses Verstehenstopos sei einfach eine praktische Komponente gemeint und die könne oder müsse bei Gefühlen darin bestehen, selbst emotional zu reagieren. Wenn das auch allein nicht hinreichend sei, so müsse das doch als eine notwendige Bedingung für einen hohen Grad von Verständnis angesehen werden.

Doch dieser Versuch ist schon durch einen einfachen Hinweis zurückzuweisen. Es verlangen schlicht nicht alle Emotionen eine Reaktion vom Gegenüber, zumal, wenn es ein unbeteiligter Verstehender ist. Man könnte vielleicht gerade noch sagen, ein bestimmtes Leid zu verstehen verlange auch, Mitleid mit der Person zu haben. Oder, wenn die zu verstehende Emotion direkt mit einem selbst zu tun hat: Man könnte es für erforderlich halten, einem deutlich auf einen selbst gerichteten Zorn mit Furcht zu begegnen. Doch diese Rolle der emotionalen Reaktionen kann keineswegs verallgemeinert werden. Außerdem sagt die reaktive Emotion bei diesen genannten Spezialfällen nichts darüber, ob etwas verstanden wurde. Womöglich kann man manchmal mit eigenen Emotionen die von anderen auf einer sehr basalen Ebene erkennen – wie in der Furcht gegenüber Zorn –, doch das ist kein Verstehen, sondern nur ein Zuschreiben eines Emotionstyps. Das betrifft wieder den Unterschied zwischen Zuschreiben und Verstehen, wie ich ihn in Kapitel II 1 erörtert habe.

Den gekonnten Umgang mit den Emotionen als wesentlichen Aspekt ihres Verstehens heranzuziehen erscheint, wie gezeigt, abwegig. Er spielt höchstens eine zusätzliche Rolle. Aber auch da nur eine eingeschränkte: Von ihm als Beweis und Erfolgstest für Verstehen zu sprechen wäre schon zu viel, man kann es nur als wichtigen Hinweis darauf sehen.

4. Grenzen des Verstehens

In den letzten drei Kapiteln habe ich schrittweise dargestellt, was es für eine Person heißt, die Emotionen anderer Personen zu verstehen. Daran schließt sich die Frage nach den Grenzen des Verstehens an. Ich habe das Verstehen ausgehend von einer Situationsbeschreibung erläutert, in der jemand die Gefühle des anderen nicht versteht, und habe gezeigt, welcher Schritte es von Seiten des um Verstehen Bemühten bedarf und worin dann der Erfolg besteht. Nun will ich noch erörtern, unter welchen Umständen bei diesem Verstehenskonzept ein Unverständnis, trotz Bemühen in die richtige Richtung, bestehen bleiben kann. Dabei werde ich außerdem auf die oben offen gelassene Frage nach der genaueren Erläuterung der nötigen Ähnlichkeit eingehen.

4.1 Grenzen der Erfahrung als Grenzen des Verstehens?

Bisher habe ich erörtert, wie man von anfänglichem Unverständnis zu einem Verständnis der Gefühle anderer kommen kann. Darin herrschte grundsätzlich ein gewisser Optimismus, was den Erfolg solcher Versuche betrifft. Wo liegen nach dieser Darstellung nun die Grenzen unserer Möglichkeit, die Gefühle anderer Personen zu verstehen? Gibt es welche, und wenn ja inwiefern?

4.1.1 Wie viel Gefühls-Gleichheit muss sein?

Eine Antwort ist klar. Grenzen des Verstehens werden nach der bisherigen Argumentation von den Grenzen der eigenen Erfahrung in Gefühlen gesetzt. Um die Verknüpfung der Elemente zu einer individuellen Geschichte einer Emotion einzusehen und sie damit zu verstehen, muss man auf Erfahrung von Emotionen zurückgreifen. Deshalb liegt es nahe, zu fragen: Inwiefern ist man durch die notwendige Beschränktheit der eigenen Erfahrung – man lebt schließlich nur ein Leben – in der Verstehensmöglichkeit eingeschränkt?

Um das zu beantworten, muss man zunächst klären, wie *sehr* die eigene Erfahrung der der anderen Person, deren Emotionen man verstehen will, entsprechen muss. Das könnte zunächst sogar zu einer Kritik an dem gesamten Ansatz führen: Damit die Erinnerung an selbst erlebte Emotionen zum Nachvollziehen der Emotionen des anderen etwas nützt, müsste man genau das Gleiche gefühlt haben, und das, so ginge der Einwand, sei unmöglich. Gegeben, dass eine Emotion definiert ist durch individuellen Bezug einer Person auf eine konkrete Situation, ist es tatsächlich nicht vorstellbar, dass zwei Menschen, auch noch zu verschiedenen Zeiten, genau das Gleiche fühlen könnten.[59]

Dieser Einwand trifft jedoch nicht, da es gar nicht nötig ist, das „Gleiche" in einem so engen Sinn gefühlt zu haben. Nötig ist allein, etwas nah genug Vergleichbares erfahren zu haben. Als gleiche Emotion gilt zunächst einfach, was wir als gleiche benennen: Wo Sie und ich von Freude sprechen zum Beispiel, da erfahren wir etwas Vergleichbares. Wir werden uns in der Regel auf einige Schlüsselszenarien[60] einigen können, in denen dieser Emotionstyp auftritt, oder darauf, was typische Geschichten über Anlass und Verlauf einer solchen Emotion sind. Davon ausgehend gibt es unendlich viele individuelle Variationen dieses Emotionstyps.

Als eine angeblich andere Idee davon, „das Gleiche" zu fühlen, führte Scheler „Miteinanderfühlen" ein.[61] Sein Beispiel dafür sind Eltern am Grab ihres Kindes. Hier trauern zwei Menschen in der gleichen Situation über das Gleiche: den Verlust ihres Kindes. Doch das scheint mir nichts grundsätzlich Anderes zu sein, als ebenfalls Gleiches im Sinne von Vergleichbarem zu fühlen; nur dass es eben sich ähnlicher sein mag als anderes. Denn wenn in diesem Fall auch der Gegenstand identisch ist, so ist es die Biographie der beiden Personen dennoch nicht, ebenso wenig, wie ihr Verhältnis zu dem Kind identisch war. Vergleichbar ist: Sie haben es beide geliebt und trauern jetzt beide darum. Es mag sie auch ganz ähnlich schwer treffen. Aber all das macht die Gefühle nicht mehr zu „genau den gleichen", sie sind ebenso vergleichbar mit der Trauer etwa einer anderen Mutter über den Tod ihres Kindes.

Innerhalb der Erfahrung eines Typs von Emotion gibt es verschiedene Grade der Differenz und Ähnlichkeit. Kinder fühlen das Gleiche, wenn sie sich gemeinsam über das Hitzefrei freuen, oder ein Team von Kollegen freut sich über den Erfolg eines gemeinsamen Projektes. Das kann man nachvollziehen, wenn man selbst einmal einen Gruppenerfolg gehabt hat, auch wenn dieser etwas anderes betraf, vielleicht das Gewinnen beim Sport. Aber man kann es unter Umständen auch verstehen, wenn man nur die Freude über einen Erfolg alleine erlebt hat, oder selbst, wenn man sich über ein zufälliges Glück gefreut hat. Es kommt darauf an, dass man Freude erfahren hat. Die Intentionalität jedes einzelnen Falls ist jedes Mal eine ganz eigene und kann und muss nicht von jemand anderem genauso gekannt sein. Um eine konkrete Emotion eines Typs bei jemand anderem zu verstehen, muss man den Typ selbst kennen. Jede weitere Ähnlichkeit in Intentionalität und Geschichte erleichtert das Verstehen, ist aber nicht grundsätzlich notwendig. Denn um zu verstehen, muss man Vergleiche ziehen und hinreichende Ähnlichkeit finden, wie ich es dargestellt habe. Dabei hilft vielfältige Erfahrung, aber auch das Geschick im Vergleichen.[62] Das erfordert mehr oder weniger Einsatz, je nachdem, auf wie ähnliche Erfahrungen man dabei zurückgreifen kann. Was mit diesem Einsatz gemeint ist, darauf gehe ich gleich noch genauer ein (in II 4.1.2).

Dass wir nicht genau das Gleiche fühlen, stellt also keine Grenze für das Verstehen dar. Den Grenzen kommt man jedoch näher, wenn es darum geht, Emotionstypen zu verstehen, die man selbst noch nie erlebt hat. Etwa Verliebtsein oder Liebeskummer oder Heimweh oder Eifersucht. Im Unterschied zu Freude, Hoffnung, Trauer und Wut sind das Gefühle, die man eher etwas später selbst kennen lernt. Solange man sie nicht kennt, fällt es tatsächlich schwerer, die Emotion eines anderen zu verstehen. Man kennt natürlich den Begriff „Heimweh" und kann ihn erläutern mit den Worten, dass das ein Kummer sei, wenn man weit weg von vertrautem Land und vertrauten Leuten ist und sich einsam fühlt. Man versteht aber damit nicht unbedingt, wie jemand Heimweh haben kann, wenn er an einem Ort ist, an dem er alles zu haben scheint – nette Leute, interessante Arbeit, gute Unterkunft –, und dennoch Heimweh hat. Man kann sich das nicht erklären, die Elemente der Erzählung, die man geliefert bekommt, machen nicht wirklich einen Sinn für einen, sind nicht wirklich einsichtig. Für ein weiteres Beispiel kann man an Gefühle wie Stress oder Panik denken. Ein grundsätzlich entspannter, zufriedener Mensch weiß in gewisser Hinsicht nicht, was das eigentlich ist – Stress. Man wird ihm sagen: Das ist, wenn man ganz viel zu tun hat, von vielen Seiten Forderungen an einen herangetragen werden, man befürchtet, dem nicht gerecht werden zu können, etc. Er kann sagen: Ja, das kenne ich alles auch. Aber dann macht man eben eins nach dem anderen, so gut es geht, und das ist alles. Wenn er entsprechende Situationen erlebt hat, ohne das Gefühl erfahren zu haben, kann er es bei einem anderen, der es erfährt, schwer bzw. nicht verstehen. Die Geschichte führt bei ihm zu nichts.

Hier scheinen Grenzen gesetzt. Dennoch: Es sind keine absoluten, sondern nur flexible Grenzen. Dazu im nächsten Abschnitt.

4.1.2 Flexible Grenzen dank sozialer Phantasie

Die Grenzen des Verstehens von Gefühlen anderer sind offenbar individuell bestimmt. Doch die immer irgendwie begrenzte Erfahrung in Emotionstypen schränkt die Verstehensfähigkeit nicht allzu starr ein. Wer sich bemüht, kann ein ganzes Stück weit über den eigenen Erfahrungsraum hinaus andere Menschen verstehen. Dazu braucht es vor allem eines: „soziale Phantasie"[63]. Eigene Emotionserfahrung ist nie an sich eine Garantie, dass man andere versteht, man muss sie immer anzuwenden wissen auf die jeweiligen Möglichkeiten einer narrativen Erklärung. Man muss fähig sein, von der selbst erlebten Geschichte die relevanten Parallelen zu den Situationen von anderen zu sehen und diese von daher sich zu plausibilisieren. Und das können Menschen verschieden gut. Man kann diese soziale Phantasie allerdings auch fördern. Ein wichtiges Mittel dazu ist die Kunst, insbesondere die Literatur. Dazu gehören zwei Aspekte.

Wenn wir von den Erlebnissen und Gefühlswelten fiktiver Charaktere (oder auch realer in Biographien) lesen, lernen wir dort erstens Beschreibungen von Emotionen kennen, in denen wir uns teilweise wiederfinden können und die uns teilweise neu sind. An all den vielen Fällen von Übergang zwischen Bekanntem und Unbekanntem können wir die Anwendung unserer eigenen Erfahrungen auf vergleichbare Fälle üben, weiten. Zur Veranschaulichung ein konkretes Beispiel: *A la recherche du*

temps perdu ist ein umfangreiches Buch, es sind sieben Bände.[64]
Selbst Schnellleser müssen mehr als ein paar Tage dafür einräumen. Das Buch begleitet Sie, den Leser, neben dem Leben,
das es auch noch zu führen gilt, sicher ein paar Wochen bis
Monate lang. In dieser Zeit lernen Sie Marcel, den Ich-Erzäh-
ler, gut kennen. Sie werden eingeführt in seine Psyche von Szenen der Kindheit bis zu denen eines „reifen" Mannes, sein
Denken und vor allem seine Gefühle werden Ihnen nahe gebracht bis in raffinierteste Details. Es ist ein extrem sensibler
Charakter. Seine Emotionen fahren entsprechend in Höhen
und Tiefen. Wenn Sie täglich darin lesen und verstehen wollen,
was Sie da lesen, dann üben Sie sich unweigerlich auch ein
stückweit in Marcels Gefühlsdynamik ein.[65] Einübung und
Wiederholung prägt. So kann es sogar sein, dass Sie eines Tages
eine ähnliche Gefühlswendung wie Marcel vollziehen. Eine, die
Sie früher so von sich nicht kannten, die Sie aber jetzt in jeder
Hinsicht erfahren. Und selbst wenn Sie keine konkrete neue
Gefühlserfahrung machen: In jedem Fall haben Sie eine Menge
an „Material" dazugewonnen, Beschreibungen und Erklärungen von Gefühlen. Und, was das Entscheidende ist: Sie haben
mithilfe dessen sich selbst schon ausprobiert hinsichtlich der
Fragen: Könnte es das auch für mich geben? Wie wäre es für
mich? Dafür ist eine grandiose literarisch-psychologische Beschreibung, wie sie große Romanciers bieten, eine besondere
Hilfe. Sie helfen uns, Artikulationen für eigene Erfahrungen zu
finden, die wir dann über Begriffe mit denen von anderen vergleichen können.

Literatur ist zu diesem Zweck etwas besser geeignet als der
Film. Das liegt einfach daran, dass man beim Lesen tatsächlich
die Phantasiefähigkeit einschalten muss, um zwischen den Begriffen, die man liest, und den eigenen Erfahrungen bzw. aku-
ter Sensibilität zu vermitteln. Beim Film übernehmen starke Bil-
der, betont emotionale Mimiken, viel Musik und Effekte den
Großteil der emotionalen Stimulation. Emotionen werden dabei
auf eine körperlichere Art angesprochen und treffen einen somit mehr auf passive Weise. Man muss nichts dazu tun, kaum

Imaginationskraft aufbringen, wie es bei Literatur nötig ist. Im Kino wird man gewissermaßen von emotionalen Reizen überflutet, beim Lesen gibt es nur den einen Weg: vom geschriebenen Wort über die Vorstellung zum Fühlen. Man könnte sogar sagen, dass es beim Filmschauen häufig vor allem zu Gefühlsansteckung kommt, anstatt zur Empathie. Außerdem dauert ein Film nur ein paar Stunden und Lektüren begleiten einen wie gesagt länger, so dass es mehr Zeit für die Einübung, mehr Verweben mit den Dynamiken im eigenen Leben gibt.

Der zweite Aspekt der Förderung sozialer Phantasie bei Kunstrezeption ist der, dass man durch Identifikation tatsächlich neue emotionale Erfahrungen machen kann. Das wiederum ist im Film besser möglich, weil man da gewissermaßen „mitgerissen" wird, ohne viel eigenen Imaginationsaufwand. Da ist es freilich wieder so, dass man nicht die Emotionen beliebiger Figuren derart identifikatorisch mitvollziehen kann. Sie müssen einem hinreichend ähnlich sein, dass man die Lücke, die die Fiktion, einfach das Anderssein der Figur, wie auch jeder Person, mit sich bringt, mithilfe der ästhetischen Mittel überspringen kann.[66] So kann man aus manch einem Film fast wie aus einem eigenen Erlebnis hervorgehen. Es ist einem zumindest klargeworden, was eine solche wie die gezeigte Situation wahrscheinlich auch für einen selbst in der Wirklichkeit bedeuten würde – wenn man derart identifikatorisch mitgegangen ist. Andere werden es vielleicht lächerlich oder wenig bedeutend finden, bleiben unberührt – einfach weil sie insgesamt emotional anders disponiert sind. Wer aber mit den Emotionen der fiktiven Figur mitgehen konnte, der kann auf eine neue Gefühlserfahrung erinnernd zurückgreifen, wenn es ein andermal wieder darum geht, eine Person in ihren Emotionen zu verstehen.

Neben Erfahrungen mit und über die Kunst und neben Gesprächen mit anderen sowieso ist noch eine weitere Möglichkeit denkbar, soziale Phantasie zu fördern bzw. zu bilden: Reisen, fremde Länder, Sitten und Emotionalitäten kennen lernen. Doch gar zu schnell und selbstverständlich sollte man das nicht annehmen. Neben der Idee der universalen Sprache der Gefühle gibt es auch die Behauptung, dass die Grenzen zwischen den Kulturen die Grenzen des Verstehens wären – auch, was Gefühle betrifft. Was von beiden überzeugender ist, das möchte ich kurz im nächsten Abschnitt erörtern.

4.1.3 Universale Sprache der Gefühle und Kulturgrenzen

Ich gehe davon aus, dass ein Großteil der Emotionstypen in allen Kulturen der Welt bekannt sind und erlebt werden.[67] Diese können jedoch jeweils verschieden ausgeprägt sein und das kann so weit gehen, dass man auch von kulturspezifischen Emotionstypen sprechen kann.[68] Diese Annahme ließe sich weiter begründen mit Rückgriff auf die Doppelprägung von Emotionen: Sie sind einerseits biologisch-evolutionäre Phänomene und andererseits sprachlich-kulturelle.

Wird nun der Empathiefähigkeit durch die Grenzen der Kulturen eine Grenze gesetzt? Für den Großteil unserer Emotionsbegriffe gibt es Übersetzungen in die anderen Sprachen. Wenn man Sprachen sinnvoll übersetzen kann, dann muss das auch für Emotionsbegriffe gelten. So verstehen wir z.B. Handlungserklärungen aus der Zuschreibung von Emotionen auch in anderen Sprachen, was eine Überprüfungsmöglichkeit der richtigen Übersetzung darstellt. Sie können in den verschiedenen Sprachen zwar verschiedene Akzente, Schwerpunkte und damit Nuancen der Verschiedenheit im Gebrauch aufweisen, aber diese kann man als Varianten oder Ausdifferenzierungen begreifen, die durch ergänzende Erläuterungen geklärt werden können – so wie man auch innerhalb einer Kultur eine Emotion auf verschiedene Weisen erleben kann, je nach speziellem Bezug. Für einen Vergleich zwischen verschiedenen Kulturen muss nur auch noch der andere gesellschaftliche Bezug berücksichtigt werden. Für solche übersetzbaren Begriffe und ihre entsprechenden Erfahrungen dürfte es also kein grundsätzliches Problem geben.

Wie sieht es aber mit Emotionsbegriffen aus, für die es kein Äquivalent in einer anderen Sprache gibt? Hier, so könnte man sagen, sei dem Verstehen eine Grenze gesetzt. Emotionen sind angelernt, könnte man sagen, und zwar mittels Begriffen, und wenn es in einer Kultur diesen Begriff nicht gibt, können wir die Emotion nicht erlernen, wir kennen sie nicht, wir haben sie nicht. Deshalb, so ginge das Argument weiter, ist ein Abgleich zwischen Personen verschiedener Kulturen in dieser Hinsicht unmöglich und damit die Empathiefähigkeit. Als Beispiel könnte man dafür den japanischen Begriff „amae" nehmen. Er ist in westliche Sprachen unübersetzbar in dem Sinn, dass keines der hier gebräuchlichen Gefühlswörter ihm entspricht. Im Deutschen könnte man es behelfsmäßig als „Bedürfnis nach Abhängigkeit" oder „Genießen von Abhängigkeit" bezeichnen.[69] Es handelt sich dabei um eine soziale Emotion, die in ganz verschiedenen Beziehungen auftauchen kann und häufig eine Rolle spielt, also das Leben in Japan merklich prägt. „Amae" wird nicht nur in einer Mutter-Kind-Beziehung gefühlt, nicht nur zwischen Liebenden und Freunden, sondern auch in beruflichen Verbindungen. Einer lässt sich vom anderen konkret oder metaphorisch hätscheln, gibt sich klein, und das Gegenüber entspricht diesem Bedürfnis, ja fordert es sogar oftmals auch. Europäer haben den Begriff nicht und deshalb, so diese Position, können sie eine konkrete Manifestation eines solchen Gefühls bei einem Japaner nicht verstehen.

Doch diese These scheint mir so absolut gesetzt nicht gerechtfertigt zu sein. Es scheint mir vielmehr angemessen, nur von einer bedingten Beschränkung zu sprechen. Sehen wir noch einmal genauer hin. Was die genannte Position insgesamt sagt, ist: Wofür man keinen eigenen Begriff hat, das kann man nicht erleben. Doch das ist nicht haltbar. Begriffe sind dafür da, unsere Erfahrung von uns selbst und der Welt zu artikulieren, für uns und für andere. Dazu sind sie gewissermaßen einmal „erfunden" worden.[70] Die Begriffe sind nicht vorher da, dass sie unser Erleben beschränken würden. Der Witz der Sprache besteht doch unter anderem darin, dass mit ihr unendlich viele neue Sätze und Texte gebaut werden können. Es ist also nicht so, dass wir, grundsätzlich nur weil wir mit diesem Begriff nicht aufgewachsen sind, nie eine solche Erfahrung machen könnten. Wir machen sie nur sicher nicht so häufig und nicht so bewusst wie in einem Land, wo sie durch einen Begriff in der Kultur einen deutlichen Platz hat und ihr Aufmerksamkeit gegeben wird. Dass es einen Emotionsbegriff in einer Kultur gibt, den es in einer anderen nicht gibt, sagt etwas über die Verschiedenheit der Kulturen, genauer die Verschiedenheit der Bedeutung einer solchen Erfahrung in der Kultur.[71] Aber damit ist der Mensch einer Kultur nicht vollkommen auf ein Erfahrungsrepertoire festgelegt. Wenn man sich den Begriff erklären lässt, in anderen Worten, die wie immer zur Erläuterung und narrativen Erklärung einer Emotion herangezogen werden können, kann man unter Umständen rückblickend eine Erfahrung mit diesem Begriff beschreiben oder eine spätere erstmals sich so verständlich und fassbar machen. Das heißt noch nicht, dass man diese Erfahrung in genau den gleichen Situationen machen würde, wie es die Personen tun, denen dieser Begriff geläufig ist und in deren Kultur er eine wichtige Rolle spielt; z.B. könnte man als Europäer bei sich selbst eine Form von „amae" zwischen Liebenden finden, nicht aber zwischen Vorgesetztem und Untergebenem in der Firma.

Mit dieser Entgegnung möchte ich keineswegs behaupten, dass alle Emotionen in allen Kulturen gleich sind. Das sind sie sicher nicht. Sie unterscheiden sich allein schon in der Intensität des Ausdrucks (was damit zu tun hat, ob und wie sie in einer Kultur geschätzt werden), sie unterscheiden sich darin, was als Anlass und Grund für eine Emotion als angemessen betrachtet wird, auch darin, welche Handlungen in der Regel dazugehören und letztlich auch in den Typen, die eine Kultur kennt und in ihrer Sprache mit einem Begriff belegt. Ich sage nur, dass ein Verstehen fremder Emotionen, also solchen, für die wir selbst zunächst keinen einzelnen Begriff haben, nicht grundsätzlich der Erfahrung entzogen ist und dass dementsprechend theoretisch ein Verstehen möglich ist. Dabei leugne ich nicht die Schwierigkeiten eines solchen Verstehens in der Praxis.

Es ist tatsächlich, einmal in einer Kultur aufgewachsen, extrem schwer, die Besonderheiten des emotionalen Lebens einer anderen Kultur zu übernehmen in dem Sinn, dass man sie selbst spontan erfahren würde. Vielleicht ist es durch sehr viel Bemühen und Eintauchen in die Kultur auf allen Ebenen ein stückweit möglich; es bedarf sicherlich praktischer Einübung, da Gefühle zu einem großen Teil im sozialen Miteinander und körperlich ablaufen, was man allein durch Vorstellen nicht erreichen kann. Vielleicht ist es auch überhaupt nicht und sicher nie ganz möglich. Doch für mein Thema wichtig ist: Selbst wenn man es nie schafft – das heißt nicht zugleich, dass man die anderen nicht verstehen könnte; nicht, wenn meine bisherige Explikation des Emotionsverstehens stimmt. Denn dann müsste es unter einigem Bemühen des Vergleichs mit eigenen Erfahrungen und deren imaginativen Erweiterung je nach Fall verschieden möglich sein, Ähnlichkeiten mit einem selbst zu finden und über diese zu verstehen. Entscheidend sind Anknüpfungspunkte zum Vergleich mit eigenen Erfahrungen, die wir begrifflich fassen. In der Hinsicht ist es das Gleiche wie beim Verstehen einer Emotion in der eigenen Kultur, wenn man den Begriff zwar kennt, aber die Erfahrung noch nicht gemacht hat. Es gibt die Möglichkeit, den Begriff zu umschreiben und damit Narrationen zu erstellen, die man mit jenen, die man selbst zur Erklärung eigener Emotionen hat, vergleichen kann. Kulturen setzen nach diesem Verstehenskonzept keine absoluten Grenzen, aber in der Praxis stellen sie zunächst oftmals ein Hindernis dar.

4.2 Gefühlskonflikte. Machen Gefühle blind?

Im letzten Abschnitt habe ich dargelegt, inwiefern unsere Möglichkeiten, Emotionen anderer Personen zu verstehen, begrenzt sind durch die eigene Erfahrung in Gefühlen, also gewissermaßen durch vergangene Emotionen. Doch ist das schon die ganze Bedeutung der Gefühle auf Seiten eines Verstehenden? Ich will auch noch fragen, inwiefern akute Gefühle dem Verstehen Grenzen ziehen können. Oben habe ich bereits einmal den Vorschlag erwähnt, Sympathie und Antipathie als mögliche notwendige bzw. verhindernde Bedingungen zu sehen, ihn da jedoch abgelehnt. Jetzt gilt es, noch einmal genauer hinzusehen, ob es nicht doch eine Abhängigkeit gibt, eine, die nur nicht derart pauschal ist.

Man kann beobachten und erläutern, wie Gefühle unsere Wahrnehmung der Welt und unsere praktischen Überlegungen beeinflussen bzw. stören. Goldie hat dafür u.a. den Ausdruck „skew the epistemic landscape"[72] geprägt. Gefühle können unsere epistemische Landschaft verzerren. Das macht sich sicher auch bei Verstehensversuchen bemerkbar. Doch darauf gehe ich hier nicht ein, weil es ein eigenes Thema ist, das nicht insbesondere Verstehensleistungen betrifft. Es betrifft den Wahrnehmungs- bzw. Zuschreibungspunkt, nicht aber speziell das Verstehen im Sinn von narrativer Erklärung und Empathiefähigkeit.

Wie steht es mit einer anderen Idee: Eine eigene Emotion, mit der man auf die zu verstehende reagieren würde, kann davon abhalten, tatsächlich richtig zu verstehen. Das hat der Struktur nach etwas von Selbsttäuschung und der dazugehörigen Unaufrichtigkeit. Ein Beispiel wäre: Wenn man jemanden liebt, kann man den Hass des anderen auf einen selbst nicht verstehen (nicht nur, weil man gar nicht richtig sieht, was Sache ist, was einem Fall der genannten „Verzerrung" der Wahrnehmung entspräche, sondern), weil man den maßlosen Schmerz, den das anzuerkennen für einen bedeuten würde, um jeden Preis verhindern will. Solche Fälle gibt es sicher, doch wieder scheint es mir nicht die Besonderheit von Verstehen von Emotionen zu berühren. Diese Art von „Schutzmechanismus", wie man es nennen könnte, kommt auch in anderen Fällen zum Tragen, bei lauter Sachverhalten, die man einfach nicht anerkennen, nicht glauben will. Das ist ebenfalls *vor* der Spezifik des Verstehens gelagert.

Mir fällt nur ein kleiner Punkt auf, in dem akute Gefühle konkret das Verstehen von Gefühlen anderer beeinflussen können. Eine starke emotionale Regung oder eine Stimmung können es unter Umständen erschweren bis verhindern, dass man sich auf die Weise an eigene, andere Emotionen erinnern könnte, die notwendig wäre, um die des anderen zu verstehen. Wer gerade selbst in großer Trauer ist, dem wird es schwerfallen, die überschwängliche Freude eines anderen über eine Kleinigkeit zu verstehen. Selbst wenn auch er einmal ganz ähnlich reagiert hat, kann es sein, dass die momentane emotionale Regung ihm die klare Erinnerung an die Erfahrung vorübergehend unmöglich macht.

4.3 Verständnis eigener Emotionen als Voraussetzung?

Nun bleibt noch ein interessanter Aspekt der Grenzen des Verstehens. Wenn es stimmt, dass wir, wie ich dargestellt habe, zum Verstehen von Emotionen anderer auf Erfahrung eigener Emotionen zurückgreifen müssen – inwieweit hängt der Erfolg des Verstehens dann davon ab, ob wir jene vergangenen Emotionen an uns selbst verstanden haben? Helfen hier nur selbst verstandene Emotionen?[73] Oder kann man im Gegenteil eigene Emotionen manchmal erst mithilfe des Blicks auf Emotionen anderer verstehen?

Diese Fragen sind nicht zu beantworten, solange nicht geklärt ist, was es überhaupt heißt, eigene Emotionen zu verstehen. Dies ist nicht einfach parallel zu setzen zu dem, wie ich in diesem Teil der Arbeit dargelegt habe, dass man Emotionen anderer versteht. Die Idee der narrativen Erklärung mag zwar auch anwendbar sein, doch es macht zumindest auf den ersten Blick keinen Sinn, dies mit dem zweiten Aspekt zu ergänzen, dem Auffinden der Ähnlichkeit mit eigener Erfahrung. Denn der Gedanke des Vergleichs mit sich selbst bei einer Reflexion auf sich selbst (was Verstehen eigener Gefühle irgendwie sein muss) scheint nur einen grundsätzlich anderen Status haben zu können als beim Verstehen von etwas Fremdem, den Emotionen anderer. Insbesondere würde es seltsam anmuten, den Begriff der Empathie dabei zentral zu setzen. Sollte man sein eigenes Fühlen nachvollziehen müssen? Was aber ist es dann, das die narrative Erklärung als Verstehen vervollständigt?

Dieser Frage gehe ich im folgenden Teil nach, in dem ich das Verstehen eigener Emotionen Schritt für Schritt detailliert analysieren werde. Ich widme diesem Aspekt des Themas den größeren Umfang in der Arbeit, da er der bisher in der Literatur weitaus weniger erläuterte und diskutierte ist.

Dabei wird auch die Problematik von Missverstehen eine wichtige Rolle spielen. Denn wie unklar ist, womit verglichen werden soll, so ist unklar, was überhaupt ein Korrektiv sein kann, das Missverstehen verhindert oder zumindest anzeigt. Ich habe Missverstehen von Emotionen anderer hier nicht extra thematisiert, da es im Dialog mit dem anderen prinzipiell relativ leicht aufzuklären ist (im Sinne dialektischer Einigung). Anders sieht es bei einem selbst aus. Denn wie dort, wie ich zeigen werde, das Verstehen in die Konstitution der Emotionen selbst eingreifen kann, so tut das auch das Missverstehen.

Wenn ich sie [die Gefühle] kennengelernt habe, will ich sie
nur in der Form wiedersehen, in der ich ihnen gewachsen bin
und sie verstehe. Und solange ich noch diese Form suche,
diesen neuen Blick, darf von ihnen nicht die Rede sein.[1]

III Eigene Emotionen verstehen

1. Verwirrung und Veränderung.
Was für eine Emotion?

Oft sind uns unsere Emotionen vollkommen klar in dem Sinn, dass eindeutig ist, was wir fühlen bzw. was für eine Emotion es ist. Wenn wir uns in einer akuten Gefahrensituation fürchten, müssen wir nicht lange überlegen, was das ist, was wir fühlen, genauso wie länger andauernde Vorfreude auf ein Wiedersehen zweifelsfrei gegeben sein kann. Es scheint Emotionen zum Teil im Gegensatz zu Gedanken oder Wünschen geradezu auszuzeichnen, dass sie einem selbst völlig klar sind. Dennoch kennen wir daneben auch viele Fälle, in denen es uns nicht klar ist, was wir fühlen, sondern in denen wir verwirrt darüber sind. Um solche Fälle geht es in diesem Kapitel. Damit sind nicht Fälle von unbewussten Emotionen gemeint, sondern Situationen, in denen man sich durchaus bewusst ist, dass man etwas fühlt, aber nicht klar, was man fühlt bzw. welche Emotion oder welche Emotionen es sind. Ich zeige, inwiefern es solche Fälle gibt bzw. wie sie genauer zu erläutern sind, und entwickle davon ausgehend eine These dazu, was es heißt, Emotionen in dieser Hinsicht zu verstehen. Das Ergebnis enthält zwei, wie ich glaube, wichtige und überraschende Erkenntnisse: Verstehen kann heißen, das Verstehensobjekt zu verändern. Und: Wir werden nicht nur passiv von Emotionen überfallen, sondern können auch aktiven Anteil an ihrer Entstehung haben.

Ich beginne mit Beispielanalysen, um eine erste Darstellung der hier thematischen Hinsicht von Nicht-Verstehen und Verstehen von Gefühlen zu geben. Für eine weitergehende Erläuterung diskutiere ich dann Überlegungen Richard Morans, in denen er Besonderheiten der Perspektive der ersten Person auf mentale Zustände im Unterschied zu der der dritten Person verdeutlicht.

Dieses Kapitel, in dem Verwirrung als Verstehenshindernis Thema ist, hängt eng zusammen mit dem darauf folgenden, in dem ich auf Überraschung und Fremdheit als Zeichen von Unverständnis eingehe. Im ersten Kapitel steht die Frage im Zentrum, *was* genau man fühlt, im zweiten die danach, *warum* man eine Emotion hat. Es wird sich zeigen, dass es zwischen diesen Fragen einen fließenden Übergang gibt, und vor allem, dass die Antworten auf die verschiedenen Fragen im tatsächlichen epistemischen Prozess oft nicht unabhängig voneinander gegeben werden können. Dennoch behandle ich die beiden Aspekte der Übersichtlichkeit halber in zwei getrennten Kapiteln.

1.1 Gefühlschaos und -vagheit: unfertige Emotionen

1.1.1 Die Beispiele

Stellen Sie sich vor, Sie erhalten von einem ehemaligen Partner (bzw. Partnerin), mit dem es nach einer wertvollen Beziehung in einem großen Streit auseinander gegangen war, der nie aufgehoben wurde, eine Nachricht; nach Jahren ohne Kontakt nun plötzlich eine Nachricht, in der er Sie fragt, ob Sie ihn heiraten wollen. Nehmen wir an, Sie nehmen diesen Antrag ernst, denn Sie wissen, dass es kein Mensch ist, der mit so etwas spaßen würde. Nehmen wir auch an, Ihre private Situation ist zu diesem Zeitpunkt nicht so gesichert, wie sie es in einer glücklichen Ehe mit zwei Kindern wäre, sondern eher labil, wie nach einer Trennung von einem Partner. Könnten Sie da nicht ganz verschiedene Gefühle auf einmal bestürmen bzw. noch genauer: Könnten Sie nicht in ein *Gefühlschaos* geraten, in dem Sie sich nicht auskennen? Sie starren fassungslos auf den Brief, werden bleich oder rot, spüren ihr Herz schneller schlagen, wollen sofort zum Telefon laufen und dann doch nicht, brechen nacheinander in Lachen und Tränen aus, fühlen abwechselnd Ihren ganzen Leib sich zusammenzuziehen oder weiten u.ä. (ich stelle Sie mir als einigermaßen temperamentvoll vor). Wenn ein Dabeistehender Sie fragt: „Was ist mir dir, freust du dich oder ärgerst du dich oder was?", dann können Sie einfach nur sagen: „Ich weiß es nicht." In so einem Moment verstehen Sie Ihre Gefühle nicht. Sie fühlen etwas, ja viel sogar, aber können nicht genau sagen, was. Sie erleben ein Hin- und Herspringen zwischen verschiedenen Affektionen, die mal in eine positive, mal in eine negative Richtung gehen. Ihnen sind Ihre Gefühle nicht klar, Sie sind verwirrt. Zwar können Sie, aufgrund der Geschichte, womöglich verstehen, *dass* Sie in dieser Situation in ein Gefühlschaos geraten sind – dennoch bleibt das Chaos selbst ein unverständliches Gefühlsgewirr.

Es kann also ein überraschendes Ereignis (ein Vorfall genauso wie eine Einsicht o.a.) einen so stark bewegen, dass es zu einem Gefühlsaufruhr kommt, der so chaotisch ist, dass keine klare Gefühlslage evident ist. Eine ähnliche Unklarheit bezüglich der Gefühle kann aber auch anstatt in so einem akuten, heftigen Chaos, das sich in der Regel auch schnell wieder legt, in der Form „schwelender" Gefühle herrschen, also über längere Zeit. Solche *Gefühlsvagheit*, wie ich es nennen möchte, entsteht ohne ein auffälliges Ereignis, das der plötzliche Auslöser wäre. Das können zum Beispiel Gefühle im Kontext von Umständen und Entwicklungen im Beruf sein, wenn man etwa in neue Aufgaben und Verantwortlichkeiten hineingeraten ist. Man merkt, dass man irritiert ist, doch über Tage hinweg bleibt es unklar, was für Gefühle das sein sollten. Genau insofern liegt auch hier ein Verständnismangel vor. So kann man sich fragen: Bin ich stolz, diese Aufgaben ausführen zu dürfen, oder fürchte ich mich davor? Oder ist es etwas ganz anderes, was mich gefühlsmäßig so beschäftigt?

Chaos und Vagheit kann es auch in schwächerer Variante geben. Das ist der Fall, wenn wenigstens der Tendenz nach schon ein Emotionstyp klar ist, das heißt, ob es ein gutes oder schlechtes Gefühl ist. Denken Sie sich dazu kurz in die Szene eines Kurzurlaubs mit Freunden und Bekannten in einem gemeinsam gemieteten Haus. Nach dem zweiten gemeinsamen Abendessen befallen Sie ungute Gefühle. Sie kicken jeden nächstbesten Stein an die Wand, das Handyklingeln wie überhaupt alles nervt und Ihr Gesicht ist so in Falten gelegt, dass das Nachbarskind verschreckt davonläuft. Sie bemerken, irgendwie negativ affiziert zu sein – ohne doch sagen zu können, auf wen oder was. So verstehen Sie Ihr Gefühl nicht. Wenn wir annehmen, dass Sie ein überlegter und selbstkritischer Mensch sind und in dieser Situation versuchen, Ihr Gefühl zu verstehen, dann fragen Sie sich, ob es Wut ist, was Sie fühlen, oder Empörung – oder ob es einfach nur schlechte Laune ist.

1.1.2 Chaos, Vagheit und Prä-Emotionen

Nun haben wir Szenarien einer gewissen Art von Unverständnis in verschiedenen Varianten gesehen. Wie ist genauer zu fassen, worin das Unverständnis gegenüber den eigenen Gefühlen besteht? Eine mögliche Antwort wäre: Es liegt ein Hindernis vor, das unser Erkennen mangelhaft macht. Die Emotionen sind uns aus irgendwelchen Gründen verdeckt oder nur schlecht sichtbar. Deshalb verstehen wir sie nicht. Doch ich will zeigen, dass es nicht an unserem Zugang zu den Emotionen liegt, sondern an diesen Emotionen bzw. ihrer Verfassung selbst. Das legt zumindest folgende Analyse der Beispiele nahe.

In Fällen von Chaos und Vagheit fehlt Übersicht und jede Deutlichkeit in den Emotionen. Wir können sie nicht nur nicht benennen und sinnvoll beschreiben, sondern wir können auch phänomenal keine einzige einen Moment lang identifizieren und festhalten. Die Gefühle sind nicht wie normalerweise phänomenal eindeutig, sondern das Erleben ist stattdessen ein verwirrtes. Damit geht bei allen Beispielfällen einher, dass wir nicht genau sagen können, worauf wir uns mit unseren Gefühlen beziehen. Es handelt sich um eine Irritation in Konfrontation mit einem grob bestimmten Auslöser oder ein vages gutes oder schlechtes Gefühl, dessen Kontext völlig unbestimmt ist. Das scheint mir eine aufschlussreiche Beobachtung zu sein. Denn damit kann man das hier relevante Verstehenshindernis näher erläutern als: Wir verstehen nicht, was wir fühlen, insofern unklar ist, worauf sie sich richten.

Das lässt sich anhand der Beispiele veranschaulichen: Im skizzierten Fall der Vagheit müssen Sie sich fragen, mit was diese schwankende emotionale Befindlichkeit zu tun hat, also wohin Sie eigentlich blicken müssen, um zu wissen, um wen oder was es geht. Ist es der Partner oder sind es die Aufgaben (Gegenstand)? Und wie erscheinen sie Ihnen (formales Objekt)? Beim geschilderten Chaos kann es zunächst so aussehen, als sei das Objekt klar: Sie beziehen sich sicherlich auf den Briefschreiber. Aber auch da gibt es einiges zu klären. Mit *einer* Emotion werden Sie sich vielleicht auf den Briefschreiber beziehen, mit einer anderen jedoch auf das Ereignis als solches, mit wieder einer anderen auf einen anderen Freund, der damit zu tun haben könnte, usw. Außerdem ist das Objekt selbst dann noch nicht unbedingt geklärt, wenn man nur von dem Bezug auf den Briefautor ausgeht. Denn damit ist eben nur der Gegenstand geklärt, nicht aber das formale Objekt. Was bedeutet sein Tun für Sie? Auch da können also noch Fragen weiter über das Objekt gestellt werden und in der Lage eines solchen Emotionschaos sind sie noch nicht beantwortet. Auch hier also hängt die Unklarheit der Emotion an der Unklarheit des Objekts. Im Landhaus schließlich können Sie nicht sagen, worauf Sie sich mit Ihrem negativen Gefühl beziehen. Auch hier fehlt das Objekt.

So gesehen kann man sagen, wir verstehen in diesen Fällen unsere Gefühle nicht, insofern ihre Objekte unklar sind. Was heißt das genauer? Zunächst scheint es nahezuliegen, zu erklären, in solchen Fällen würden wir die Objekte der Emotionen nicht kennen, sie seien uns verborgen und deswegen würden wir die Gefühle nicht verstehen. Doch genauer besehen ist es komplizierter. Reine Unkenntnis der Objekte könnte nur vorliegen, wenn phänomenal ganz klar wäre, was man fühlt, und aus irgendeinem Grund unklar ist, worauf man sich damit bezieht. Bei Gefühlschaos und -vagheit ist aber allein diese phänomenale Klarheit schon nicht gegeben. So verhält sich die ganze Sache anders. Hier liegt es nahe, anzunehmen, diese Gefühle selbst sind (noch) gar nicht so intentional mit einem Objekt strukturiert, wie ich es bisher für Emotionen in dieser Arbeit dargestellt habe.

Das bedeutet, dass eine begriffliche Unterscheidung eingeführt werden muss. Offenbar ist ein Unterschied zu machen zwischen der Art von Gefühlen, die in Chaos und Vagheit vorkommen, und der, wie wir sie deutlich präsent haben, wenn wir sie verstehen. Es scheint mir sinnvoll, zu sagen: Um Emotionen handelt es sich erst, wenn ein Chaos oder eine Vagheit aufgelöst ist. Davor sind es nur unbestimmte Gefühle, die man mit einem technischen Begriff als Prä-Emotionen bezeichnen könnte – oder man spricht, wie ich vorschlagen will, weiter von Gefühlschaos und -vagheit; Ausdrücke, die deutlich machen, dass keine klar individuierbaren Zustände vorliegen. Solche Gefühle sind affektive Phänomene, jedoch ohne klares Objekt. Damit fehlt ihnen etwas dazu, eine Emotion zu sein, wie der Begriff in dieser Arbeit verstanden wird. Gleichzeitig sind es nicht einfach Empfindungen oder Stimmungen, von denen als nächst ähnliche Phänomene ich Emotionen bisher abgesetzt habe. Ich will noch etwas weiter erläutern, warum ich meine, dass es sich bei Chaos und Vagheit tatsächlich um andere Formen von Gefühlen handelt und nicht um nur mangelndes Wissen unsererseits über bestimmte Emotionen.

Wir erinnern uns, was ich bisher schon über die Objekte von Emotionen gesagt habe: Eine Emotion ist gewissermaßen dreigliedrig intentional strukturiert. Sie bezieht sich erstens auf etwas, das ich allgemein „Gegenstand" genannt habe: z.B. die Person, auf die man wütend ist. Zweitens bezieht sie sich darauf in einer bestimmten Hinsicht: die Person, insofern sie einem absichtlich Schaden zugefügt hat, womit ein formales Objekt zu identifizieren ist, hier das Zufügen des Schadens. Und schließlich gibt es noch ein Hintergrundobjekt, etwas, das das, was die Person getan hat, zu einem Schaden für einen macht: zum Beispiel das Fahrrad, das man dringend jeden Tag braucht, oder die alte Mingvase, die einem Kunstliebhaber extrem viel wert ist.

Die Intentionalität macht die Grundstruktur von Emotionen aus und deshalb können wir normalerweise immer zumindest bestimmte Aspekte des Objekts nennen: den Gegenstand und das formale Objekt, die ja am engsten zusammenhängen und für die Frage nach dem, „was" man fühlt, entscheidend sind. Manche Emotionen kann man gar nicht ohne ein so bestimmtes Objekt erfahren, von dem man selbst auch weiß. Wie sollte man zum Beispiel lieben, ohne sagen zu können, dass man *jemanden* liebt, und sagen zu können, *wen* man liebt? Das Gleiche gilt für Hass, Mitleid und viele andere Emotionen. Wir können diese Emotionen nicht fühlen, ohne ein Objekt dazu nennen zu können.[2] Jemandem, der sich nicht sicher ist, ob er die eine oder die andere von zwei Schwestern liebt, glaubt man nicht, dass er überhaupt liebt. Es scheint unmöglich, derart ziellos zu lieben. So beinhalten viele Emotionen grundsätzlich den Bezug auf eine bestimmte andere Person bzw. bestehen sogar zum großen Teil gerade darin. Damit schließe ich nicht aus, dass man mehrere Personen lieben könnte, ich bestreite nur, dass man lieben kann, ohne einen Adressaten dieser Liebe zu nennen. Eine derivative Form, ein Zustand, der sich wie Liebe anfühlt, ohne jedoch einen Gegenstand zu haben, kann es da nicht geben.

Bei anderen Emotionen scheinen derivative Formen eher möglich, etwa bei Wut. Gerade jähzornig veranlagten Menschen kann es passieren, sich wütend zu fühlen, ohne genau zu wissen worauf. Doch dabei muss man bedenken: Sie richten ihre Wut dann einfach auf beliebige Gegenstände, beschweren sich beim Nächstbesten oder zerstören etwas (etwa das piepende Handy des Miturlaubers). So geben sie oberflächlich doch etwas an, worauf sie wütend sind, auch wenn sie nicht erklären können warum, weil sie keinen Fokus nennen können, nichts, was ihnen in diesem Zusammenhang wichtig wäre, was sich in entsprechenden Emotionen in anderen Situationen zeigen müsste. So wissen Jähzornige gewissermaßen doch von einem Objekt ihres Gefühls, so dass von einer Emotion zu sprechen ist, auch wenn sie sich über das Objekt womöglich täuschen. Ohne solch eine Ausrichtung ist auch Wut letztlich nicht vorstellbar. Eine Möglichkeit, eine Emotion zu haben, ohne ein zugehöriges Objekt nennen zu können, besteht im Sonderfall von unbewussten Emotionen. Darauf gehe ich in einem eigenen Kapitel ein (III 3). Vieles, was man sonst als ein Beispiel für ein Gefühl nehmen will, was im Sinne eines Emotionstyps zu identifizieren wäre, ohne jedoch ein Objekt nennen zu können, stellt sich beim Abwägen, wie die Phänomene zu bezeichnen sind, als Stimmungen heraus. Vermeintlich ungerichtete Wut ist oftmals treffender als schlechte Laune anzusehen. Stimmungen haben eine weniger ausgeprägte Intentionalität, das heißt nur ungenauer zu fassende Objekte. Sie färben vielmehr unsere Gesamtsicht der Dinge zu einer gewissen Zeit. Wer melancholisch ist, kann dafür nicht einen einzelnen Grund und Bezugspunkt nennen, wie es der Verlust einer Person für Trauer sein kann, sondern alles, was ihm geschieht und begegnet, erscheint ihm in einem besonderen Licht.

Damit gilt, dass eine im Sinne eines Emotionstyps identifizierbare Emotion nur dann vorliegt, wenn die Person auch ein Objekt dazu kennt. Nur dann ist es eine Emotion mit Objekt. In Gefühlschaos oder -vagheit weiß man von einem Objekt so wenig klar wie von einem Emotionstyp, und das liegt daran, dass noch gar keine Emotion im eigentlich Sinn vorliegt, sondern nur etwas wie eine Vorstufe, eine Prä-Emotion.

In Fällen von Chaos und Vagheit, so kann man nach dieser Darstellung sagen, verstehen wir unsere Emotionen nicht, da (noch) gar keine Emotionen vorliegen, sondern ein Gefühlszustand ohne klare Intentionalität, wie sie für die Bestimmung von Emotionstypen (Freude, Trauer, Hass, Neid etc.) nötig wäre.

Es versteht sich, sei aber hier noch einmal erwähnt, damit man es auch für die weitere Erörterung im Hinterkopf behalte: Prä-Emotionen sind nur im Kontext von komplexen Emotionen von Erwachsenen denkbar, nicht von basalen emotionalen Reaktionen, wie sie schon Babys haben können oder wie wir sie in Situationen erleben, die unser Leben in einer Weise betreffen, dass Emotionen im Sinne biologischer Reaktionen hervorgerufen werden; etwa wenn wir bei einer Begegnung mit einem wilden Tier oder bei einem bewaffneten Raubüberfall von Furcht erfasst werden.[3] Chaos und Vagheit gibt es nur bei komplizierteren Situationen.

1.1.3 Verstehen: Entwicklung durch Eingriff

Was heißt es nun umgekehrt, in der genannten Hinsicht eigene Emotionen zu verstehen? Wie wir gesehen haben, bedeutet es, anstatt unbestimmte Gefühle in Chaos oder Vagheit zu haben, über sie in der Form von Emotionen Bescheid zu wissen, also sich über ihren Objektbezug klar zu sein. Damit ist nicht gesagt, dass ein Gefühlschaos aufzulösen immer hieße, es auf *eine* klare Emotion zu reduzieren, sondern nur, dass überhaupt eine oder mehrere Emotionen zu identifizieren sind.

Die „Lösung" des Chaos aus dem anfänglichen Beispiel wäre in diesem Sinne etwa folgendermaßen zu denken: Wenn sich Ihr Gefühlschaos bei einem Spaziergang nach der überraschenden Nachricht gelegt hat, können Sie zum Beispiel diese einzelnen Emotionen unterscheiden: Freude *über* die Kontaktaufnahme und den Liebesbeweis, wieder aufkommender Ärger *über* sein Verhalten damals, Empörung, *wie* er es wagen kann, nun so aus heiterem Himmel gleich mit einem Heiratsantrag zu kommen, und schließlich ein Schuldgefühl bei dem Gedanken, dass auch Sie sich in den Jahren einmal hätten melden können. Im Falle der Gefühlsvagheit hieße Verstehen, entweder die relevanten Sachverhalte und entsprechenden Emotionen nennen zu können oder die Befindlichkeit als eine Stimmung zu identifizieren, die gar kein klares Objekt hat. In der neuen Stellung sagt man dementsprechend etwa: „Jetzt verstehe ich, was mit mir los ist: Es bedrückt mich, wie der Umgang meiner Kollegen mir gegenüber sich verändert hat, seit ich die andere Stellung habe. Darüber bin ich traurig." Oder, wenn die Dinge anders liegen: „Es gibt keinen Grund, schlechte Gefühle wegen etwas Konkretem zu haben, ich sehe zur Zeit einfach alles durch eine dunkle Brille." Das kann mit mangelnder Sonne in einem langen Winter zu tun haben oder mit mangelnder Zukunftsperspektive, ohne dass schon konkrete Gefahr auszumachen wäre.

Entwicklung statt Entdeckung

Nun wissen wir, was Ziel und Ergebnis des Verstehens in diesem Zusammenhang ist. Es kann darin bestehen, statt eines undeutlichen emotionalen Befindens ein übersichtliches und deutliches zu haben, das heißt, statt unbestimmter Gefühle bestimmte Emotionen. Doch wie kommt es zu dieser Deutlichkeit? Wir wissen bereits, dass dafür nicht einfach Hinsehen nötig ist. Denn das Problem, das uns am Verstehen hindert, liegt nicht an unserem Zugang zu ihnen, sondern an ihnen selbst. In Fällen von Chaos und Vagheit haben wir es, so wiederhole ich in anderen Worten, mit noch nicht ganz ausgebildeten, mit „unfertigen" Emotionen zu tun. Wenn wir in solchen Situationen nicht verstehen, was wir fühlen, dann sind wir nicht einfach unaufmerksam, sondern die Gefühle liegen nicht in verständlicher Form vor. Es gibt noch gar keine Emotionen, die wir verstehen könnten. Das heißt dann auch: Damit wir chaotische und vage Gefühle verstehen können, müssen sie sich zu Emotionen entwickelt haben (oder als bloße Stimmungen identifiziert sein).

Man kann sich das vielleicht noch anhand des Vergleichs des Phänomens von peripherer Wahrnehmung veranschaulichen, wie es in der biologischen Psychologie beschrieben wird.[4] Die Undeutlichkeit der Prä-Emotionen könnte man vergleichen mit der Undeutlichkeit von peripherer Wahrnehmung. Das bietet sich an, da Emotionen in einigen Punkten Wahrnehmungen ähnlich sind, wie schon in Teil I erwähnt. Peripheres Wahrnehmen lässt sich gut am Beispiel Sehen erläutern: 100 Prozent Sehschärfe haben wir nur in einem Grad unseres Blickfeldes, genau in dem Bereich, den wir fixieren. Das ist die zentrale Wahrnehmung. Auf beiden Seiten jenseits dieser Fixation beginnt das periphere Sehen, mit jedem Grad an Abweichung nimmt auch die Schärfe kontinuierlich ab. Das periphere Sehen macht einen großen Teil unserer Wahrnehmung aus, liefert aber nur Orientierungs- und Rahmeninformation, keine detaillierte Information. Der Begriff der Orientierungsinformation scheint mir auch für den Fall der Prä-Emotion erhellend zu sein. Die Prä-Emotionen lassen uns spüren, dass etwas anliegt, etwas für uns Wichtiges auf dem Spiel steht, aber Genaueres bieten sie nicht. Dafür braucht es ihre Verwandlung in „richtige" Emotionen, wie es das Wechseln von peripherer zu zentraler Wahrnehmung braucht.

Auch möglich ist, dass wir fertige Emotionen nicht erkennen, doch diesen Fall behandle ich in einem anderen Kapitel unter dem Stichwort unbewusster Emotionen (III 3). Hier geht es mir ausdrücklich um den besonderen Fall von noch nicht ausgebildeten Emotionen, also unbestimmten Gefühlen oder Prä-Emotionen, und wie wir in so einer Situation Klarheit über unsere emotionale Befindlichkeit erlangen können.

Zwischen-Einwand

Ein Kritiker könnte an dieser Analyse der Beispiele jedoch einen grundsätzlichen Zweifel anmelden. Er könnte meinen, die Beispiele, besonders die ersten beiden starken Fälle, seien richtigerweise zu beschreiben als Fälle von *Emotion*schaos. Man bräuchte diese von mir eingeführte Unterscheidung zwischen Gefühlen und Emotionen nicht. Dafür könnte er argumentieren mit folgender Alternativ-Beschreibung des Beispiels: Wir haben vom ersten Moment an Emotionen und wissen auch welche, aber sie sind sehr verschieden und sogar gegensätzlich. In diesem Chaos wissen wir nicht, welche die stärkste oder eigentliche ist. Die Klärung hätte dann auch nichts mit dem Objekt zu tun, sondern wäre allein durch subjektive selbstreflexive Aufmerksamkeit zu erfahren und zu bestimmen oder höchstens noch durch Rückschlüsse von Ausdruck, Handlungen und Motivationen, die man an sich selbst beobachten kann.

Doch diese Variante passt meiner Ansicht nach von vornherein nicht auf die Situation, die ich als Beispiel gewählt habe. Es gibt Situationen, in denen man nicht sagen kann, was man fühlt, in denen man also keine, auch keine widersprüchlichen

Emotionen aufzählen kann, will man ein Mindestmaß an Verantwortlichkeit für die Richtigkeit des Gesagten in der Aussage gesichert wissen. Und eine solche Situation ist Thema dieses Kapitels. Für so eine Situation scheint es mir eindeutig zu sein: Wenn eine Person nicht sagen kann, dass sie eine bzw. welche Emotion sie hat, dann hat sie auch keine. Das Thema unbewusster Emotionen ist, wie bereits gesagt, ein anderes und wird von mir in einem gesonderten Kapitel behandelt. Es gibt bewusste affektive Zustände, die dennoch nicht unter den engeren Begriff der Emotion zu fassen sind.

In diesem Kapitel möchte ich insbesondere diesen schwerer als andere fassbaren Phänomenen Beobachtung schenken, wie es sonst kaum getan wird. Wenn ich sage, dass eine Person nur dann bewusst eine Emotion hat, wenn sie sie auch irgendwie beschreiben kann, dann schalte ich damit nicht unsere Gefühlswelt mit der der Sprache gleich. Zunächst zählen für das „Nennen" der Emotion sowieso auch andere Ausdrucksmittel als die Sprache, angefangen von Mimik und Gestik bis zur Kunst. Außerdem unterscheide ich unter anderem genau deshalb zwischen Emotion und unbestimmten Gefühlen, um all die diversen und flüchtigen Stadien als Teil unserer Emotionalität berücksichtigen zu können. Was es heißt, Gefühle zu verstehen, lässt sich nur daneben herausstellen. Um uns in unseren Gefühlen, oder, noch allgemeiner, der Affektivität, d.h. unserem Angegangenwerden in der Welt, zu verstehen, müssen wir das in irgendeine Form bringen. Das geschieht mittels des Emotionsbegriffs, unterschieden von Empfindungen und Stimmungen und natürlich auch Überzeugungen, Wünschen und Wahrnehmungen. Und diese Emotionen, für die wir Namen haben, sind eine Form, in der Affektivität strukturiert wird. Zum Verstehen brauchen wir wiederum deren Strukturelemente und diese sind das, was wir ausdrücken können. Indem ich mich auf das Verstehen von Emotionen beschränke und sage, nur dies ist die Form, in der wir unsere Gefühle verstehen können, will ich keine Komplexität, die die Dinge eigentlich haben, „wegrationalisieren", wie man auch versucht sein könnte mir vorzuwerfen, sondern will im Gegenteil einen Weg weisen, auf dem man das Komplexe und Problematische der so vielfältigen und flüchtigen Phänomene der Gefühle fassbar machen kann.

Der Kritiker könnte nachlegen und versuchen, an einem anderen Beispiel „seine" Variante von Chaos zu veranschaulichen. Das Beispiel einer neuen Bekanntschaft: Wenn man einer Person einige Tage hintereinander begegnet und diese jedes Mal aufgrund ihrer Aussagen, Handlungen und sonstiger Umstände verschiedene Emotionen in einem hervorruft, dann kann man dieser Person insgesamt verschiedene Emotionen entgegenbringen. Doch solange man noch verschiedene Emotionen gegenüber Verschiedenem an der Person unterscheiden kann (über diese Bemerkung habe ich mich gefreut, mit dem Witz hat sie mich verärgert), ist noch nicht von einem Chaos zu sprechen. Das ist nur in einer anderen Hinsicht möglich. Man fragt sich: Was für eine Emotion bringe ich der Person insgesamt entgegen? Einerseits mag ich sie, andererseits fühle ich mich abgestoßen. Man könnte versucht sein, dies ein Chaos mit ausgebildeten Emotionen zu nennen.

Doch auch das überzeugt nicht ganz. Denn was ausgebildet ist, das sind die vorhergehenden Emotionen in den bestimmten, verschiedenen Situationen. Diese Emotionen gehören (zumindest vermeintlich oder idealiter) zur Grundlage, auf der sich die umfassendere Emotion der Sympathie oder Antipathie aufbaut. Doch solange man beides sagt, ich mag sie und mag sie auch wieder nicht, kann man auch hier von unbestimmten Gefühlen sprechen und sagen, dass weder Sympathie noch Antipathie als ausgebildete Emotionen vorhanden sind. Was man fühlt, so könnte man weiter erläutern, sind nur die konkreten Emotionen aus den anderen Situationen. In der Frage der Sympathie oder Antipathie herrscht wahres Chaos, hier muss sich erst noch eine Emotion entwickeln (oder es muss eine geformt werden). Das kennt man durchaus: Man weiß eine Weile nicht, ob man jemanden sympathisch findet oder nicht. Dieses Beispiel spricht also nicht für die alternative Chaos-Variante.

Am ehesten wäre so ein Chaos ausgebildeter Emotionen noch denkbar, wenn man mit einem neuen „Streich" dieser Person konfrontiert wird – und vor dem Hintergrund der vorherigen Erlebnisse mit ihr diesem Streich zugleich mit Bewunderung wie Verachtung begegnet. Das kann man für einen chaotischen Gefühlszustand halten, den man gerne klären möchte. Die emotionale Befindlichkeit zu klären hieße dann, sie auf eine Emotion zu reduzieren und eine andere loszuwerden. Womöglich kann man sich das als Phänomen vornehmen, doch es ist nicht, was mich hier interessiert. Mir geht es um das Phänomen, dass man sich selbst nicht sicher ist, was man fühlt, und nicht nur unsicher ist, was die stärkere oder wichtigere von zwei Emotionen ist. Widersprüchlichkeit von gleichzeitigen Emotionen ist hier nicht mein Thema.[5] Außerdem gibt es noch einen Faktor an diesem Beispiel, der es nicht relevant für die Argumentation in diesem Kapitel macht: Es wäre nicht klar, was daran ein Verstehensmoment sein sollte, den ich untersuche. Offenbar versteht man beide verschiedenen Emotionen in der Hinsicht dieses Kapitels, nämlich dahingehend, was gefühlt wird, was es für Emotionen sind. Und eine Emotion zugunsten der anderen aufzugeben scheint mir kein Verstehensakt zu sein.

So soll es dabei bleiben: Um zu verstehen, was man fühlt, ist nicht nur besondere Aufmerksamkeit gefordert, sondern es kann einer Entwicklung von Gefühlen zu Emotionen bedürfen. Dabei handelt es sich meiner Ansicht nach keineswegs um ein wenig bedeutendes Randphänomen, sondern um ein wichtiges, sowohl was das Verständnis dessen angeht, was Emotionen sind, als auch was zum Beispiel die Frage der Identität einer Person betrifft. Zum Ersten: Es erscheint mir wichtig, dass beim Thema Gefühle generell diese zwei Dimensionen ernst genommen werden, in denen sie auftreten können. Diese Unterscheidung scheint Ähnlichkeit mit der Unterscheidung zwischen Emotionen und Stimmungen zu haben, aber sie meint etwas anderes. Stimmungen haben nicht so klare Objekte wie Emotionen, doch trotzdem sind sie nicht das Gleiche wie die hier besprochenen unbestimmten Gefühle. Denn Stimmungen kann man identifizieren, so dass man über sich Bescheid weiß. Melancholie wie Euphorie zum Beispiel lassen sich außerdem problemlos und ungebrochen ausleben. Bei unbestimmten Gefühlen ist beides nicht der Fall. Zum Zweiten: Da eine Emotion nie eine isolierte Einheit ist, sondern vielfach verbunden in einem Netz von nicht nur anderen Emotionen über den gemeinsamen Fokus, sondern auch Überzeugungen, Wünschen und Bewertungen steht, kann einiges davon abhängen, zur Ausbildung von welcher Emotion es aus Chaos oder Vagheit kommt. Diese Zustände zu untersuchen ist relevant, weil sie für uns als Personen relevant sind, da sie geradezu bedrohlich sein können für unser Selbstverständnis in dem Sinn, „wer" wir sind bzw. was uns ausmacht: Ob man in einer bestimmten Situation Scham oder Stolz fühlt, ist ein großer Unterschied. Und darum hat man großes Interesse daran, das zu klären.

Eingreifen statt Erwarten

Nach dieser Diskussion eines Einwandes will ich meinen Ansatz weiter ausführen, und zwar anhand der nächsten drängenden Frage: Wie läuft die Entwicklung von unbestimmten Gefühlen zu Emotionen ab? Wir wissen jetzt, *was* passiert, aber man kann noch weiter fragen, *wie* es passiert. Es sind in einer ersten groben Unterscheidung zwei Möglichkeiten denkbar: Entweder muss man warten, dass die Gefühle sich von selbst oder aufgrund irgendwelcher Einflüsse verändern, so dass man sie schließlich verstehen kann. Oder aber, wir selbst können auf sie einwirken. Das hieße: In unserem Versuch, sie zu verstehen, verändern wir sie selbst auf eine Weise, dass sie uns verständlich werden. Sehen wir uns für eine Entscheidung zwischen den Alternativen noch einmal ein Beispiel an. Was geschieht oder was tun wir in solchen Fällen, da uns nicht klar ist, was wir fühlen?

Im Beispiel des überraschenden Heiratsangebots sind Sie, in dem Moment, in dem Sie den Brief lesen, erst einmal völlig erstaunt oder gar ungläubig. Dann bauen sich schnell bei jedem weiteren Satz, den Sie lesen, verschiedene Gefühle auf. Am

Ende stehen Sie „innerlich aufgewühlt" mit dem Brief in der
Hand da, starren weiter darauf und fragen sich: Was jetzt? In so
einer Situation werden manche spontan handeln, zum Beispiel
erbost ab- oder euphorisch zusagen. Andere versuchen erst,
sich ihrer Emotionen klar zu werden. Mir geht es hier um eine
Figur der zweiten Art, also eine weniger spontan handlungsori-
entierte als vielmehr eine überlegte, die es schätzt, sich selbst zu
erkunden. Womöglich ist man in Gefühlschaos oder -vagheit
ohnehin paralysiert in dem Sinn, dass man zu keiner Handlung
fähig ist, und die Auflösung ist sogar notwendig, um überhaupt
handeln zu können. Im Sinne einer solchen Figur jedenfalls
versuchen Sie, Ihre emotionale Befindlichkeit zu verstehen –
das heißt, das Gefühlschaos in klare Emotionen zu überführen.
Und Sie entscheiden dann erst, wie zu handeln ist. Sie warten in
der Spanne vor der Entscheidung nicht ab, ob sich etwas entwickelt; sondern Sie beschäftigen sich mit Ihren Gefühlen.

Mir scheint es vom Beispiel her gesehen richtig, zu sagen,
dass eine *Aktivität* von uns aus gefordert ist, um die chaotischen Gefühle in (verständliche) Emotionen umzuwandeln.
Zumindest kann es so sein, dass unsere Aktivität nötig ist. Es
kann daneben auch ein selbständiges Auflösen des Chaos geben, wie es vorhin auch mit der Lösung des Chaos während
bzw. nach einem langen Spaziergang angedeutet wurde, aber
interessant für meine Untersuchung ist der erste Fall. Wir sehen: *Wenn* wir uns mit ihnen beschäftigen, dann *kann* sich das
Chaos lösen. Was spricht noch dafür? Für die „Ausgestaltung"[6]
von Emotionen braucht es, wie ich oben dargelegt habe, eine
klare Objektbestimmung. Und zu dieser, so ist zumindest zu
vermuten, können wir aktiv beitragen. Deshalb ist die Behauptung, die im Folgenden weiter ausgeführt und diskutiert
werden soll: Verstehensbemühungen können dafür sorgen,
dass sich klare Emotionen konstituieren.

Man könnte hier einwenden, es gebe mindestens ebenso oft
den Fall, dass man sich von diesem ganzen bedrohlichen Chaos
einfach gleich abwendet, sich an den Schreibtisch setzt und auf
anderes konzentriert; und dass dann, wenn man sich später

wieder auf die Situation besinnt, die emotionale Lage gleich viel klarer ist. Doch das ist kein schwerwiegender Einwand. Denn einen solchen Fall kann man so erläutern, dass sich in der Phase des Abwendens von dem Chaos die Empfindungen so weit beruhigt haben, dass man dann umso besser aktiv einschreiten kann. Dafür muss nur angenommen werden, dass Empfindungen, die Teil einer Emotion sein können, das Denken zu beeinflussen imstande sind. Das kann man sich grob einfach im Sinne von Aufmerksamkeit und Konzentration vorstellen: Starke Empfindungen ziehen Aufmerksamkeit auf sich und verhindern Konzentration auf anderes.

Bisher habe ich Folgendes plausibel zu machen versucht: Gefühlschaos und -vagheit sind Fälle, in denen wir unsere Gefühle nicht verstehen. Das liegt an Unübersichtlichkeit und Undeutlichkeit. Diese wiederum liegen nicht an einem Fehler in unserem Zugang zu unseren Gefühlen, sondern an den Gefühlen selbst. Denn ihnen fehlt der klare Objektbezug, der Emotionen charakterisiert und sie uns verständlich macht. Damit wir sie verstehen können, müssen sie sich also verändern. Diese Veränderung können sie unter dem Einfluss von uns bzw. unseren Verstehensbemühungen vollziehen. Wir geben dem, was wir an chaotischem oder vagem Fühlen haben, eine Form. Das ist die Form einer Emotion. Insofern verändern wir unbestimmte Gefühle hin zu Emotionen. Dafür greifen wir ein. Das ist fast wie bei einem chaotischen Zimmer. Ordnung schafft man am besten, indem man anpackt und aufräumt – nicht, indem man nur genau hinsieht. Doch wie hat man sich diese Aktivität genauer vorzustellen?

An dieser Stelle ist eine Auseinandersetzung mit Überlegungen von Richard Moran angebracht.[7] Er diskutiert unser Verhältnis zu eigenen Emotionen im Rahmen einer anderen Frage, nämlich der nach einem Unterschied zwischen den Perspektiven der ersten und dritten Person auf mentale Zustände. Moran tritt dafür ein, dass ein markanter Unterschied zwischen den beiden Perspektiven darin besteht, dass der selbstreflexive Blick auf die eigenen mentalen Zustände verschiedener Art diese nicht unverändert lässt. Um diese These zu erläutern, thematisiert Moran auch die Beobachtung, dass sich Emotionen unter unserer Reflexion auf sie verändern können. Dies nehme ich für meinen Ansatz auf, kritisiere Morans Ausführungen aber auch in gewisser Hinsicht.

1.2 Kenntnis von eigenen mentalen Zuständen über Deliberation

1.2.1 Der praktische Standpunkt, die Deliberation

Die für meine Fragestellung wichtige Idee Morans ist seine Unterscheidung zwischen zwei Arten, die eigenen psychologischen Zustände zu reflektieren. Er definiert eine theoretische und eine praktische Art. Die praktische Reflexion hat Auswirkung auf unsere Gefühle. Die Frage „Was fühle ich?" kann als theoretische oder als praktische gestellt und beantwortet werden.

Als theoretische Frage verlangt sie das Entdecken einer Tatsache, die es schon gibt, von der man zunächst nur noch nicht wusste. Das entspricht der Einstellung, in der man auch fragen kann, was eine *andere* Person fühlt. Man geht davon aus, etwas wird gefühlt, weiß aber nicht was und möchte das aufdecken.[8] Als Beispiel für jemanden, der sich mit seinen eigenen Gefühlen auf theoretische Weise beschäftigt, nennt Moran Goethes Werther, wie überhaupt Figuren in der romantischen Literatur. Der junge Mann ist ein subtiler Beobachter seiner eigenen Psyche, doch er betreibt das in der Art einer Kontemplation, die er völlig getrennt hält von Fragen über die Welt, auf deren Situationen sich diese Gefühle beziehen. Werther sieht Gefühle als innere Ereignisse an, denen er völlig passiv ausgeliefert ist. Er steht zu diesen „Dingen", nach denen er fragt, in keinem wesentlich anderen Verhältnis als zu Gefühlen und Einstellungen anderer Menschen. Mit diesem Blick werden Gefühle einfach konstatiert als Evidenz oder Entdeckung.

Stellt man sich die Frage „Was fühle ich?" hingegen als praktische, dann wird eine Antwort durch eine Entscheidung oder Festlegung erwartet. Moran spricht auch von einer „deliberativen" Frage, die man stellen, oder allgemeiner einer deliberativen Einstellung, die man seiner emotionalen Befindlichkeit gegenüber einnehmen kann. Dabei gilt es nicht, ein Gefühl, das schon vorhanden ist, zu entdecken, sondern überhaupt erst ein bestimmtes Gefühl[9] auszubilden, ja zu schaffen. Es ist diese Einstellung, die für meine Argumentation interessiert. Sie scheint geeignet zu sein, zu erläutern, wie wir beim Verstehen Emotionen formen. Es gilt nun detaillierter zu fragen, was es mit dem deliberativen Standpunkt auf sich hat.

Der Begriff der Deliberation wird meist in Handlungstheorien verwendet, um den Prozess des Überlegens und der Entscheidungsfindung, wie zu handeln sei, zu benennen. Entsprechend erläutert Moran die deliberative Einstellung anhand des Vergleiches mit dem Entstehen von Handlungsintentionen.[10] Er macht auf den Unterschied zwischen Gewissheit aufgrund von Evidenz oder Entdecken einerseits und Gewissheit aufgrund der Entscheidung einer Person andererseits aufmerksam. Wenn ich mich entschieden habe, morgen in einen Vortrag zu gehen und dies einer Freundin mitteile, dann hat sie einen Grund, zu erwarten, dass ich am nächsten Tag dort erscheinen werde. Sie weiß, dass ich hingehen werde, weil sie es evidentermaßen glauben kann – weil ich es ihr gesagt habe und sie mich als einen verlässlichen Menschen kennt. *Mein* Wissen hingegen, dass ich hingehen werde, basiert nicht auf einer Evidenz oder anderen Gründen, dass ich etwas *glauben* sollte. Es basiert auf einer Entscheidung von mir und damit darauf, was ich als Gründe ansehe, etwas zu *tun*. Wenn ich mich frage, was ich will (in den Vortrag gehen oder nicht), dann sehe ich für die Beantwortung nicht in mich hinein, um eine fertige, bisher nur versteckte Absicht dazu zu finden, sondern ich überlege mit Blick auf relevante Gegebenheiten in der Welt, um mir eine Absicht (wie eine Meinung) zu *bilden*. Insofern bedeutet meine eigene Absicht, „herauszubekommen", für mich etwas grundlegend anderes, als es für meine Freundin bedeutet. Sie kann mein Vorhaben nur als etwas Feststehendes entdecken, an mir aber ist es, dieses überhaupt erst zu fassen. Oder, so wäre hinzuzufügen, wenn ich mir in dem Moment nicht erstmals Gedanken darüber mache, was ich tun werde, sondern mich schon gestern durch abwägende Überlegung dazu entschieden habe, dann besteht es zumindest in einem weiteren Einstehen für diese Entscheidung und das Vorhaben bzw. für die Gründe, die ich dafür haben kann.[11] Wenn ich mich *deliberativ* frage: „Was habe ich vor, morgen zu tun (in den Vortrag gehen oder nicht)?", dann ist das für mich gewissermaßen gleichbedeutend mit der Frage „Was soll ich morgen tun?", im Sinne von, was das Richtige für mich wäre.

Die so erläuterte Deliberation wendet Moran genauso auf unsere Einstellung zu Gefühlen an. So soll gelten: Die deliberative Frage „Was fühle ich?" entspricht der Frage „Was *soll* ich fühlen?". Bei dieser Formulierung darf man sich nicht gleich durch das „soll" verschrecken lassen. Es ist kein vorschreibendes „soll", sondern eines, das auf eine Art von Überlegung hinweist. Dieser Bezug auf eigene Gefühle ist auch keine reine Einschätzung. Denn solch eine Einschätzung kann sich auch auf vergangene Gefühle beziehen oder auf Gefühle anderer Personen. Deliberative Reflexion hingegen ist „nach vorne" gerichtet, von ihr hängt etwas ab. Diese Bedeutung der „Interpretation" der eigenen Gefühle, wie es Moran auch nennt, verdeutlicht er des weiteren in Absetzung von der Rolle, die die Interpretation anderer Personen ihrer eigenen Gefühle für unser Verstehen dieser ihrer Gefühle hat. Wenn wir die Emotion einer anderen Person verstehen wollen, spielt deren Einschätzung der Emotion selbst eine Rolle, weil wir uns dann immer für den Gesamtzustand interessieren, zu dem die Bewertung des Gefühls durch die Person selbst dazugehört. Und es macht einen Unterschied, so Moran, ob eine Person ihre Dankbarkeit naiv für einwandfrei gut und harmlos hält oder ob ein zynischer Mensch sie als berechnend und mit Aggression gegen den Wohltäter verbunden ansieht. Hier gibt es eine logische Dimension, in der Unterschiede zwischen Gefühlen von ihrer unterschiedlichen Interpretation abhängen. Denn Gefühl (Dankbarkeit) „plus" Gedanke („sie ist gut" oder „sie ist doch nur berechnend") ergibt insgesamt einen anderen Zustand. Doch der Einfluss von Interpretation auf Gefühle, um die es Moran geht, ist ein anderer, geht darüber hinaus. Es soll ein psychologischer Einfluss gezeigt werden, der direkt auf das Gefühl wirkt und nicht nur sein Umfeld gestaltet – ohne dabei die Selbständigkeit des Gefühls als eigenes Phänomen zu bestreiten.

Moran betont, wie bisher gesehen, dass wir zu unseren eigenen mentalen Zuständen einen anderen Bezug haben als zu denen von anderen. Der Unterschied besteht nicht darin, dass wir selbst näher dran sind oder wir allein sie sehen könnten, sondern er besteht in dem praktischen Verhältnis, in dem wir zu ihnen stehen. Das heißt auch: Idealerweise fürchten wir uns genau dann, wenn wir die deliberative Frage, „gibt es etwas, vor dem ich mich fürchten sollte?" positiv beantworten bzw. beantworten würden.

1.2.2 Das Transparenzprinzip

An dieser Stelle drängt sich ein Einwand auf. Dieses Modell zu akzeptieren, scheint es, hieße auch, zu behaupten, dass wir unsere Emotionen willkürlich manipulieren könnten: Wenn Herausbekommen, was für eine Emotion man hat, heißt, sich für eine Emotion zu entscheiden, und wenn dies eine freie Entscheidung ist, dann können wir uns auch frei eine Emotion aussuchen. Wir könnten uns irgendeine Emotion ausdenken und sie per Entschluss dann tatsächlich erleben. Doch das widerspricht unserer Erfahrung. Wir können nicht willentlich beliebige Emotionen schaffen.

So ist es von Moran auch nicht gemeint. Er glaubt nicht, dass Emotionen willkürlich wählbar wären. Um näher zu erklären, wie die deliberative Frage funktioniert, zieht er das sogenannte Transparenzprinzip heran. Das „Transparenzprinzip" bezeichnet ein Merkmal unseres Verhältnisses zu eigenen Einstellungen. Was damit gemeint ist, zeigt sich am besten am Beispiel von Überzeugungen: Wenn ich mich frage, ob ich p glaube, so Moran, frage ich mich, ob ich p glauben sollte. Und das heißt: ich frage mich, ob p wahr ist. Wenn ich mich zum Beispiel frage, ob Horst Köhler ein guter Bundespräsident ist, frage ich mich, ob ich es glauben sollte, das heißt, ob es gute Gründe dafür gibt, es für wahr zu halten. Um zu klären, ob p wahr ist, sehe ich selbstverständlich nicht in mich hinein, sondern schaue in die Welt, ob p der Fall ist, das heißt, ob p wahr ist. Im Falle der Frage nach der Fähigkeit des Bundespräsidenten lese ich also in den Zeitungen nach und informiere mich anderweitig, um herauszubekommen, was die Wahrheit ist, und um mir dementsprechend eine Meinung zu bilden. So schlägt sich in der Regel die Antwort auf die Frage, was wahr ist, direkt „durch" auf die Antwort auf die Frage, was ich glaube. Dies nennt Moran das „Merkmal der Transparenz des eigenen Denkens"[12]. In diesem Sinn *bilde* ich mir eine Meinung, wenn ich mich frage, was ich glaube, und suche nicht eine vorliegende.

Entsprechend ergänzt Moran für Emotionen: Wenn ich mich deliberativ frage, was ich fühle, muss ich mich fragen, was ich fühlen sollte. Im Sinne des Transparenzprinzips ist das aber keine beliebige Wahl. Denn es heißt, dass ich mich frage, welche Emotion in dieser Situation angebracht ist. So ist auch die Entscheidung für eine Emotion keineswegs einfach aus der Luft gegriffen. Wenn Sie vor dem Brief des alten Freundes stehen, denken Sie sich nicht einfach völlig frei aus, was zu fühlen ist, sondern Sie klären, was die Situation ist und wie Sie dementsprechend fühlen sollten.

Mein Verhältnis zu eigenen mentalen Zuständen ist, so wird hier erläutert, nicht in erster Linie eines von Wissen, sondern von Haben. Ich kann Gründe für sie angeben, indem ich in die Welt sehe, nicht, indem ich in mich hineinsehe. Ich habe sie aus Gründen, die außerhalb von mir liegen, nicht aufgrund von Evidenzen, die in mir zu finden wären.

Diese Überlegungen Morans will ich nun auf die Frage des Kapitels anwenden. Unter Beachtung der Besonderheit der Perspektive der ersten Person auf eigene mentale Zustände kann ich meine These erläutern, dass wir, um zu verstehen, was wir fühlen, Gefühle verändern und Emotionen ausbilden können. Dabei werde ich allerdings Morans Behauptungen zur Art der Aktivität beim Emotionenausbilden nicht eins zu eins übernehmen.

1.3 Verstehen von Gefühlen als Ausbilden von Emotionen

1.3.1 Diskussion zur Deliberation

Morans Überlegungen bieten eine Möglichkeit, zu erläutern, was es mit der Aktivität auf sich hat, mit der wir unbestimmte Gefühle in Emotionen umwandeln können. Danach ist die Aktivität als eine Manifestation der Perspektive der ersten Person auf mentale Zustände zu sehen. Denn zu dieser Perspektive gehört eine praktische Komponente. Allein dabei, wie er dies für Emotionen expliziert, scheint er mir etwas über das Ziel hinauszuschießen. Der direkte Vergleich mit dem Ausbilden von Meinungen funktioniert für Emotionen meiner Meinung nach nicht. Ich will diese Kritik kurz in zwei Punkten ausführen, um anschließend zu zeigen, wie die Aktivität gegenüber Emotionen auf etwas andere Weise zu denken ist.

Wahrheit und Angemessenheit
Nach Moran gilt: Die Frage, was man glaubt, ist auf dem gleichen Weg zu beantworten wie die Frage danach, was wahr ist. Eine entsprechende Struktur soll es für Emotionen geben. Doch wie bereits in Teil I bei der Kritik an Nussbaums Urteilstheorie von Emotionen dargelegt, kann für Emotionen nicht das Kriterium der Wahrheit in Anspruch genommen werden. Als Pendant zur Wahrheit scheint sich bei Emotionen die Angemessenheit anzubieten. Das hieße mit Moran: Die Frage danach, was man fühlt, ist auf dem gleichen Weg zu beantworten wie die danach, was zu fühlen angemessen wäre. Moran selbst meidet dieses Wort, doch alle seine sonstigen Formulierungen sind letztlich nicht anders zu verstehen.[13] Und das ist nicht plausibel, denn wenn Emotionen auch grundsätzlich auf Angemessenheit geprüft werden können, so zeichnet sie gerade aus, nicht notwendig angemessen zu sein. Erfahrungsgemäß haben wir auch unangemessene Emotionen. Das Transparenzprinzip gilt für Emotionen eben nicht genauso wie für Überzeugungen.

Wir können an dieser Stelle zwei Arten von Angemessenheit unterscheiden. Zum einen kann man von Unangemessenheit einer Emotion bezüglich der Welt sprechen, wenn sie auf einer falschen Überzeugung beruht. Diese Art von Unangemessenheit kann tatsächlich durch einen Überzeugungswechsel aufgehoben werden: Wenn ich zum Beispiel glaube, dass das Regal umgefallen ist, weil ich daran gestoßen bin, fühle ich mich schuldig. Erfahre ich dann aber, dass nicht ich, sondern ein anderer Partygast daran gestoßen war, verschwindet mein Schuldgefühl und macht einem der Erleichterung (und Bedauern) Platz. Dementsprechend kann man sagen, dass auch das Entstehen einer Emotion aus Chaos und Vagheit vom Fassen solcher Überzeugungen abhängt. Doch selbst in dieser Hinsicht weisen Emotionen manchmal Selbständigkeit auf. Auch hier gibt es Ausnahmen aufgrund der „Trägheit" von Emotionen. Manchmal kann man nicht sofort „umschalten". So kann z.B. die Angst um ein Kind bestehen bleiben, obwohl man gehört hat, dass es in Sicherheit gebracht worden sei; die Angst kann gewissermaßen so stark sein, dass man der Nachricht nicht recht Glauben schenken mag.

Auf jeden Fall aber entsprechen Emotionen nicht immer reflektierten Werturteilen über eine Situation, was hier als eine zweite Art von Angemessenheit zu nennen wäre und die die für Moran letztlich relevante wäre. Das kann man sich weiter an Beispielen bestehender Emotionen veranschaulichen. Wenn ich mich schuldig fühle, weil mir ein Kind vor das Auto gelaufen ist und verletzt wurde, bleibt dieses Schuldgefühl oftmals, auch wenn ich mir klarmachen kann, dass mir nichts vorzuwerfen ist, weil ich langsam und umsichtig gefahren bin und das Kind einfach nicht früher habe sehen können. Diese Art der Reflexion ist eine normative und diese hat eben nicht immer den Einfluss, wie es eine solche hat, die den deskriptiven Bereich betrifft. In akuten Fällen hat sie keine Kraft, sie kann nur für langfristigere Emotionen und Emotionsdispositionen eine Bedeutung haben. Sie kann nicht für die Lösung von Chaos und Vagheit verantwortlich sein.

Moran würde darauf mit zwei Erwiderungen eingehen. Erstens würde er daran erinnern, dass, wie anfangs erwähnt, diese

Art von deliberativer Reflexion keineswegs die einzige Art unseres Bezugs auf eigene Emotionen ist.[14] Dementsprechend ist es auch nicht die einzige Weise, in der Emotionen entstehen. Tatsächlich werden wir oft von eindeutigen Emotionen erfasst, ohne dass wir dafür bewusst einen Gedanken fassen mussten. Nur in den Fällen, da wir uns fragen, was wir fühlen, und den deliberativen Standpunkt einnehmen, schreiten wir gewissermaßen ein. In den anderen Fällen kann es selbstverständlich unangemessene Emotionen geben. Auf die Frage, wie er unangemessene Emotionen erkläre, die sich aus Chaos und Vagheit ergäben, hat er eine weitere Antwort: Das Transparenzprinzip ist nur ein normatives, wie Moran ausdrücklich betont. Es besagt nicht, dass die Fragen, was ich fühle und was ich fühlen sollte, aufeinander reduzierbar sind, sondern nur, dass sie idealerweise auf die gleiche Weise zu beantworten sind. Denn beide Antworten beziehen sich auf etwas, was in der Welt vorgeht. Es ist nicht gesichert und keinesfalls gewährleistet, dass wir es schaffen, Emotionen danach ausbilden, was wir angemessen finden.

Doch damit kommt Moran der Kritik so weit entgegen, dass nicht mehr ganz klar ist, was er als Aktivität in Hinblick auf Emotionen behauptet. Eine Übereinstimmung nur „idealerweise" zwischen der Antwort darauf, was man fühlen sollte, und der Antwort darauf, was man fühlt, ist zu wenig, um behaupten zu können, wir hätten die Möglichkeiten, Emotionen wirklich auszubilden, ja zu schaffen, wie es für Meinungen, die wir uns bilden, der Fall ist. Man kann wohl eine Überzeugung darüber gewinnen, was man in einer gegebenen Situation fühlen sollte. Aber diese ist etwas anderes als das, was man fühlt, sie ist nicht schon eine Emotion. Ebenso wenig ist sie (wie auch schon in Teil I gesehen) notwendige oder gar hinreichende Bedingung für eine bestimmte Emotion.

Aktivität und Verantwortung
Eine Replik von Moran auf diese letzte Kritik kann man in einem anderen Aufsatz von ihm sehen. Darin versucht er, unsere Einflussmöglichkeit auf Emotionen trotz der nur „idealiter"

bestehenden Verbindung zwischen Angemessenheitsbeurteilung und entstehender Emotion weiter zu erläutern.

Die Aktivität, die wir gegenüber eigenen mentalen Zuständen ausüben können, ist wie gesagt eine andere als die, welche wir im Umgang mit anderen Personen und ihren mentalen Zuständen aufbringen. Diesen Unterschied kann man nach Moran auch an der verschiedenen Art von Aktivität aufzeigen, deren man verschiedenen Arten eigener mentaler Zustände gegenüber fähig ist. Moran unterscheidet diese im Sinne verschiedener Verantwortlichkeit, die man ihnen gegenüber hat.[15] Danach kann man von einer externen und einer internen Verantwortlichkeit sprechen. Es gibt Zustände, denen wir passiv ausgeliefert sind; das sind reine Begehren und Empfindungen. Unsere Möglichkeiten an Aktivität ihnen gegenüber ist zu vergleichen mit denen, die wir (allen) Zuständen einer anderen Person gegenüber haben, und die ist im Sinne externer Verantwortlichkeit zu erläutern. Anderen mentalen Zuständen sind wir nicht völlig passiv ausgeliefert; ihnen können wir mit der hier entscheidenden internen Aktivität begegnen. Zu diesen Zuständen gehören nach Moran nicht nur Überzeugungen, sondern auch bestimmte komplexere Wünsche und Emotionen, also insgesamt die intentionalen Zustände. Ihnen ist gemeinsam, dass sie mehr oder weniger unsere aktive Unterstützung (ihrer Gründe) brauchen; auf jeden Fall können wir ihnen Unterstützung geben und sie ihnen entziehen auf eine Weise jeweils, die bei den Zuständen erst genannter Art nicht möglich ist.

Nehmen wir als Beispiel für die Zustände der ersten Art einen Schmerz, Kopfschmerz; für die Zustände der zweiten Art eine Emotion, Freude. Für beide können wir im externen Sinn verantwortlich sein, auf zwei Weisen. Das heißt erstens: Wir können den Zustand herbeiführen im Sinne von verursachen. Ein geeignetes Mittel dazu wäre etwa, eine Nacht lang durchzufeiern. Das würde im Moment Freude bereiten und am nächsten Tag Kopfschmerzen garantieren. Dabei ist zu beachten, dass wir nur etwas machen (durchfeiern), das zu den beiden Zuständen *führt* bzw. sie bewirkt. Wir *machen* nicht die Zustände selbst, sie sind keine Handlung von uns, sondern sie überkommen uns. Wir haben die Umstände nur so eingerichtet, dass wir überkommen werden. Die zweite Weise externer Verantwortlichkeit besteht darin, Sorge für die Konsequenzen von Zuständen zu tragen, deren Subjekte wir unabsichtlich sind. Das hieße etwa: Uns am nächsten Tag von den Nächsten fernhalten, damit wir ihnen nicht mit Jammern und Klagen in den Ohren liegen. Oder es hieße für einen Süchtigen, der sich keineswegs absichtlich in die Lage brachte und um seine Gefährlichkeit im Zustand des Bedürfnisses von Drogen kennt, dass er dies vorausbedenkt und Vorkehrungen trifft dafür, dass er niemanden wirklich gefährden wird.

Von dieser externen Verantwortlichkeit ist die interne abzusetzen, die der Art von Aktivität entspricht, um die es Moran für das Ausbilden von Emotionen geht. Intern verantwortlich sind wir für intentionale Zustände insofern, als sie als Schlussfolgerungen praktischer Überlegungen angesehen werden können. Das heißt nicht, dass wir für jede tatsächlich solch eine Überlegung angestellt hätten, sondern nur, dass jede an einer solchen gemessen werden kann. Denn der Zustand kann bedacht werden gemäß den Kriterien, was richtig, gut, angemessen wäre zu denken, zu wünschen, zu fühlen. So zeigen wir uns verantwortlich, wenn wir klar im Denken darüber sind, was Sache ist, und den Zustand Ergebnis dieser Überlegung sein lassen. In solchen Fällen von interner Verantwortung hängt nach Moran der Zustand von unserem Unterstützen oder Nicht-Unterstützen direkt ab. Wir treffen nicht Vorkehrungen, die begünstigen, von ihm überfallen zu werden, sondern wir stehen in dieser direkten Verbindung praktischer Überlegung mit ihm.

Diese Unterscheidungen zwischen verschiedenen Arten der Verantwortlichkeit sind aufschlussreich. Doch wieder ist die Betonung der Bedeutung der praktischen Überlegung für Emotionen übertrieben. Es ist richtig, dass wir Emotionen, anders als Kopfschmerzen, berechtigt daraufhin beurteilen können, ob sie angemessen sind oder nicht. Und ob wir sie dafür halten, kann auch bestimmten Einfluss auf sie haben (wie ich auch in III 2 noch ausführe). Doch wir sind für das Entstehen einer Emotion nicht derart verantwortlich wie für eine Überzeugung oder ein Werturteil. Es besteht ein Unterschied zwischen emotionaler Reaktion einerseits und einer überlegten, reflektierten Einschätzung der Situation andererseits. In diesem Sinne möchte ich im Folgenden nur eine etwas schwächere Form der Aktivität skizzieren, die man bei der Ausbildung von Emotionen aus Gefühlschaos und -vagheit annehmen kann.

1.3.2 Verstehend verändern I

Ein Gefühlschaos zu verstehen heißt, wie ich oben gezeigt habe, es aufzulösen, umzuwandeln in identifizierte Emotionen. Mit der Kritik an Moran ist deutlich geworden, dass die Aktivität etwas schwächer zu fassen ist, als von ihm vorgeschlagen. Er setzt Emotionen zu einfach überzeugungsähnlich. Mit Rückgriff auf eine komplexere Fassung von Emotionen im Sinne der Intentionalität mit den drei Elementen lässt sich die Sache etwas anders darstellen. Der praktische Standpunkt, den wir gegenüber unseren eigenen Emotionen einnehmen können, ist etwas weniger „mächtig" als der, den wir in Bezug auf eigene Überzeugungen einnehmen können. Dennoch können Verstehensbemühungen dazu beitragen, unbestimmte Gefühle zu Emotionen auszubilden.[16] Wie das? Dafür komme ich darauf zurück, was am Ende meiner anfänglichen Beispielanalyse stand: Emotionen zeichnen sich gegenüber unbestimmten Gefühlen dadurch aus, dass sie klar bestimmte Objekte haben. Diese Einsicht muss jetzt mit einer abgeschwächten Version von Morans Idee der Aktivität aufgrund der Perspektive der ersten Person zusammengedacht werden.

Die Schwierigkeit dabei ist: Einerseits müssen die undeutlichen Gefühle auf irgendeine Weise schon intentional sein, sonst wären es nur Körperempfindungen, die nichts mit der „äußeren" Welt zu tun hätten. Andererseits habe ich einen Mangel an Intentionalität gerade als Merkmal der Prä-Emotion bestimmt. In welcher Hinsicht ist nun die Intentionalität von Prä-Emotionen unvollständig bzw. unterscheidet sie sich von der der „richtigen" Emotionen? Ausgehend von der Erläuterung emotionaler Intentionalität mit den drei Apekten gibt es zunächst zwei Alternativen: Entweder es fehlt einer der drei Aspekte, also Gegenstand, formales Objekt oder Bedeutsamkeitsfokus. Oder der Bezug ist im ganzen diffus. Mir scheint hier nur die zweite Möglichkeit passend. Denn *fehlte* nur einer (oder zwei) der Aspekte, dann hieße es, den oder die anderen als Passende dazuzufinden, zu entdecken. Dann wäre die Emotion aber doch schon vorher festgelegt – was aber auf die Fälle, die in diesem Kapitel behandelt werden, gerade nicht zutrifft. Es wäre eine bestehende, benennbare Emotion, die einem nur noch nicht in jeder Hinsicht klar ist. Wie das Nicht-Kennen bestimmter Aspekte der Ausrichtung von eigenen Emotionen mit deren Verstehen zu tun hat, das werde ich im folgenden Kapitel erläutern (III 2). Hier aber muss es um die Alternative gehen, dass der Bezug der Emotion insgesamt diffus ist. Denn nur dann kann man von einer Prä-Emotion sprechen, die insgesamt noch nicht als eine Emotion zu identifizieren ist, da sie – mangels Intentionalität – noch keine ist.

Hier lohnt sich noch einmal der früher schon erwähnte Vergleich mit peripherer Wahrnehmung. Periphere visuelle Wahrnehmung ist auch im Ganzen unscharf, anstatt dass einzelne Elemente in einem Bild fehlen würden. Um beim Sehen von peripherer Wahrnehmung zu zentraler zu kommen, müssen wir neu fokusieren, etwas anderes fixieren, einen anderen Ausschnitt der Welt in unseren Blick nehmen. Etwas Entsprechendes, kann man sich vorstellen, ist nötig, um von undeutlichem zu deutlichem Fühlen, von Prä-Emotionen zu Emotionen zu gelangen. In einem Beispiel lässt sich das etwa folgendermaßen beschreiben:

Ein *vages* ungutes Gefühl kann ich zur Wut werden lassen, wenn ich etwas Bestimmtes in meinem Umfeld nennen kann, worauf ich mich damit beziehe. Wenn mich z.B. so ein vages ungutes Gefühl bei einem Diskussionsbeitrag in Anschluss an einen Vortrag befällt. Dann muss ich klären, ob in dem Beitrag eine Beleidigung steckte oder etwas wie eine Bedrohung für mich. Und das kläre ich, indem ich u.a. darauf achte, was für mich auf dem Spiel steht: Meine Selbstwertschätzung oder meine wissenschaftliche Karriere. Dementsprechend wäre Wut oder Furcht eine mögliche Emotion. Aus dem Gefühl*chaos* anlässlich des Briefes, das noch gar nicht wertend ist, lassen sich z.B. auch verschieden wertige Emotionen herausbilden. Zum Beispiel könnten Sie sagen: Die Tatsache, dass er mir geschrieben hat, diese Kontaktaufnahme, erfüllt eine Hoffnung von mir und ist damit etwas Erfreuliches. Doch sein Angebot in dieser Weise tritt meiner Vorstellung von Selbständigkeit und höflichem Respekt entgegen und ist deshalb eine Zumutung. So ist in dieser Situation auch die Entwicklung zweier verschiedener Emotionen zugleich möglich, Freude und Empörung.

Unsere hier gemeinte Aktivität in Bezug auf Emotionen besteht, wie gezeigt, nicht in der gleichen wie bei Überzeugungen: Wenn ich Gründe erkannt habe, die für eine Überzeugung sprechen, dann habe ich die Überzeugung genau insofern, als ich diese Gründe anerkenne. Die Anerkennung rational formulierter Gründe ist jedoch nicht gleichbedeutend mit dem Ausbilden einer Emotion. Die Aktivität ist deshalb meiner Meinung nach am besten zu beschreiben als Einfluss auf die Entwicklung von Gefühlen zu Emotionen, insofern es ein Schaffen von Klarheit der Lage ist – mit der praktischen Komponente, die etwas in uns „in Bewegung" setzt, das heißt unseren mentalen Zustand verändern kann. In Chaos und Vagheit müssen wir die Situation genau daraufhin betrachten, was Objektelemente einer hier möglichen Emotion sind. Damit liefern wir gewissermaßen eine Vorlage, auf der sich unsere Emotionalität dann entwickeln kann. Dabei können wir mit reflektierten Werturteilen gewissermaßen „Angebote" machen, in diesen Fällen, da die Emotionen in ihrer Einschätzung ausnahmsweise einmal nicht schneller sind als unsere reflektierte Einschätzung der Situation. Wir stellen nicht zielgerichtet und erfolgssicher eine Emotion her, sondern tragen zum Ausbilden einer Emotion bei. Von einer aktiven Anteilnahme kann man sprechen, da viele solcher chaotischen oder vagen Gefühle, wenn wir nicht versuchen, sie zu verstehen, nie zu Emotionen werden, und auch im Gegenteil wieder völlig verschwinden. Wir blieben dann nicht nur im Unklaren darüber, was wir fühlen, sondern fühlten auch nicht klar; wir hätten irgendwelche Gefühle, aber keine Emotionen, die Motivationen, Gründe und Erklärungen in unserem Leben liefern können. Wenn wir uns bemühen zu verstehen, was wir fühlen, schaffen wir keine Emotionen aus dem Nichts, sondern verhelfen chaotischen oder vagen Gefühlen in die Bahn von Emotionen.

1.3.3 Konsequenz und Einschränkung

Mit dieser Erläuterung einer ersten Hinsicht, in der eigene Gefühle zu verstehen sind, sind zwei interessante Einsichten verbunden, die nun zum ersten Mal die Bühne dieser Arbeit betreten haben und die im Laufe dieses dritten Teils immer weiter ausgeführt und ergänzt werden. Zum einen ist anschaulich geworden, inwiefern es sich bei Gefühlen um dynamische Phänomene handelt. Zum anderen ist auf das Verstehen ein, im Unterschied zum vorherigen Teil, ganz neues Licht gefallen: Richtet es sich auf eigene Gefühle, so sind „Akt" und „Objekt", wenn man so will, gar nicht mehr ganz voneinander zu trennen. Vielmehr greift man verstehend in den Prozess, der verstanden werden soll, mit ein. Damit ist das besonders Schwierige wie Spannende der Thematik dieses dritten Teils herausgestellt.

Mit diesen Einsichten beschäftigt sich auch Robert Musil im „Mann ohne Eigenschaften" in aufschlussreicher Weise. Musil vertritt eine ähnliche These wie ich, allerdings noch allgemeiner und nicht von speziellen Szenarien von Chaos und Vagheit ausgehend. Tatsächlich scheint dieser allgemeinere Rahmen jedoch eine notwendige Konsequenz dessen zu sein, was ich am Konkreten vorgeführt habe. Es lohnt sich deshalb, den Blick daraufhin zu weiten.

In dem Roman gibt es eine vom Protagonisten Ulrich verfasste fragmentarische theoretische Abhandlung zum Wesen von Gefühlen. Darin vereint Musil die theoretische Unbekümmertheit eines Nicht-Philosophen mit analysierendem

Verstand eines sehr genauen Beobachters. Das ermöglicht es ihm, den Phänomenen auf interessante Weise nahe zu treten. Konkret zu unserer Problematik heißt es in seinem „geschichtlichen Abriß der Gefühlspsychologie", in dem er eine ältere von einer neueren Sichtweise auf Gefühle abgrenzt:

> Der Unterschied von der gewöhnlichen Auffassung liegt darin, dass nach dieser das Gefühl als ein bestimmtes Erlebnis gilt, das wir nicht immer mit Bestimmtheit erkennen; die neuer begründete schreibt dagegen die Unbestimmtheit dem Gefühl zu und sucht sie aus seinem Wesen zu verstehen und bündig abzugrenzen.[17]

Musil versucht also auch, zu einer befriedigenden Beschreibung des Phänomens zu kommen, dass man fühlt, ohne sich ganz klar darüber zu sein, was man fühlt. Dabei sieht er sich vor die Alternative gestellt, die Unbestimmtheit auf die Seite des Erkennens oder auf die der Gefühle zu schlagen. Er plädiert dann für die neuere Sichtweise, nach der die Gefühle selbst unbestimmt sind und nicht unser Erkennen. Musil tritt also auch für die Idee ein, dass an unserem Nicht-Verstehen eigener Gefühle nicht ein Mangel an Erkenntnis schuld ist, sei es unzureichende Fähigkeit unsererseits oder ein Hindernis, das uns in den Weg gelegt würde, sondern: die Verfassung der Gefühle selbst. Verstehen kann hier nicht heißen, etwas, das es gibt, gewissermaßen nur freizulegen.

Doch Musil betont darüber hinaus die Veränderungsfähigkeit von Gefühlen generell. Obwohl sie uns einerseits so unmittelbar und sicher gegeben scheinen wie nichts anderes, können sie doch andererseits durch die kleinsten Einflüsse schnell und vollkommen verändert werden. Dafür findet er ein Bild mit einem Vergleich aus der Musik: Ein Gefühl ist wie eine Melodie zu denken.

> Auch so empfindlich wie es eine Melodie gegen jede Veränderung an ihren „Teilen" ist, so dass sie gleich eine andere Gestalt annimmt oder ganz zerstört wird, so empfindlich kann ein Gefühl gegen eine Handlung oder einen hineinsprechenden Einfall sein.[18]

Mit dieser Ergänzung durch Musils Formulierung möchte ich der Gefahr eines Missverständnisses in diesem Kapitel vorbeugen, das sich durch die Absetzung von Emotionen von Gefühlen ergeben könnte. Es ist wichtig, einzusehen: Auch Emotionen sind nie völlig feststehende, gleichbleibende Strukturen; es wäre falsch, sie derart zu verdinglichen. Sie sind nicht dauerhaft wie Charaktereigenschaften. Stattdessen sind sie nur so lange und insofern stabil, als es ihr Bezug in der Situation und den verschiedenen Objektaspekten ist. So verwandelt sich eine Emotion leicht in eine andere oder mündet in eine Stimmung (wie umgekehrt sich eine Stimmung zu einer Emotion verdichten kann) oder löst sich auf. Musil fügt der These der Veränderbarkeit von Gefühlen durch Gedanken noch die durch Wünsche und vor allem Handlungen hinzu: Sobald man eine von der Emotion „verlangte" Handlung ausführt, ist die Emotion nicht mehr dieselbe wie vorher. Man denke dazu an Vergeltung bei Rache und Wiedergutmachung bei Schuld.

Angesichts der Beeinflussbarkeit von Gefühlen geht Musil so weit, zu sagen, dass Gefühle *niemals* vollkommen ausgestaltet, auf irgendeine Weise absolut bestimmt seien.[19] Das scheint mir einerseits etwas zu stark: Man kann sich einige Beispiele denken, in denen Emotionen sehr klar, bestimmt, ausgestaltet und stabil zu sein scheinen. Nicht selten fühlen wir uns geradezu im Griff einer Emotion, die zweifelsfrei eindeutig ist. Das fällt besonders bei unangenehmen oder missbilligten Emotionen auf, etwa bei Furcht oder Neid. Doch andererseits scheint mir die These eine Bestätigung für die auch hier entwickelte Idee zu sein, dass man es bei dem Versuch, Gefühle zu verstehen, mit besonderen „Objekten" zu tun hat, die von dem Verstehensbemühen selbst berührt werden können.

Die entscheidenden Punkte, die ich in diesem Kapitel präsentieren wollte, sind: Erstens, wenn wir unsere Emotionen in dem Sinn nicht verstehen, dass wir nicht wissen, was wir fühlen, dann hilft nicht allein Introspektion (nur in sich hineinzusehen oder -zuhorchen), sondern wir müssen vor allem auf die Situation sehen, in der wir uns befinden. Was ist die genaue Lage? Was für einzelne Objekte sind auszumachen, die mich emotional betreffen? Gibt es etwas, was Anlass zu Freude oder Empörung sein kann? Zweitens prägen wir, indem wir uns über diese Fragen klar werden, die Entwicklung von unbestimmten Gefühlen zu Emotionen. Damit sind zwei Punkte für das Gesamtthema deutlich geworden. Wir werden nicht nur passiv von Emotionen überkommen, sondern können uns auch aktiv an ihrem Entstehen beteiligen; und dies bedeutet, dass selbstbezogenes Verstehen heißen kann, das Verstehensobjekt zu verändern. Wenn wir uns eigene Emotionen zu verstehen bemühen, so hat der Akt des Verstehens Auswirkung auf das Objekt des Verstehens. Dieser besondere Aspekt des Verstehens wird auch in den nächsten Kapiteln weiterverfolgt.[20]

2. Überraschung und Fremdheit.
Warum diese Emotion?

Wenn wir verstehen, *was* für eine Emotion wir haben, heißt das nicht unbedingt, dass wir sie schon ganz verstanden haben. Wir verstehen sie in einer anderen Hinsicht nicht, wenn wir nicht sagen können, *warum* wir sie haben. Diese Frage nach den Gründen einer Emotion können wir an die eigenen genauso wie an die von anderen stellen (vgl. II 2). Wegen der komplexen Intentionalität von Emotionen hat diese Frage schon in das vorherige Kapitel hineingespielt. Jetzt gehe ich sie explizit an, indem ich den Fall untersuche, dass jemand sich über Typ und Gegenstand seiner Emotion im Klaren ist und sie ihm dennoch auf gewisse Weise unverständlich ist.

Was es heißt, eigene Emotionen zu verstehen, wird dabei in drei Aspekten weiter erläutert: Erstens können wir dieses Verstehen entsprechend der Idee der narrativen Erklärung ausführen, die ich im ersten Teil dargestellt habe. Dabei bedarf es zweitens Ergänzungen, um den Umständen beim Verstehen eigener Gefühle gerecht zu werden. Es wird, wie schon im vorherigen Kapitel, deutlich, dass man in einem aktiven Verhältnis zu seinen Emotionen stehen kann; allerdings geht es hier nicht mehr um Ausbilden von Emotionen, sondern um einen Einfluss auf bestehende. Welche Geschichte man sich über eigene Emotionen erzählt, kann Auswirkungen auf sie haben. Drittens tritt mit der Frage nach Gründen auch das Thema der Angemessenheit neu hervor. Damit kann man untersuchen, wie und warum uns eigene Emotionen fremd sein können und inwiefern andererseits ein gelungenes Verstehen den Weg ebnet, sich mit seinen Emotionen zu identifizieren.

2.1 Der Fokus in der Narration

Naiv bzw. ohne Kontext könnte die Frage „Warum habe ich diese Emotion?" auf drei verschiedene Arten gemeint sein. Erstens könnte sie grundsätzlich nach den physischen Bedingungen fragen: Welches Ereignis ging voran, was wurde gesehen oder erlebt oder getan? Das ist letztlich die Frage, ob die Emotion aus der Lebenswelt entstanden ist oder aufgrund von pharmakologischem oder sonstigem Eingriff, wie Drogen. Das soll hier schon als abgeklärt gelten, ich konzentriere mich auf Gefühle der ersten Art.[21] Zweitens könnte die Frage auf das Worüber bzw. Wovor gerichtet sein: Fürchte ich mich vor dem Donner oder dem Blitz? Doch das ist die Frage nach dem Gegenstand, der hier nicht im Zentrum steht. Er wurde im vorherigen Kapitel behandelt und wird auch in III 4 wieder eine größere Rolle spielen. Erst die dritte Lesart ist die *hier* relevante: Ich weiß, dass ich mich vor dem Donner fürchte – nur, warum eigentlich genau? Um dieses Warum geht es im Folgenden.

Als Beispiel die folgende Situation: Ein Anwalt in einer Gemeinschaftskanzlei erfährt von einem Misserfolg seines Kollegen. Da spürt er leise Schadenfreude in sich aufsteigen – und ist überrascht. Hätte man ihn vorher gefragt, wie er reagieren würde, hätte er das keineswegs voraussagen können. Er ist sich auch jetzt zunächst keines Grundes bewusst, warum er schadenfroh sein sollte, denn generell arbeiten sein Partner und er gut miteinander und sind einander sympathisch und außerdem in der Kanzlei aufeinander angewiesen. Objekt und Emotionstyp sind klar: Er freut sich, dass sein Kollege ein Mandat verloren hat, was schlecht für diesen ist. Doch dem Schadenfrohen ist nicht

klar, warum es zu dieser Emotion gekommen ist. Was steckt dahinter, worum geht es ihm dabei? Genauer muss er sich fragen:
Was steht für mich in dem Verhältnis zu dem Kollegen auf dem
Spiel, dass ich diese Emotion zeige? Hier tritt der dritte bereits
verschiedentlich erwähnte Aspekt von emotionaler Intentionalität in den Mittelpunkt: der Fokus. Das ist das Hintergrundobjekt, in Bezug auf das einem Gegenstand ein formales Objekt
zugeschrieben wird. Ich ärgere mich z.B. nur insofern über den
Rowdy (Gegenstand), der mein Fahrrad zerstört hat, als er mir
damit absichtlich Schaden (formales Objekt) zugefügt hat, weil
mein Fahrrad mir etwas wert ist (Bedeutsamkeitsfokus).

Was heißt es für den Anwalt konkret, sich klarzumachen,
warum er diese Emotion hat? Er mag innehalten, einen Moment zwischen der unaufhörlich vielen Arbeit Atem schöpfen;
dann kann ihm bewusst werden, dass ihn eine abschätzige Bemerkung des anderen über seine eigene Arbeit vor ein paar Ta-
gen offenbar doch mehr getroffen hat, als er es sich eingestan-
den hatte – und dass er seitdem einen leisen Groll gegen den
Kollegen hegte. Dieser Groll hat die sonst freundschaftliche
Beziehung zwischen den Kollegen getrübt, vor deren Hintergrund allein die Schadenfreude unerklärlich gewesen wäre. Indem ihm dieser Groll bewusst wird, kennt er ein neues, wichtiges Element der Geschichte, die er über die Entstehung seiner
Schadenfreude erzählen kann – und kann sie sich somit verständlich machen. Die allgemeine Erklärung ist: Wem man
grollt, dem kann man verständlicherweise Schadenfreude entgegenbringen. Doch die Erklärung kann auch noch detaillierter
ausfallen. Durch die Abhängigkeit der Schadenfreude von diesem angestauten Ärger kann sich der Mann den Grund der
Schadenfreude im Sinne des Fokus klarmachen. Was steht für
ihn auf dem Spiel? Der Groll ist eine Reaktion auf eine abschätzige Bemerkung, durch die sich der Anwalt in seinem
Selbstbild, das er für sich selbst und vor anderen verkörpern
will, getroffen bzw. geschädigt sieht. Um dieses Selbstbild geht
es auch wieder in der Schadenfreude. In Schadenfreude erhebt
man sich über einen anderen, indem man auf ihn in seinem

Leid herabsieht, und damit festigt man gewissermaßen die eigene Position als eine bessere – oder stellt sie, wenn man sie beschädigt sah, wieder her.

Hier zeigt sich die Idee des Fokus als Dreh- und Angelpunkt eines ganzen Netzes (oder „Sets") von Emotionen als u.a. entscheidend für das Verstehen anhand einer narrativen Erklärung. Wir verstehen deshalb eine eigene Emotion besser, wenn wir unsere vorherigen Emotionen kennen, weil damit klar werden kann, weshalb eine bestimmte Situation emotional relevant ist für uns, d.h., welches Hintergrundobjekt dazu gehört. So gilt auch: Wenn für einen offenbar relevanten Gegenstand einer Emotion kein Fokus erkennbar ist, gibt es dafür zwei Erklärungen. Entweder gibt das einen Hinweis auf unbewusste Einstellungen, die sich erst in dieser Emotion zeigen: dann muss der Fokus als etwas bisher Unbewusstes zur Kenntnis genommen werden; man muss erkennen, dass einem offenbar etwas Wert ist, was man nicht gedacht hätte. So muss der Anwalt z.B. erkennen, dass er um sein Selbstbild gegenüber dem Kollegen „kämpft". Oder das scheinbare Fehlen des Fokus kann anhand einer Interpretation der Rolle des Gegenstands erklärt werden: Es kann sein, dass der Gegenstand der aktuellen Emotion für etwas anderes steht, an das er erinnert oder mit dem er assoziiert wird – und für diesen lässt sich dann auch ein Fokus finden. Vielleicht erinnert einen das Gesicht eines Menschen sehr an das eines anderen, mit dem man schlechte Erfahrungen gemacht hat (etwa der Arbeitgeber, der einem kündigte), so dass man die neu kennen gelernte Person nur aufgrund der Übertragung fürchtet und dabei ein Hintergrundobjekt ins Spiel bringt, das mit der neuen Person tatsächlich überhaupt nichts zu tun hat; etwa die Arbeitsstelle und deren Verlust.

2.2 Verstehend verändern II

Verstehen heißt hier zunächst genauso wie es für das Verstehen von Emotionen anderer gilt, eine narrative Erklärung zu Entstehung und Verlauf der Emotion geben zu können. Die eigene Schadenfreude zu verstehen heißt, einerseits den Kontext von

Ereignissen, Überzeugungen und vor allem anderen Emotionen zu nennen und zusammenzustellen, und andererseits die Aspekte ihrer Manifestation in Ausdruck und Handlungsneigung so darein zu integrieren, dass es eine zusammenhängende Geschichte ergibt.

Macht es dafür nun einen Unterschied, ob eine dritte Person oder man selbst der Verstehende ist? Eine erste Antwort darauf kann lauten: Ja, denn natürlich hat zum Beispiel der Anwalt einen Vorteil gegenüber anderen wie etwa seiner Frau, die sich über die Schadenfreude wundert. Ihm selbst sind in der Regel mehr eigene Überzeugungen und Emotionen evident und er kennt seine Erlebnisse und Biografie normalerweise genauer. Deshalb kann er sich auch besser verstehen.

Doch das heißt nicht sehr viel. Es ist richtig, dass es diesen genannten Unterschied gibt, aber es handelt sich dabei nur um einen pragmatischen Vorteil. In der Regel weiß der Anwalt besser über sich Bescheid. Doch daraus folgt nur, dass er deshalb in der Regel sich etwas schneller und ohne viel Fragen verstehen kann. Aber es bedeutet nicht, dass er sich selbst betreffend in einer grundsätzlich privilegierten Position ist, was die Möglichkeit des Verstehens betrifft. Über einen absoluten Vorteil verfügt niemand bei sich selbst.[22] Insofern unterscheiden sich narrative Erklärungen nicht kategorial, ob sie von dem Betroffenen oder einem Beobachter kommen. War man bei Ereignissen zusammen, kann auch ein anderer berichten, was der Anwalt erlebt hat. Anstatt dass man es selbst immer am besten wüsste, kann es manchmal sogar anders sein: Ein genauer Beobachter mag manche Szene aussagekräftiger beschreiben können, als es einem selbst, der man die Situation aus der beschränkten Perspektive und vielleicht durch starke akute Emotionen abgelenkt, wahrgenommen hat. Manches an dem, was Gründe für eine Emotion sein können, kann einem anderen also sogar eher auffallen als einem selber. So kann ein Kollege genau bemerkt haben, wie sehr die spitze Bemerkung des einen den anderen getroffen hat – an seiner Mimik, seinem Verhalten, seinem Schweigen danach beim Mittagessen.

Wenn diese erste Bemerkung zu einem Unterschied des Verstehens, was die Perspektive der ersten oder dritten Person betrifft, also nicht viel Gewicht hat, so wäre es doch falsch, die Erwiderung für alles zu nehmen und zu glauben, es gäbe überhaupt keinen Unterschied. Es gibt einen sehr großen Unterschied, ob ich selbst mir meine eigenen Emotionen verständlich mache oder ob eine andere Person sich den Grund meiner Emotionen zu erklären versucht. Die Differenz liegt nicht darin, dass es einer von beiden grundsätzlich besser oder schlechter könnte, sondern liegt in der möglichen Auswirkung des erstpersonalen Verstehens auf die Emotionen.

In dem bisherigen Beispiel schien der Gegenstand des Verstehens durch den Prozess des Verstehens unberührt belassen. Der Anwalt versteht, dass er schadenfroh ist, weil er darin seinen Groll ausleben kann, in dem es um die Anerkennung seiner beruflichen Leistung als Teil seines Selbstbildes ging. Wie sollte damit eine Veränderung der Emotion einhergehen? Ich denke, sie ist auf drei Weisen möglich, die ich skizzieren will.

Erstens kann man sagen, dass wir eine Emotion insofern dadurch verändern, dass wir sie besser verstehen, als wir uns dafür genauer mit ihr beschäftigen. Wenn wir unsere Aufmerksamkeit auf sie richten, geben wir ihr mehr Raum und Möglichkeit zur Entfaltung. Dadurch kann sie stärker werden oder auch länger andauern. Das kann auch dazu führen, dass die Emotion größere Bedeutung im mentalen Gesamtzusammenhang hat, das heißt, sich deutlicher darauf auswirkt, was wir wollen, denken und tun, denn all dies kann mehr oder weniger von Emotionen beeinflusst werden. Das lässt sich zum Beispiel daran sehen, dass in arbeitsreichen Zeiten, in denen man nicht dazu kommt, viel über sich selbst nachzudenken, auch Gefühle weniger präsent sind. Bemühen um das Verstehen eigener Emotionen kann allein dadurch, dass es eine intensivere Beschäftigung mit einer Emotion bedeutet, diese in ihrer Intensität und damit möglichen Wirkung verändern.

Zweitens kann dieses Verstehen durch narrative Erklärung, in der wir die Geschichte einer Emotion immer weiter ausbuchstabieren, die spezifische Ausführung eines Emotionstyps beeinflussen. Für die Klärung der Frage, warum wir eine Emotion haben, gilt ähnlich wie für die Beantwortung der Frage, was wir überhaupt für eine haben, dass wir uns dafür die Welt, die Umstände, die Situation ansehen – und nicht nur ein abgeschlossenes „Ding" Emotion in uns. Wir explizieren uns kognitiv, was wir emotional wahrgenommen haben bzw. worauf wir reagieren. Unter der Frage, warum wir eine bestimmte Emotion haben, konzentrieren wir uns dabei auf ihr Hintergrundobjekt und können es bis hin zu seiner Rolle bei anderen Emotionen verfolgen und herausstellen. So eine bewusste Differenzierung des Objekts, indem man sich den Fokus klarmacht, bedeutet eine Differenzierung der Emotion, wie wir sie fühlen. Es ergänzt nicht nur unser Wissen über die Emotion, sondern kann auch unsere Erfahrung der Emotion an sich reichhaltiger machen. Da eine detailliertere Beschreibung derart Licht auf eine Emotion werfen kann, hängt die Bandbreite an Emotionen, die eine Person erleben kann, mit vom Umfang ihrer Beschreibungsfähigkeit bzw. ihres Vokabulars ab.[23]

Drittens kann sich eine Emotion im Verstehensprozess auch insofern verändern, als wir Einstellung und/oder Emotionen zweiter Stufe bezüglich der Emotion ausbilden. Da eine Emotion nie etwas völlig Isoliertes und Statisches ist, sondern jedem „hineinsprechenden Einfall", wie es Musil nennt (vgl. III 1), gegenüber empfindlich reagiert, kann diese Veränderung ihrer Umgebung auch sie selbst etwas verändern. Die narrative Erklärung kann neue Erkenntnisse über die Emotion zu Tage bringen, kann uns neue Urteile über sie fällen oder auf sie mit neuen Emotionen reagieren lassen. Auch das kann auf die Emotion abfärben. Ich will das anhand des Beispiels veranschaulichen.

Verstehen, worüber er schadenfroh ist (der Kollege und sein Missgeschick), ist ein erster Schritt; Verstehen, warum er schadenfroh ist, *gegeben* die Umstände (Groll über Beleidigung), ein zweiter. Dieser zweite Schritt kann noch um einiges weiter ausgeführt werden. Der Anwalt wird seine Emotion noch besser verstehen, wenn er sich klar macht, welche den Bedeutsamkeitsfokus stützenden Werte sich in dieser Emotion zeigen. Er sagt eigentlich von sich selbst, dass er Freundschaftstugenden hochhält, ebenso wie er einen starken Gerechtigkeitssinn vertritt. An seiner emotionalen Reaktion kann er erkennen, dass im Streitfall sein Gerechtigkeitssinn offenbar über die Freundschaftstugenden siegt. Er will eher Gleiches mit Gleichem vergelten, als großzügige Nachsicht gewähren. Macht er sich diesen Hintergrund klar, das heißt, analysiert er so gewissermaßen den Fokus seiner Emotion genauer, erhält die Schadenfreude in seinen Augen einen härteren Zug. Das kann eine gewisse Distanzierung von der Emotion bedeuten, die diese schwächer werden lassen kann und/oder ihren Einfluss auf Handlungen geringer. Zum weiteren Verstehen könnte sich der Anwalt außerdem das Missgeschick, das zum Objekt der Schadenfreude gehört, genauer ansehen. Der Mandatsverlust wird nicht einfach als eine Niederlage angesehen, sondern als Verlust des Ansehens bei diesen Leuten, der mit ihrer Trennung einhergeht (bzw. ihr vorausgeht). Schadenfreude über so einen Ansehensverlust ist etwas anderes als eine über ein kleines körperliches Missgeschick etwa, vielleicht könnte man sie subtiler nennen – damit auch „fieser", gefährlicher. So eine Schadenfreude mag den Anwalt selbst vielleicht erschrecken, wie es eine über ein Missgeschick des Kollegen am Kaffeeautomaten nicht täte, bei der es nur um ein harmloses Amüsieren ginge.

Sichtbar verändert sich die Emotion in ihrer Manifestation, im Ausdruck, der Handlungsmotivation oder auch in der Art und Weise, über sie zu reden. Sie verändert sich dabei aber auch für die Person selbst, wie diese sie fühlt.

Diese These zur Veränderungsmöglichkeit von Emotionen kann auf Widerspruch stoßen. Es mag noch hingehen, so könnte man einwenden, dass sich der Ausdruck je nach Einstellung gegenüber der Emotion ändert, aber mehr sei nicht möglich. Den Ausdruck könne man mit seinem aus den Einstellungen gespeisten Willen beeinflussen, für den phänomenalen Aspekt sei das jedoch keineswegs möglich.

Nun, sicher können wir das, wie sich eine Emotion anfühlt, nicht willentlich beeinflussen. Aber das Gefühl kann sich auch im phänomenalen Aspekt durch Veränderungen im psychischen Umfeld verändern. Das lässt sich zeigen am möglichen Einfluss von Emotionen zweiter Stufe. Während der genaueren Erläuterung der Gründe einer Emotion können sich andere Emotionen bilden, die sich auf diese thematisierte Emotion beziehen. Die Emotionen „zweiter Stufe", wenn man so will, können die ursprünglichen Emotionen beeinflussen in dem Sinn, dass sie sie einfärben. Eine Empörung, über die wir stolz sind, fühlt sich anders an als eine, die uns peinlich ist. Eine Freude, die wir melancholisch betrachten, fühlt sich anders an als eine, der wir mit Überraschung begegnen.

Dagegen könnte noch einmal kritisch ins Feld geführt werden, dass man sich mit dieser Behauptung die Möglichkeit nähme, von zwei verschiedenen, und zwar auch phänomenal klar unterschiedenen Emotionen zu *einem* Zeitpunkt zu sprechen. Denn wenn sich die Erlebnisse von Emotionen immer gegenseitig färbten oder mischten, und zusammen zu einer neuen Erfahrung würden, könnten unterschiedliche Emotionen nie gleichzeitig als unterschiedene erfahren werden. Dabei, so dieser Einwand weiter, sei die Existenz dieses Phänomens viel unstrittiger. Auch in dieser Arbeit kam es schon vor: zum Beispiel Freude zugleich mit Empörung angesichts des Briefes des früheren Partners.

Doch diese Befürchtung ist unbegründet, denn es handelt sich einfach um zwei verschiedene Arten von Phänomenen, die es beide gibt: zwei getrennt nebeneinander bestehende Emotionen einerseits und zwei Emotionen, die einander nicht unbeeinflusst lassen, andererseits. Worin besteht der Unterschied? Im einen Fall, wie in dem erinnerten Beispiel bei der Brieflektüre, handelt es sich um zwei Emotionen, die sich jeweils auf verschiedene Objekte richten: die Kontaktaufnahme einerseits und das Überfallsangebot andererseits.[24] Man mag das als nur zwei Weisen, das letztlich doch Gleiche zu sehen, beschreiben wollen; aber im Sinne des formalen Objektes einer Emotion sind es nun einmal verschiedene Dinge. Im anderen Fall hat nur eine Emotion solch ein „äußerliches" Objekt; die andere ist auf diese erste Emotion gerichtet. Als Beispiel kann man sich das Erschrecken über die erlebte Schadenfreude denken. Bei einer solchen (Objekt-)Struktur gibt es eine Beeinflussung unter den Emotionen. Der Einfluss kann verschiedene Aspekte der Emotion treffen. Eine Empörung, auf die wir stolz sind, werden wir mit vollem Pathos ausleben: sie zeigen und nach ihr handeln; eine, die uns vor einer bestimmten Runde peinlich ist, wird sich nur zurückhaltend äußern. Und aufgrund der reflexiven Emotionen wie auch der anderen Ausdrücke und Handlungen erleben wir die Emotion anders, fühlen wir verschiedene Empörung.

Nach dieser Übersicht gibt es insgesamt drei Weisen, wie das Verstehen des Grundes einer eigenen Emotion diese mehr oder weniger beeinflussen kann: durch die besondere Aufmerksamkeit, durch bewusste detailliertere Beschreibung des Objekts und durch neue Einstellungen, die wir der genauer erkannten Emotion gegenüber im Verstehen gewinnen.

2.3 Identifikation und Entfremdung

2.3.1 Identifikation und Gründe

Abgesehen von diesen leichten Veränderungen, die mit einer Emotion vor sich gehen können, je mehr wir sie verstehen, ist das Verstehen, warum genau wir eine Emotion haben, auch noch auf andere Weise bedeutsam. Die Kenntnis der Gründe von Emotionen, so will ich zeigen, entscheidet darüber, ob wir uns mit unseren Emotionen identifizieren können. Dafür argumentiere ich ausgehend von der Frage: Wie weit muss man eine Emotion verstanden haben, um sich mit ihr zu identifizieren? Oder andersherum: Was an Verständnis fehlt, dass sie einem fremd vorkommt?

Zunächst muss dafür geklärt werden: Was ist Identifikation mit eigenen Emotionen? Man könnte versucht sein, zu sagen, dass wir uns grundsätzlich mit jeder Emotion identifizieren. Unsere Emotionen, das sind wir; Emotionen zeigen, was uns eigentlich und letztlich wichtig ist, sie sind der Kern unseres Selbst – könnte man sagen.[25] Dafür spricht, dass es tatsächlich Fälle gibt, in denen wir anhand unserer Emotionen etwas über uns erfahren können, so dass eine Emotion gewissermaßen uns selbst besser „darstellt", als wir es explizit wissen. Trauer beim Abschied von einer Person kann uns zum Beispiel zeigen, wie viel sie uns wert ist, was uns sonst gar nicht bewusst war.

Doch dies allein, dass es Fälle gibt, in denen wir durch eine Emotion etwas über das, was wir sind, erfahren, reicht nicht, um vertreten zu können, dass Emotionen für unser eigentliches Selbst stehen und wir uns insofern automatisch mit ihnen identifizieren. Denn es kommt auch vor, dass wir eigene Emotionen kritisieren. Eifersucht, Neid, Zorn... Vor allem negativen Emotionen stehen wir oft durchaus kritisch gegenüber, und zwar nicht nur, was ihre Intensität betrifft, sondern auch den Emotionstyp selbst. Das reine Haben von Emotionen mag uns immer etwas über uns erzählen – das heißt noch nicht, dass wir uns damit identifizieren. Denn eine Emotion erzählt auch insofern etwas, als sie nur ein Ereignis ist, das uns widerfährt und das insofern schon mit uns zu tun hat, jedoch nicht als etwas, mit dem wir uns wesentlich identifizieren würden.

Sich mit einer Emotion zu identifizieren kann versuchsweise mit folgenden drei Momenten umschrieben werden: Erstens, die Emotion akzeptieren in dem Sinn, dass man nicht gegen sie arbeitet, nicht versucht, sie zu unterdrücken. Zweitens, sie als einen Grund anerkennen, der für eine Entscheidung, etwas zu tun etc., sprechen würde. Drittens, sie als Teil der eigenen Persönlichkeit sehen. Für eine einem entfremdete Emotion gilt dann jeweils das Gegenteil: Man versucht, sie loszuwerden, man lässt sie in einer Entscheidungssituation nicht als Grund gelten (was nicht heißt, dass sie sich nicht gegen besseren Vorsatz in der Motivationsstruktur als handlungswirksam durchsetzen könnte) und man möchte von anderen, dass sie die Emotion ebenso wenig wie man selbst als ein Zeichen der Persönlichkeit als ganzer sieht. Wie wichtig es für uns sein kann, uns mit eigenen Emotionen zu identifizieren, lässt sich auch an diesen Kriterien ablesen. Ob man sich mit seinen Emotionen identifiziert oder nicht, so kann man annehmen, nimmt Einfluss auf die Rolle bestimmter Emotion für das eigene Handeln, oder allgemeiner sogar, die Lebensführung. Einer Emotion, mit der man sich identifiziert, wird sehr viel wahrscheinlicher eine größere Bedeutung in unserem Handeln und persönlichen Urteilen zugestanden als einer, die uns fremd ist. Außerdem liegt nahe, dass jemand, der sich mit seinen Emotionen identifiziert, ein größeres Selbstbewusstsein hat, im Sinne von Selbstzufriedenheit und Selbstsicherheit, denn er erlebt sich in dieser Hinsicht ohne Widerspruch. Das kann sich wiederum auf sein Handeln, Leben und Glück auswirken.

Wieweit nun muss man eine Emotion verstehen, um sich mit ihr auf solche Weise identifizieren zu können? Bisher haben wir zwei Stufen des Verstehens eigener Emotionen kennen gelernt: Verstehen, was für eine Emotion man hat, und verstehen, warum man eine Emotion hat. Dafür, dass man die erste Stufe erklommen haben muss, um eine Emotion zu verstehen, ist leicht zu argumentieren. Denn es wäre einfach unklar, was Identifikation heißen sollte, wenn man selbst gar nicht sagen kann, womit genau man sich identifiziert. Weder bei unbewussten Emotionen noch bei Gefühlschaos und -vagheit weiß man von einer Emotion, mit der man sich identifizieren könnte. Wer nicht versteht, *was* er fühlt, kann sich damit auch nicht identifizieren.

Doch bei der zweiten Stufe ist es fraglich. Muss ich die Gründe einer Emotion kennen, um mich mit ihr identifizieren zu können?[26] Das könnte man mit zwei Punkten zu bestreiten versuchen: Erstens müssen wir von den Gründen unserer Emotionen nichts wissen, um uns mit ihnen zu identifizieren, weil es reicht, dass es Gründe implizit gibt. Man kann da seinen Emotionen einfach vertrauen. Das käme allerdings der anfangs geschilderten Position der grundsätzlichen Identifikation mit den eigenen Emotionen gleich. Und die habe ich als nicht haltbar kommentiert, weil wir einigen unserer Emotionen gegenüber so kritisch eingestellt sind, wie es nicht zur Identifikation passt.

Zweitens könnte man die Frage verneinen, indem man sagt: Man braucht wohl Gründe für die Identifikation, aber diese Gründe sind andere als die der Emotion selbst. Deshalb braucht man von diesen nicht zu wissen. Ich kann meine Freude über ein Kunstwerk gut finden und mich mit ihr identifizieren, ohne zu wissen, warum ich mich daran freue. Ich weiß aber, dass ich Freude an sich gut finde und habe damit einen Grund, die Freude gut zu finden. Dabei jedoch wird übersehen, dass es darauf ankommt, die Emotion selbst im Lichte von Gründen zu sehen – sonst nützen alle weiteren Gründe zur Identifikation mit ihnen nichts. Das führe ich aus, wenn ich im Folgenden zu den Argumenten komme, die dafür sprechen, die Kenntnis der Gründe als Voraussetzung für Identifikation mit Emotionen zu halten.

Erst indem man eine Emotion als etwas ansieht, über deren Gründe es sich reden lässt, kann es zur Identifikation kommen – oder nicht. Man muss die Gründe berücksichtigen, denn nur dadurch fasst man sie als etwas anderes auf als Zustände, die einem einfach zustoßen und bei denen sich die Frage von Identifikation oder nicht gar nicht stellt. Schon im vorherigen Kapitel habe ich das Beispiel des Kopfschmerzes gebracht. Das ist ein Empfindungszustand und bei einem solchen wäre es unsinnig, von Identifikation oder Entfremdung zu reden. Für Emotionen ist es nicht unsinnig, aber das setzt voraus, dass man sie auch mit Blick auf ihre Gründe hin ansieht. Außerdem, so hier das zweite Argument, wäre eine Identifikation mit einer Emotion, deren Gründe man nicht kennt, gewissermaßen leer. Denn es fehlte einem ein großer Teil des Wissens darüber, mit was man sich eigentlich identifiziert. Gründe sind eben nicht nur Ursachen, von denen losgelöst eine Wirkung ist, was sie ist. Gründe sind Teil der Intentionalität der Emotion und damit Teil dessen, worüber sie identifiziert ist.

2.3.2 Identifikation und Angemessenheit

Voraussetzung dafür, sich mit einer Emotion identifizieren zu können, ist also, wie wir bisher gesehen haben, sowohl, zu verstehen, was sie genau ist, als auch, warum man sie hat. Was muss noch dazukommen?

Es scheint sich anzubieten, dass man die Emotion, so gut man sie unter Angabe ihrer Gründe kennt, für angemessen halten muss. Wir identifizieren uns, so lautete diese These, genau mit den Emotionen, deren Gegenstand und Gründe wir kennen und die wir darüber hinaus für angemessen halten. Hier sind wieder zwei Arten von Angemessenheitsurteilen von Emotionen zu unterscheiden, beide setzen die Kenntnis von Gründen der Emotion voraus. Zum einen kann damit auf die Intensität einer Emotion gezielt werden. Ja, ein verlorenes Fußballländerspiel ist traurig, aber deshalb zwei Wochen in Trauer zu verbringen scheint übertrieben. Ein typisches Beispiel dafür ist auch die Flugangst. Es ist durchaus verständlich, dass man sich vor dem Fliegen fürchten kann, weil man bei einem möglichen Absturz mit großer Wahrscheinlichkeit tot wäre. Andererseits aber ist die Wahrscheinlichkeit eines Absturzes sehr gering – vor allem verglichen mit der Wahrscheinlichkeit eines Autounfalls. Dennoch stellt für die meisten, die ungern fliegen, Autofahren kein Problem dar. Man akzeptiert also, dass man unter Umständen in Hinblick auf das Objekt die bestimmte Emotion haben kann: Unter Umständen ist Fliegen gefährlich und kann damit furchterregend sein. Unangemessen erscheint es aber trotzdem insofern, als die Intensität der Furcht übertrieben zu sein scheint. Die zweite Art der Unangemessenheit betrifft das Auftreten einer Emotion überhaupt in einer Situation. Dafür sieht man sich die Gründe genauer an. Erst wenn man weiß, was für einen selbst in einer bestimmten Situation tatsächlich auf dem Spiel steht, kann man darüber urteilen, ob es angemessen ist oder nicht, eine bestimmte Emotion zu haben. Der Fokus ist das Kriterium, anhand dessen ausgemacht werden kann, ob eine Person angemessenerweise einem bestimmten Gegenstand ein bestimmtes formales Objekt zuschreibt: Nur wenn mir die alte Teekanne etwas wert ist, weil sie z.B. ein Erinnerungsstück an die Großmutter ist, ist meine Trauer angemessen, wenn sie kaputtgeht. Ist die Kanne mir hingegen rein in ihrer Nützlichkeit als Teekanne etwas wert, wäre nicht Trauer die angemessene Emotion, sondern höchstens vielleicht Ärger, weil ich nun die Mühe und Kosten habe, eine neue zu besorgen. Es ist evident, dass diese zweite Angemessenheitsbeurteilung (welcher Emotionstyp angemessen wäre) der ersten (in welcher Intensität) vorausgeht. Sich mit einer Emotion zu identifizieren hätte nach diesem Vorschlag zur weiteren notwendigen Voraussetzung, eine Emotion auf mindestens diese zweite Weise angemessen zu finden.

Doch diese Erläuterung halte ich nicht für überzeugend. Denn: Warum sollte Angemessenheit der einzige Grund für Identifikation sein? Identifikation, wie ich sie oben skizziert habe, setzt nicht unbedingt voraus, dass man die Gründe für die Emotion gut findet – sondern die Emotion selbst. Und es sind tatsächlich Fälle denkbar, in denen man seine Emotion nicht angemessen findet und man sich trotzdem mit ihr identifiziert: Man kann eine Freude für übertrieben und Fehl am Platze halten und sich trotzdem mit ihr identifizieren, einfach, weil man sie für einen Wert an sich hält; zum Beispiel Freude über den Erfolg eines anderen, mit dem man nicht das Geringste zu tun hat (Freude eines Fußballdesinteressierten über den Erfolg einer fremden Nationalmannschaft – einfach, weil es schön ist, sich wie alle anderen auch im Fußballfieber zu echauffieren). Das gilt auch oder vielleicht noch unzweifelhafter für Liebe; wie viele Geschichten gibt es, in denen jemand vollkommen für seine Liebe eintritt, die überhaupt nicht erwidert wird und insofern unangemessen scheint? Je nach Charakter können genauso negative Emotionen darunter fallen. Ferner kann man gerade Gefallen daran haben, eine unkonventionelle Emotion zu haben, eine, von der jeder sagen müsste, sie sei unpassend. Mancher ist gerne „Freak" und identifiziert sich deshalb besonders gern mit unangemessenen Emotionen. Ein Künstler etwa kann sich mit einer neurotischen Emotion identifizieren, weil es zu seinem Selbstbild passt, anders als die anderen zu sein, anders als „normal". Vielleicht könnte ich mich an einem melancholischen Herbsttag auch mit meiner Trauer über die zerbrochene hässliche, alte Teekanne, die kein Erinnerungsstück ist, identifizieren und davon ernsthaft den Freunden erzählen. Und schließlich kann sich manch einer mit einer unangemessenen Emotion identifizieren, weil er sie strategisch gut gebrauchen kann; zum Beispiel eine eigentlich unangemessene Trauer, die ihm Mitleid und Aufmerksamkeit von anderen sichert. Bei diesem letzten Fall könnte eingewendet werden, hierbei handele es sich nicht wirklich um Identifikation, sondern ums Vorspielen, Vortäuschen einer Emotion. Doch das ist damit nicht gemeint. Es soll wirklich diese Emotion vorliegen, es ist nur die Frage, wie man sich zu ihr verhält.

Sicher sind solche wie die Freak-Fälle und all die hier genannten Beispiele von Identifikation mit einer Emotion, ohne dass man sie für angemessen hält, eher selten. Manchmal kann man es wahrscheinlich auch so interpretieren, dass die Person selbst die Emotion eben doch angemessen findet – und nur dieses Urteil abweicht von dem Urteil der sonstigen sozialen Mehrheit. Doch es gibt auch Ausnahmefälle. Und diese können veranschaulichen, dass Identifikation nicht über Angemessenheitsbeurteilung läuft, sondern über andere Bewertungskriterien, da Gegenstand der entscheidenden Bewertung nicht die Gründe der Emotion sind, sondern sie selbst – gleichwohl muss man, wie gezeigt, doch die Gründe kennen. Um Gründe bzw. detaillierte Intentionalität einer Emotion zu wissen ist eine Sache, sie als solche angemessen zu finden, eine andere (man braucht nur für Letzteres das Wissen um Ersteres). Und bei den (Freak-)Beispielen hat sich überdies gezeigt, dass man sich unter Umständen mit Emotionen identifizieren kann, gerade weil sie als unangemessen betrachtet werden können.

In der Umkehrung kann ich zur Fremdheit nun so viel sagen: Es kann uns selbst eine Emotion, deren Gründe wir kennen, fremd sein. Ja nicht nur das: Selbst eine Emotion, die wir angemessen finden, kann uns fremd sein – wenn unser Selbstbild in dieser Situation eine andere Emotion von uns erfordern würde; fremd in dem Sinn, dass wir uns nicht mit ihr identifizieren, obgleich wir sie als ein Ereignis, das uns zustößt und somit Teil unseres Lebens ist, anerkennen.[27]

Diese Ablehnung einer Emotion im Sinne von Fremdheit ist eine absolute und darf nicht verwechselt werden mit einer anderen, einer, die den Ausdruck von Emotionen betrifft. Es gibt den Fall, dass man nicht will, dass eine Emotion sichtbar wird, obwohl man sich mit ihr identifiziert. Ein Beispiel dafür wäre Enttäuschung. Man kann ganz eins mit sich sein, dass ein Verhalten eines anderen enttäuschend für einen selbst ist, und hat insofern nichts gegen die Emotion an sich einzuwenden. Aber man kann es schlecht finden, dass sie vor dem anderen so deutlich auftritt, denn er sollte die Enttäuschung nicht sehen, da es die eigene Position nur noch schlimmer macht. Das, wie gesagt, ist die andere Weise der Beurteilung der Emotion, die sich auf ihren Ausdruck richtet, statt auf ihr Vorkommen an sich, beides soll nicht verwechselt werden.

2.3.3 Identifikation und Zustimmung

Insbesondere Harry Frankfurt-Leser werden angesichts dieser Behandlung von „Identifikation" womöglich Bedenken anmelden. Frankfurt beschäftigt sich an verschiedenen Stellen damit, was es heißt, sich mit eigenen mentalen Zuständen, namentlich Wünschen, zu identifizieren. In einem Aufsatz untersucht er auch konkret Identifikation und „Äußerlichkeit", eine Größe, die der hier thematisierten Fremdheit gleichkommt. Darin warnt er, dass so eine Identifikation nicht einfach in einer Zustimmung zu dem mentalen Zustand bestehen könne, da diese Zustimmung ebenfalls eine Einstellung sei, die einem äußerlich sein könne, und eine weitere Zustimmung dazu zu fordern wäre vergeblich, weil man damit in einem infiniten Regress enden würde.[28] Doch erstens denke ich, die Lage ist eine jeweils andere, ob es sich um die Identifikation mit Wünschen oder mit Emotionen handelt. Frankfurts Hauptthema sind die Wünsche und der sich daraus konstituierende Wille. In dem zitierten Aufsatz nimmt er zwar auch einmal eine Emotion, Zorn, als Beispiel, für einen eigenen Zustand, der einem äußerlich sein kann. Aber er thematisiert nie den Unterschied zwischen Wünschen und Emotionen und beschäftigt sich im weiteren Verlauf des Aufsatzes auch wieder nur mit Wünschen. Es besteht insofern ein grundlegender Unterschied zwischen seiner und der hiesigen Erörterung, als die Zustimmung zu einer Emotion nicht selbst wieder als eine Emotion zu denken ist, wohingegen die Zustimmung zu einem Wunsch als Wunsch zweiter Stufe gedeutet werden kann. Und selbst wenn Emotionen in diesem Punkt doch entsprechend wie Wünsche funktionieren würden, so müsste ich das oben Gesagte dennoch nicht revidieren. Denn das hieße nur, zugestehen zu müssen, dass die Zustimmung nicht das einzige ist, was notwendig ist. Ich müsste einräumen, dass sie nur nötig, nicht aber hinreichend sei. Das kann ich tun, denn mir geht es hier nur um den Zusammenhang von Verstehen und Identifikation und nicht um eine vollkommene Erläuterung von Identifikation an sich, auf solche Fragen lasse ich mich hier nicht weiter ein. Im übrigen bringt Frankfurt in späteren Aufsätzen Lösungen zu dem erwähnten Problem der Identifikation. Das macht er teilweise, indem er zeigt, wie man einen Regress nicht willkürlich abbricht[29], teilweise, wie man gar keinen erst aufkommen lässt, weil man von einem 2-Stufen-Modell von Einstellungen ausgehen kann, auf denen sich verschiedene Größen befinden, so dass es gar nicht zu einem Regress kommt.[30]

In diesem Kapitel haben wir sowohl eine Ergänzung zu der Verstehensthese kennen gelernt, dass Gefühle zu verstehen auch heißen kann, sie zu verändern, als auch etwas über einen speziellen Aspekt unseres Verhältnisses zu eigenen Emotionen. Ich habe zunächst herausgearbeitet, inwiefern zum Verstehen eigener Gefühle eine Kenntnis ihrer Gründe gehört. Eigene Emotionen in dieser Hinsicht zu verstehen kann, wie bei der Erläuterung dieser These deutlich wurde, die Emotionen beeinflussen. Wiederum greift man verstehend unter Umständen in die Emotionen, die fragilen Existenzen, ein. Sie können sich nicht nur in ihrer Intensität ändern, indem wir, ihre Gründe analysierend, unsere Aufmerksamkeit auf sie richten, sondern auch in ihrer Färbung, je nachdem, wie genau wir beschreiben können, welche Bedeutsamkeiten dabei für uns im Spiel sind und welche Einstellung (besonders Emotionen zweiter Stufe) wir ihnen gegenüber aufgrund eines detaillierteren Verständnisses von ihnen entwickeln. Darüber hinaus bot dieser Verstehensaspekt Anlass, die Möglichkeiten zu Identifikation oder Entfremdung von eigenen Emotionen zu klären. Dazu habe ich argumentiert, dass man, um sich mit einer Emotion zu identifizieren, wohl um ihre Gründe wissen, die Emotion als Ganzes (die sie mit diesen Gründen bzw. in deren Lichte ist), aber nicht unbedingt angemessen finden muss. So wie wir Emotionen haben können, die wir nicht angemessen finden, so können wir uns mit welchen identifizieren, die wir für nicht angemessen halten.

3. Ahnungslosigkeit. Der Sonderfall von unbewussten Emotionen

Manchmal wissen wir nicht nur nicht *genau*, was wir fühlen, manchmal wissen wir gar nichts davon. Dann sind uns unsere Emotionen nicht bewusst. Ich möchte in diesem Kapitel den Sonderfall von unbewussten Emotionen als eine weitere Variante von Verstehenshindernis untersuchen. Diese beschränkt sich allerdings nicht auf den Fall, von eigenen Emotionen nicht zu wissen, wie ich darstellen werde. Unter Umständen können wir von eigenen Emotionen sogar wissen, das heißt, ihre Existenz so begründet annehmen, wie das fremde Personen auch tun – obgleich sie uns unbewusst sind. Dass uns Emotionen unbewusst sind, heißt, wie auszuführen ist, dass wir kein unmittelbares Wissen von ihnen haben. In solchen Fällen verstehen wir sie nicht, insofern, so werde ich zeigen, sie entweder überhaupt kein Thema für uns sind, oder wir nicht die für die Perspektive der ersten Person typische praktische Einstellung ihnen gegenüber haben, so dass wir keine solche Einflussmöglichkeit auf sie haben, wie sie in den beiden vorangegangenen Kapiteln als Aspekte des Verstehens eigener Emotionen erläutert worden ist. Um eigene Emotionen zu verstehen, so lautet dann letztlich die These dieses Kapitels, muss man sich ihrer bewusst sein, das heißt, von ihnen auf eine Weise wissen, wie man nur selbst und kein anderer es kann. Für diese Behauptung muss jedoch zuerst geklärt werden, inwiefern es das Phänomen „unbewusster Emotionen" überhaupt geben kann bzw. was wir meinen, wenn wir davon sprechen.

3.1 Unbewusstes Mentales

Die Rede von „unbewussten Emotionen" ist nicht selbstverständlich, sondern umstritten. Deshalb ist zunächst zu klären, warum und inwiefern genau sie sinnvoll ist. Ist es schon für viele Denker prekär genug bis unmöglich, dass es überhaupt unbewusstes Mentales wie Überzeugungen geben kann, so stellt sich die Problematik für Emotionen noch schärfer. Auf die Diskussion, wie sie für Mentales insgesamt geführt wird, will ich nicht im Detail eingehen, weil das die Fälle zu divers machen würde.[31] Es sei nur ein besonders naheliegender erster Widerstand gegen die Rede von unbewusstem Psychischen genannt: Wenn wir zwischen bewussten psychischen und unbewussten physischen Prozessen unterscheiden und beide zur Erklärung von Verhalten heranziehen können, warum sollen wir dann noch eine Ebene dazwischen einziehen und von unbewusstem Psychischen sprechen?[32] Die Entgegnung darauf, die ich mit anderen vertrete, lautet: Wir wollen Handlungen verstehen, das heißt Verhalten auch in Hinblick auf Ziele und Motivationen. Dazu sagen uns die physischen Prozesse nichts und gleichzeitig ist das bewusste psychische Leben oft unzureichend, um damit alles Verhalten zu erklären. Wenn wir aber unbewusste Überzeugungen, Wünsche und Emotionen annehmen, so können wir uns damit sehr viel mehr verständlich machen.[33] Insofern ist die Rede davon sinnvoll, weil wir mit ihr Erklärungen geben und Vorhersagen treffen können. Wenn wir zum Beispiel jemandem unbewussten Neid zuschreiben können, dann bekommen einige seiner sonst unverständlichen, leicht böswilligen Handlungen, zu denen er selbst auch nicht mehr zu sagen hat, einen Sinn. Und wir können vorhersagen, wie er auf eine erneute Manifestation der Überlegenheit des anderen reagieren wird.

Die Zweifel an der Berechtigung der Rede von Unbewusstem sind damit keineswegs am Ende. Im Folgenden werde ich aber nur solche anführen und diskutieren, die sich direkt gegen unbewusste *Emotionen* richten. Dabei werde ich andererseits keineswegs dafür argumentieren, dass die meisten oder gar alle wichtigen mentalen Zustände und Prozesse unbewusst ablaufen würden.[34] Wer das behauptet, wechselt gewissermaßen den Gegenstand. Dann ginge es um subpersonale Prozesse auf einem „computational level" der Beschreibung, ähnlich der Registrierung von Neuronenaktivitäten. Es ist jedoch höchst zweifelhaft, ob diese in irgendeinem Sinn *jemals* als bewusst bezeichnet werden können. Solche neuronalen Prozesse sind jedenfalls nicht die mentalen Zustände, die für ein Personenverständnis interessieren. In der Tradition Freuds interessieren für die Frage nach Unbewusstem dagegen die „klassischen", meist bewussten Geisteszustände wie Überzeugung, Wunsch, Emotion und wie sie unter besonderen Umständen unbewusst sein können.

3.2 Pro und contra unbewusste Emotionen

Ich lasse zuerst kurz Argumente der Position zu Wort kommen, nach der Emotionen grundsätzlich als bewusst angesehen werden müssen, um dann in Abgrenzung zu erläutern, warum ich anderer Meinung bin bzw. eine andere Handhabung der Begriffe vorziehe.

3.2.1 Contra unbewusste Emotionen

Emotionen fühlen sich auf bestimmte Weise an. Oder: Wir fühlen Emotionen. Dieses Fühlen bezeichnet, so könnte man es erläutern wollen, einen bewussten, deutlichen Zustand. Man könne unmöglich unbewusst einen Stich des Neides fühlen oder sich unbewusst fürchten. Für Emotionen sei eine klare, gegenwärtige, affektive Dimension wesentlich. Deshalb mache es keinen Sinn, von „unbewussten" Emotionen zu sprechen, weil das ein Widerspruch in sich wäre.

Dagegen kann man jedoch zunächst auf das Phänomen von längerfristigen Emotionen verweisen. Schon wenn ich einen Bekannten um seine lange, Horizont erweiternde Reise beneide, ist dieser Neid nicht auf eine Zeitspanne von Sekunden oder Minuten des gefühlten „Stichs" zu reduzieren.[35] Ich beneide ihn, seit er mir die Reise ankündigte, beneide ihn während der Zeit, da er weg ist, und beneide ihn, wenn er zurückkommt und die Fotos zeigt. Das heißt aber nicht, dass ich die ganze Zeit diesen Stich des ersten Momentes spüre, sondern nur, dass hin und wieder in bestimmten Situationen, etwa beim Ansehen der Fotos, davon etwas aufblitzt. Emotionen zeichnet sicher aus, wie alles, was unter den in der Einleitung eingeführten Überbegriff „Gefühl" fällt, dass sie sich auf diese deutliche, bewusste Weise anfühlen *können*. Aber das heißt nicht, dass sie sich tatsächlich die ganze Zeit *so* anfühlen.

Befürworter der ersten Position erwidern hierauf, in diesem Einwand würden Emotionen mit Dispositionen (bzw. „Dispositioniertheit") zu Emotionen verwechselt.[36] Man könne wohl jemanden einen eifersüchtigen Ehemann nennen, ohne dass dieser sich in einem ständigen Aufruhr befinden müsse, doch er müsse sich dadurch auszeichnen, dass er beim geringsten Anlass Misstrauen schöpfe und in Aufruhr gerate. Das zeige, dass die emotionale Beschreibung einer Person (hier als „eifersüchtig") letztlich auf dem deutlichen, bewussten Zustand basiere, denn darauf müsse man zurückgreifen, wenn man die Emotionszuschreibung im dispositionalen Sinn verwende. Also sei doch der aktuale, bewusste Zustand das *definiens* von Emotionen.

Diese Argumentation halte ich für nicht überzeugend, denn mir scheint dabei ein Unterschied in der Verwendungsweise von Emotionsprädikaten übergangen. Es ist richtig, dass zwischen einer Emotion und der Disposition zu einer Emotion zu unterscheiden ist, auch wenn wir dafür in manchen Fällen die gleichen Worte verwenden. Doch die Unterscheidung ist an einer anderen Stelle zu ziehen, als es hier vorgemacht wird. Ein Mann *ist* eifersüchtig – im Sinne einer Emotion – , in dem

Moment, da er seine Frau mit einem anderen Mann sieht und sich empfindlich in der Herzgegend getroffen fühlt; er ist es aber auch die ganze anschließende Woche, während derer er seiner Arbeit nachgeht, sich über andere Dinge freut und ärgert und nur zwischendurch an die Szene zurückdenkt – bis ihm seine Frau z.B. in einem Gespräch und in Zuneigungsbezeugungen alle Zweifel ausräumt. *Disponiert* zu Eifersucht ist er hingegen nur, wenn wir von ihm als einer eifersüchtigen Person reden. Dann schreiben wir ihm einen Charakterzug zu und keine Emotion. Diesen hat er tendenziell sein ganzes Leben lang und der steht für seine Neigung, in verschiedenen Konstellationen im Verhältnis zu verschiedenen Menschen, mit denen er im Leben zu tun hat, eifersüchtig zu werden. In der Woche, in der er eifersüchtig ist, ist er nur disponiert zu Gefühlsaufwallungen in bestimmten Situationen (wenn er sie zum Beispiel noch einmal mit diesem Kollegen sieht) bzw. zu so etwas wie dem eingangs genannten „Stich", während die Emotion die ganze Zeit besteht. Diesen Aufruhr allein als Emotion zu bezeichnen würde einem jede Möglichkeit nehmen, die Komplexität einer Emotion auch nur einigermaßen zu erfassen. Denn es ist ebenso seine Eifersucht, die ihn zu bestimmten Handlungen disponiert, mit der bestimmte Wünsche einhergehen und die Überzeugungen beeinflussen kann. Für all dies kann man schwerlich allein ein nur punktuell auftauchendes bewusstes Fühlen verantwortlich machen. Er ist eifersüchtig, solange oder insofern er seine Frau (und den anderen Mann) in einem bestimmten „Licht" sieht, genau darauf achtet, wann sie nach Hause kommt, und am liebsten hätte, dass der andere einfach wieder die Stadt verlasse.

Es zeigt sich, dass diese hier zuerst genannte Weise, gegen unbewusste Emotionen zu argumentieren, auf einer Art von Empfindungstheorie beruht: Emotionen sind einfach körperliche Empfindungen und als solche sind sie auch immer bewusst. Diese habe ich jedoch schon zu Beginn der Arbeit (I 1) abgelehnt, und bei der vorliegenden Problematik bestätigt sich diese Entscheidung. Den Begriff der Emotion auf die Phänomenalität starker Affekte, auf so etwas wie einen Stich des Neides oder der Eifersucht oder das Gefühl bodenloser Tiefe, das einem bei der Nachricht eines großen Verlustes erfassen kann, zu beschränken ist unplausibel. Emotionen sind so wenig reine Empfindungen einerseits wie propositionale Urteile andererseits. Und nur solche Gefühlsaufwallungen müssen immer und einwandfrei bewusst sein. Beachtet man jedoch, dass die Phänomenalität von Emotionen differenzierter ist, lässt sich zeigen, inwiefern man sinnvoll von unbewussten Emotionen sprechen kann. Dafür muss sowohl der Begriff des Fühlens als auch der von „unbewusst" erläutert werden.

3.2.2 Pro unbewusste Emotionen: Beispiele

Zuerst will ich in Beispielen verdeutlichen, was Fälle von unbewussten Emotionen sind, die mit einer Empfindungstheorie gar nicht erfasst werden könnten. Daran anschließend werde ich die dennoch bestehende Problematik unbewusster Emotionen neu skizzieren, wie sie im darauf Folgenden diskutiert werden muss.

Ich will anhand von Beispielen zwischen zwei Varianten unterscheiden, in denen es naheliegt, von „unbewussten" Emotionen zu sprechen, eine „schwache" und eine „starke". Unbewusst im *schwachen* Sinne sind uns Emotionen sogar relativ oft. Dazu zähle ich alle Fälle, in denen man sich ihrer nicht bewusst ist, doch durch eine kleine Situationsänderung oder nur ein Nachfragen oder Hinweisen einer zweiten Person, sich ihrer sofort bewusst wird. Zur Veranschaulichung können wir noch einmal an den erwähnten Ehemann zurückdenken: Sowenig, wie er einen ganzen Tag lang den „Stich" der Eifersucht spüren muss, um doch die ganze Zeit eifersüchtig zu sein, so wenig muss er sich dessen überhaupt in jedem Moment bewusst sein. In diesem Sinn unbewusst ist einem eine Emotion, wenn man ihr gegenüber einfach gerade nicht aufmerksam ist. Das kann verschiedene Gründe haben. Man kann abgelenkt sein durch andere Gedanken und Tätigkeiten, auf die man sich konzentriert. Wer ein großes Fest vorbereitet, kann im Trubel

der Vorbereitungen irgendwann übersehen, dass er sich noch
darauf freut. Oder die Aufmerksamkeit ist in Beschlag genommen durch neu auftauchende, starke andere Gefühle. Eine
große Freude kann eine Trauer vorübergehend vergessen machen; das heißt nicht, dass sie so schnell verginge, nur, dass
man sich ihrer eine Weile nicht mehr bewusst ist. Schließlich
kann eine Emotion auch so schleichend kommen, dass man sie
zunächst nicht bemerkt und sich ihrer deshalb nicht bewusst
ist. Jeder hat schon mal einen anderen (oder sich selbst) wütend
ausrufen gehört: „Ich bin nicht wütend!", auf die Frage, warum
man denn so wütend sei. Das Verhalten hatte nach außen
längst ersichtlich werden lassen, was man selbst, wodurch auch
immer abgelenkt oder unwillig, dies zu akzeptieren, nicht bemerkt hat – bis es in dem wütenden Tonfall allzu deutlich wird.

Im *starken* Sinn unbewusst will ich Emotionen nennen, die
uns nicht so leicht bewusst werden, wie es für die bisherigen
Beispiele gilt. Im starken Sinn unbewusst ist uns eine Emotion,
wenn wir uns auf keiner der bisher erwähnten Wege ihrer bewusst werden. Es geht also um Fälle, in denen bloße Aufmerksamkeit nicht reicht; wenn man weder abgelenkt noch zerstreut
oder überfordert ist, wenn selbst die Frage oder der Hinweis
eines anderen nichts verändert.

Wenn man unbewusste Emotionen strikt ablehnt, wie es die
bisher erwähnte Art von Empfindungstheorie fordert, könnte
man diese beschriebenen Phänomene gar nicht als Emotionen
kommentieren. Deshalb sehe ich von ihr hier ab. Doch damit ist
noch nicht geklärt, wie positiv von unbewussten Emotionen
gesprochen werden kann, über das Beispielgeben hinaus. Die
Problematik ist dabei folgende: Wer behauptet, in so einer wie
der zuletzt beschriebenen Situation könne trotzdem eine Emotion vorliegen, muss sich zunächst der skeptischen Frage stellen: Warum bzw. wie gerechtfertigt soll man einer Person eine
Emotion zuschreiben können, von der sie selbst nichts weiß?

Für das Gegenüber einer Person mit unbewussten Emotionen ist die Situation fast wie immer: Man beobachtet die Person
in dem, was sie tut, sagt und mimisch oder gestisch ausdrückt.

Das habe ich im zweiten Teil dieser Arbeit in den Vorarbeiten zur Erklärung des Verstehens der Emotionen anderer ausgeführt. Was in Fällen angenommener unbewusster Emotionen fehlt, ist nur eine positive Selbstaussage der betreffenden Person über ihre Emotion. Wenn man sie fragt: „Fürchtest du dich nicht vielleicht einfach?", wird sie sagen: „Nein (nicht, dass ich wüsste)." Dennoch kann vor allem das Verhalten etwas anderes „sagen". Damit komme ich auf das Argument vom Anfang dieses Kapitels zurück. Man hat Grund, eine Emotion anzunehmen, wenn gewisse Handlungen sonst nicht zu erklären sind.[37] Ein Beispiel ist etwa, dass jemand zu einer wöchentlichen Veranstaltung notorisch zu spät kommt oder gar den Zug verpasst, so dass er gar nicht mehr kommen kann. Irgendwann will man es für keinen Zufall mehr halten. Dann kann man annehmen, dass eine unbewusste Verärgerung oder sogar Furcht vorliegt, die sich auf irgendetwas bezieht, das mit dieser Veranstaltung zu tun hat, so dass die Person diese meidet. Zahlreiche Beispiele dieser und ähnlicher Art kann man in Berichten aus der psychoanalytischen Praxis finden.[38]

Was ist aber die epistemische Position der betroffenen Person selbst gegenüber ihrer Emotion? Sie ist deutlich eine andere als in Normalfällen. Denn der selbstverständliche unmittelbare Zugang fehlt oder ist gestört. Deshalb schließt sich eine zweite kritische Frage an bzw. eine Zuspitzung der ersten: Wie soll es dieses Phänomen von unbewussten Emotionen überhaupt geben können? Haben wir diesen Zugang nicht über das Fühlen einer Emotion und gehört zu einer Emotion dieses Fühlen nicht notwendig dazu? Um das Fehlen unmittelbaren Wissens erklären zu können, scheint man an dieser Stelle sagen zu müssen, unbewusste Emotionen seien solche, die man nicht fühlt.

Hier zeigt sich das Problem mit der Rede von unbewussten Emotionen ganz deutlich: Entweder muss man sagen, wir können Emotionen haben, die wir nicht fühlen, oder man muss behaupten, wir können unbewusst fühlen. Beides erscheint problematisch. Es erscheint nicht sinnvoll, eine Emotion grundsätzlich anders zu erläutern als damit, dass man irgendetwas fühlt. So, wie eine Überzeugung zu haben heißt, etwas zu denken, so heißt, eine Emotion zu haben, etwas zu fühlen. Wir fühlen nicht eine Emotion in dem Sinn, dass es sie gefühlt oder ungefühlt gibt, sondern wir beziehen uns in einer Emotion fühlend auf etwas in der Welt. Ich freue mich auf etwas, ärgere mich über etwas, liebe jemanden und fürchte einen anderen. Das Fühlen ist die Emotion. Damit jedoch steht man für die Behauptung von unbewussten Emotionen vor der Herausforderung, zu erklären, inwiefern Fühlen unbewusst sein kann. Das ist problematisch, weil Fühlen normalerweise als ein Erlebnis verstanden wird und damit als etwas, das immer bewusst ist (selbst wenn es nicht so etwas Prägnantes ist wie die von der Empfindungstheorie als Fühlen propagierten Stiche und das Ziehen etc.). Nach dieser Beispielbetrachtung ist also eine genauere Untersuchung nötig, einerseits der Begriffe „Emotion" und „Fühlen" auf ihren Zusammenhang hin und andererseits der Begriffe von „Fühlen" und „bewusst"/ „unbewusst".

In der Hauptfrage werde ich schließlich für die zweite Alternative eintreten, das heißt für die Möglichkeit, unbewusst zu fühlen. Dafür skizziere ich zuerst eine Argumentation, die die erste Aussage unterstützen würde, nämlich, man könne eine Emotion haben, ohne zu fühlen; zeige dann jedoch, wie dabei der Begriff des Fühlens missverstanden wird: Man müsste annehmen, Fühlen sei eine Wahrnehmung der Emotion. Ich erläutere, wie ein Ansatz aussehen müsste, der dies vertritt – und was dessen unhaltbare Konsequenzen wären. Das lässt die Waage auf die Seite des „unbewussten Fühlens" ausschlagen, was dann im nächsten Abschnitt angegangen wird. Zunächst aber zum Ansatz, der für die erste Alternative spräche. So einer findet sich etwa bei Robert Roberts, und an seine Darstellung lehne ich mich zur Skizzierung dieser Gegenposition an.[39]

3.2.3 Fühlen als Wahrnehmung einer Emotion. Idee und Kritik

Man könnte also wie Roberts etwa folgende Erklärung versuchen: Etwas zu fühlen heißt nicht, einfach eine körperliche Empfindung zu haben; sondern etwas zu fühlen heißt, etwas auf bestimmte Weise wahrzunehmen. So kann man sich z.B. ausgeraubt fühlen, das ist eine Weise, den Umstand eines Diebstahls wahrzunehmen. Oder man kann sich ausgenutzt fühlen. Beide Male handelt es sich nicht um Emotionen, sondern um eine bestimmte Weise, etwas wahrzunehmen, wie es Roberts erläutert.[40] Unter die Dinge, die wir fühlen, und also auf bestimmte Weise wahrnehmen, zählt Roberts auch die Emotionen selbst. Normalerweise nehmen wir unsere Emotionen wahr, indem wir sie fühlen. Unter bestimmten Umständen fühlen wir sie nicht, nehmen sie also nicht wahr, und das sind die Fälle von unbewussten Emotionen.[41] Sich einer Emotion nicht bewusst zu sein hieße demnach, sie nicht zu fühlen. Mit dieser Erklärung hätte man von Anfang an die Schwierigkeit aus dem Weg geräumt, wie denn vorstellbar sein soll, etwas unbewusst zu fühlen – wo doch Fühlen mit Bewusstsein verbunden ist. Doch ist dieses Verständnis des Begriffs „Fühlen" und die dazugehörige Emotionskonzeption überzeugend? Hier wird Fühlen als eine Wahrnehmung konzipiert: als Wahrnehmung einer Emotion – oder von etwas anderem, wie Körperzuständen, also Unregelmäßigkeiten im Darm oder Herz beispielsweise. Und eine Emotion zu haben ist in diesem Verständnis nicht gleichbedeutend damit, etwas zu fühlen. „Fühlen" und „Emotion haben" sind insofern voneinander getrennt, als man etwas fühlen kann, ohne eine Emotion zu haben, und eine Emotion haben kann, ohne sie zu fühlen.

Mit der Auffassung von Fühlen als eine Art von Wahrnehmung kann man, das scheint ein Vorteil zu sein, dem vielfältigen Gebrauch des Begriffs gerecht werden. Dann kann man Bauchkrämpfe genauso fühlen wie einen Kniff in den Arm, eine Weise, wie mit einem umgegangen wird (Ausnutzen) oder eben eine Emotion wie Neid. Doch es gibt eine Reihe von Problemen mit diesem Ansatz, und außerdem ist die damit verbundene Trennung von Fühlen und Emotion nicht haltbar. Ich diskutiere diese Schwierigkeiten, um anschließend ein alternatives Verständnis des Begriffs „Fühlen" vorstellen zu können.[42]

Warum Fühlen keine Wahrnehmung von Emotionen sein kann
Es gibt Versuche, Körperempfindungen als Wahrnehmungen zu konzipieren. Diese lassen sich in einem Punkt kritisieren, der für die Konzeption von Fühlen als Wahrnehmung nur umso mehr gilt.[43] Wahrnehmung setzt voraus, dass da etwas ist, das wahrgenommen werden kann. Die Wahrnehmung ist dann eine Abbildung oder, allgemeiner, Repräsentation dessen. Das heißt auch: Wahrnehmung setzt einen Unterschied voraus zwischen den wahrgenommenen Eigenschaften und ihrer Wahrnehmung. Der Baum ist eine Sache, meine Wahrnehmung von ihm ist eine andere. Dieser Unterschied ist aber bei Körperempfindungen nicht klar auszumachen. Ein extremes Beispiel ist Phantomschmerz, also eine Empfindung eines Körperteils, den es gar nicht mehr gibt. Da gibt es offensichtlich nur den Schmerz, denn das, was er repräsentieren sollte, das Bein etwa bzw. dessen Verfassung, ist gar nicht da. Dann wäre es eine Wahrnehmung ohne Wahrgenommenes; das ist unmöglich und spricht also dagegen, Körperempfindungen als Wahrnehmung zu bezeichnen. Dies gilt auch für die weniger spektakulären Fälle. Was genau sollte ich wahrnehmen, wenn ich Magenschmerzen habe? Nehme ich den Magen wahr, das Ablösen der Magenschleimhaut (bei der Entzündung dieser) oder die Erreger, wie sie sich im Blut zu schaffen machen? Keinen dieser Vorschläge möchte man mit „ja" beantworten. Ich habe einfach Schmerzen, das ist alles, was ich durch diese Empfindung weiß, sie repräsentiert mir nichts darüber hinaus. Die Schmerzen selbst sind wie andere Empfindungen, Krämpfe oder Kribbeln, das, was sie sind, und repräsentieren nichts. Ich kann höchstens von ihnen her wie eine dritte Person, wie der Doktor es mich gelehrt hat, darauf schließen, was sich gerade in meinem Körper abspielt. Aber das ist dann inferentielles Wissen und keine unmittelbare Wahrnehmung. Wenn, dann unterscheiden wir zwischen der Ursache des Schmerzes und ihm selbst. Die Entzündung im Magen ist Ursache des Schmerzes, aber dieser repräsentiert mir jene nicht. Selbst wenn man versuchen wollte, von einer Repräsentation zu reden, wäre unklar,

woran sie festzumachen wäre. Denn die Charakteristika der Empfindung können nur als Charakteristika des Gewahrseins oder eben der Wahrnehmung unserer Körperteile gesehen werden, nicht aber als Eigenschaften unserer Organe: stechend, ziehend, krampfend, stark oder schwach usw. Nicht aber: entzündet, blutend, etc.

Ähnlich verhält es sich mit Fühlen als Wahrnehmung von Emotionen. Was sollte das Wahrgenommene jenseits der Wahrnehmung selbst sein? Bei William James war es noch einfach der Körper, den man im Zustand einer Emotion wahrnahm.[44] Traurig zu sein hieß da, seine Tränen bzw. all die anderen körperlichen Veränderungen, mit denen man auf ein Ereignis reagieren kann, wahrzunehmen. Das aber ist im Rahmen der Auffassung von Emotionen als intentionale Phänomene, die sich in der Regel auf etwas jenseits des Körpers beziehen, nicht mehr relevant. Weinen ist ein Ausdrucksverhalten (oder noch allgemeiner: eine Körperveränderung), das bei Trauer auftritt und dessen sich bewusst zu sein eine Körperempfindung ist, nicht aber die ganze Emotion. Was sollte nun stattdessen beim Fühlen von Emotionen wahrgenommen werden? Der Körper kann es nicht sein, denn das wären ja Körperempfindungen. So bleibt letztlich: Es ist ein je bestimmtes Set von Propositionen, die man selbst hat. Für Bernds Ärger über seine Frau, die seinen Werkraum aufgeräumt hat, was Roberts Beispiel ist, lautet das etwa: „Sie hat es mir schwer gemacht, mein Werkzeug zu finden; es ist wichtig für mich, Werkzeug leicht zu finden; sie ist schuldig und bestrafenswürdig."[45] Und das ist problematisch, denn allein die Repräsentation von Propositionen kann nicht ausreichen für Fühlen. Denn wenn man überhaupt von innermentalen Repräsentationen von Propositionen sprechen will, so kann das nichts anderes sein, als sich seiner Überzeugungen bewusst zu sein. Sich irgendwelcher Überzeugungen bewusst zu sein, kann aber nicht die Definition für Fühlen sein, das muss noch durch etwas Besonderes ausgezeichnet sein. Das „mehr" könnte sich bei diesem Ansatz dadurch ergeben, dass es so etwas wie das

Bewusstsein dieser gewissen Gruppe von Propositionen unter einem zusammenfassenden, charakterisierenden Konzept bzw. Begriff ist:[46] Man wäre sich dieser Propositionen zusammen *als* Ärger oder Freude oder Trauer etc. bewusst. Wenn Bernd die Propositionen unter solch einem Begriff zusammenfassend wahrnimmt und sie so übergreifend identifiziert als die begrifflich fassbare Weise, in der er die Situation sieht, dann nimmt er sich selbst unter einer weiteren Proposition wahr: Ich bin ärgerlich. Und dann und insofern fühlt er seinen Ärger auch, versucht dieser Ansatz zu sagen.

Doch das ist immer noch nicht ausreichend. Mit diesem Verständnis der Dinge wäre „Emotion" nur eine zusätzliche Bezeichnung von etwas, das es schon in Teilen unter anderen Begriffen gibt. Es gibt nur Überzeugungen, und eine gewisse Kombination davon kann man als eine Emotion bezeichnen. Doch dabei wird etwas verfehlt. Der Gehalt einer Emotion ist ein anderer als der von Überzeugungen. Eine weitere notwendige Charakterisierung wäre zumindest noch: Die Propositionen müssen mit unseren Bedürfnissen verbunden sein bzw. sich irgendwie auf Bedürfniserfüllung und -behinderung beziehen. Das wäre ein Versuch, die Bedeutsamkeit, die zu Emotionen gehört (und die in dem sonst in dieser Arbeit vertretenen Emotionsverständnis in der Idee des Hintergrundobjekts liegt), in dem Ansatz zu berücksichtigen. Doch hier greifen letztlich auch die Argumente, die im ersten Teil dieser Arbeit gegen Nussbaums Emotionen-als-Werturteile-These hervorgebracht wurden; zwar wird der Begriff des Urteils vermieden, doch insgesamt werden Emotionen genauso über Überzeugungen definiert. Und das ist zu wenig.

Eine Analyse wie die hier nachvollzogene entpuppt sich als eine Variante des Kognitivismus, den ich im ersten Teil bereits kritisiert habe. Dabei wird die normale Erfahrung von Emotionen vernachlässigt. Es ist gewissermaßen eine Analyse ex post, die die Phänomene in bekannten Begriffen fassbar machen will. Aber bei dieser „Übersetzung" geht etwas verloren.[47] Es erscheint mir von einer phänomenologischen Analyse der Emotionserfahrung her unplausibel, zu sagen, eine Emotion zu erfahren heiße, eigene Überzeugungen oder, sagen wir schwächer, Anschauungen der Welt bzw. bestimmter Szenarien und Sachverhalte als unter einem Begriff zusammenfassbar wahrzunehmen bzw. sich dessen bewusst zu sein. Kann ich nicht oft Emotionen erfahren, wirklich durchleben und erst im Nachhinein präzise sagen können, was das war? Ich hatte Gedanken, Wünsche, habe gehandelt und mich verhalten, ganz, wie es der Emotion entspricht. Sie mag mir nicht unter ihrem Namen bewusst gewesen sein, aber ich habe sie doch gefühlt, hatte unmittelbares Wissen von ihr.

Nach dieser Untersuchung gibt es keine passenden Kandidaten dafür, was man beim Fühlen einer Emotion wahrnehmen sollte, so dass ein Fehlen des Fühlens bedeuten könnte, dass man sich ihrer unbewusst wäre. Deshalb scheitert dieser Vorschlag, Fühlen als Wahrnehmung zu konzipieren in einem ersten Punkt. Darüber hinaus will ich noch zeigen, dass schon die dazugehörige Trennung von Fühlen und Emotion unplausibel ist.

Warum „Emotion haben" begrifflich nicht zu trennen ist von „Fühlen"
Zunächst gilt hierfür das Argument wie bisher: Was soll es heißen, in einem emotionalen Zustand zu sein, wenn nicht, dass man etwas fühlt? Es muss doch ein anderer Bezug auf die Welt sein, als wie wir ihn ohne Emotionen haben, also einer, der anders ist als Denken von Überzeugungen. Es liegt nahe, diesen Bezugsmodus „Fühlen" zu nennen; als einen phänomenal gefärbten Zustand mit intentionalem Gehalt.

Außerdem kann man einen strukturellen Einwand vorbringen: Es ist psychologisch unplausibel, dass wir immer, wenn uns Emotionen bewusst sind, einen zweiten mentalen Akt vollziehen, zusätzlich zu dem, die Emotion zu haben. Doch darauf würde es hinauslaufen, wenn man sagt, dass Fühlen das „Unter-Begriffe-Bringen" einer Emotion wäre. Man kann unterscheiden zwischen dem Zustand, sich einer Emotion bewusst zu sein, und dem, dies nicht zu sein. Warum sollte es zusätzlich noch den mentalen Akt des Fühlens geben? Das erscheint mir

unnötig. Vielmehr ist man nur, wie ich eingangs bereits ange-
geben habe, vor die Frage gestellt, an was man das Fühlen
knüpft. Es gibt die Möglichkeit, das Fühlen auf die Seite des
Habens von Emotionen zu schlagen oder auf die, sich ihrer
bewusst zu sein. Letzteres, das Zusammennehmen von Fühlen
einer Emotion und sich ihrer bewusst zu sein, führt bei dem
Versuch, damit unbewusste Emotionen zu erklären, entweder
zu einer problematischen Doppelung oder zu einer Auflösung.
Doppelung, was letztlich bedeuten würde, dass es drei Arten
von „Bewusstseinszuständen" gibt, wie Emotionen auftreten
können, ergäbe sich im Sinne von: 1) Man hat eine Emotion, 2)
kann sie fühlen oder nicht, 3) und kann sich ihrer bewusst sein
oder nicht. Schlägt man „Fühlen" hingegen auf die Seite der
Emotionen, würden sich Unterschiede der Auftrittsmöglich-
keiten völlig auflösen, denn es hieße: Gedanken ist man sich
bewusst, Emotionen aber fühlt man, was nur eine andere Bezeichnung dafür ist, sich ihrer bewusst zu sein. Beide, die Di-
versifizierung in drei Stufen einerseits wie das Auflösen von
Unterschieden (was bedeutet, die Möglichkeit unbewusster
Emotionen zu bestreiten), scheinen mir unattraktive Alternativen zu sein. Es ist insgesamt unklar, warum der Terminus „bewusst" nicht auf verschiedene mentale Zustände gleichermaßen
anzuwenden sein sollte. Wenn eine Emotion als mentaler Zustand gesehen wird, dann muss für sie das Prädikat „bewusst"
genauso anzuwenden sein, wie auf die anderen. Es wäre ebenso
unplausibel, diesen Ausdruck durch den des Fühlens zu ergänzen, wie ihn dadurch zu ersetzen.

Auch in diesem Punkt weist die Annahme von Fühlen als
Wahrnehmen einer Emotion inakzeptable Konsequenzen auf.
Damit ist ein Plausibilisierungsversuch der These, wir könnten
Emotionen haben, die wir nicht fühlen, gescheitert. Wie steht
es nun mit der Alternative? Wenn wir uns einer Emotion nicht
bewusst sind, sagt sie, so kann nicht das Fühlen fehlen, weil das
die Emotion aus der Perspektive der ersten Person wesentlich
ausmacht. Sie hat den Haken, dass man erklären muss, inwiefern man unbewusst fühlen kann. Dazu im nächsten Abschnitt.

3.2.4 Unbewusste Emotionen

Der Begriff der Emotion soll nicht getrennt werden von dem Ausdruck, etwas zu fühlen. Gleichzeitig jedoch wird etwas zu fühlen in der Regel für einen bewussten Zustand gehalten. Wie können wir unter diesen Voraussetzungen von unbewussten Emotionen sprechen? Das heißt erläutern: Wie kann man unbewusst fühlen?

Sehen wir uns an, warum etwas zu fühlen für einen notwendig bewussten Zustand gehalten wird und was es angesichts dessen für eine Möglichkeit gibt zu erklären, was wir meinen, wenn wir in den oben genannten Beispielen von unbewussten Emotionen sprechen – was nach dem bisherigem Gang der Argumentation auch hieße zu sagen, dass jemand etwas unbewusst fühlt. Fühlen steht für die Subjektivität von Emotionen, für ihren Erlebnischarakter. Als Erlebnisse bezeichnet man Zustände, die sich dadurch auszeichnen, dass es für das Subjekt dieses Zustandes „irgendwie ist", in ihm zu sein. Der Zustand ist nicht nur vorhanden, er wird erlebt: er ist nicht nur *an* sich, sondern etwas *für* ein Wesen.[48] Deshalb muss er immer bewusst sein, im Sinn von: Wir wissen unmittelbar davon.

Wie sind die Ausnahmesituationen der obigen Fälle von schwach und stark „unbewussten" Emotionen unter dieser Voraussetzung zu beschreiben? In den Beispielen zum ersten Fall kann man sagen, dass wir einfach gerade nicht aufmerksam auf unsere Emotionen sind. Wir sind abgelenkt, unkonzentriert oder beschäftigen uns intensiv mit etwas anderem. Das lässt sich in der Hinsicht erläutern, dass die Emotion, die es hier in ihrem Modus zu beschreiben gilt, im Erlebnischarakter überdeckt ist von anderen Erlebnissen oder auch vermischt mit solchen, so dass sie darin gewissermaßen untergeht. Analysiert eine Person im Nachhinein so eine Situation, etwa, ob sie sich bei all der Vorbereitung noch auf das Fest gefreut hat oder ihm seine Trauer trotz der guten anderen Nachricht und der davon ausgelösten Freude geblieben wäre, dann kann man diese Emotion womöglich sogar auch noch identifizieren: Das Mädchen etwa fühlte sich zwar insgesamt genervt, aber sie hat schon viel schlimmere Gefühlszustände erlebt; etwas von der Vorfreude prägte doch die ganze Zeit ihr affektives Erleben, auch wenn sie ihr nicht explizit bewusst war. Und der Mann kann im Nachhinein sagen, dass er sich unter anderen Umständen sicher noch viel mehr gefreut hätte, nur unter diesen Umständen war die Freude wegen der weiter existenten Trauer etwas gedämpft – was er aber im Moment gar nicht gemerkt hatte, da ihn die plötzlich hereinbrechende Freude völlig von seiner Trauer abgelenkt hatte. Insgesamt lässt sich so eine Art von „unbewussten Emotionen" also erläutern als ein Zustand, in dem einem eine eigene Emotion nicht *deutlich* ist. Durch kleine Veränderungen, wie Hinweise von anderen oder Ende der Ablenkung, ist sie aber gleich wieder deutlich, ganz präsent.[49] So ist der Begriff „unbewusst" hier gewissermaßen nur bedingt zu verwenden. In der Rede von „unbewussten Emotionen" nimmt man dem dazugehörigen Fühlen seinen Bewusstseinsstatus nicht völlig, sondern trägt der Tatsache Rechung, dass es bei viel gleichzeitig Bewusstem Gradunterschiede gibt und sich nacheinander Verschiedenes in den Vordergrund schieben kann.

Wie sind auf ähnliche Weise Beispiele zu kommentieren, die ich oben als Fälle von stark unbewussten Emotionen herangezogen habe? Was ist hier die Erklärung, wenn es nicht an Aufmerksamkeit mangelt? Dazu müssen wir uns mögliche Beispiele noch einmal neu und unter einer anderen Frage ansehen. Was ist ihnen gemeinsam? Von allen Beispielen, die wir (vor allem aus der Psychoanalyse) kennen, sind es Emotionen, mit deren Existenz die Person Schwierigkeiten hat, wenn ihr nahegelegt wird, sie als eigene anzuerkennen. Der Schüler, der zum Schwimmunterricht immer zu spät kommt, behauptet, wenn man ihn fragt, sich keineswegs davor zu fürchten, es sei Zufall, dass er immer wieder zu spät komme. Er wehrt sich dagegen, wenn man ihm Furcht „andichten" will, er sei doch kein Feigling oder Ähnliches. So gilt es auch für die anderen Beispiele, die in der Psychoanalyse angeführt werden. Es sind allesamt abgelehnte Emotionen, mit denen sich eine Person, konfrontiert man sie damit, nicht identifizieren will.[50] Wenn man dies als wesentliches Merkmal von solcher Art „stark unbewusster" Emotionen ansieht, dann hat man auch eine Erklärung für sie, parallel zu den schwach unbewussten: Nicht Ablenkung in diesem Fall, sondern Ablehnung ist verantwortlich dafür. Freud hat für diesen Umstand den Begriff der „Verdrängung"[51] geprägt: Psychische Vorkommen, die man nicht haben will, die man nicht als zu sich gehörig akzeptieren will, werden verdrängt. Ohne weiter im Detail auf Freudsche Theorien einzugehen, möchte ich diesen Punkt herausgreifen. Entscheidend ist, dass zur Idee der Verdrängung gehört, dass die Person irgendwie doch schon von der Emotion weiß – sonst könnte sie sie gar nicht ablehnen und „zurückdrängen". Genau das spricht dafür, auch hier von einem Bewusstsein in Graden auszugehen. In diesem Fall wird die „unbewusste" Emotion durch Verdrängung davon abgehalten, der Person derart deutlich zu sein, wie sie es unter anderen Umständen wäre.

Emotionen sind also immer Erlebnisse, auch wenn sie in Ausnahmefällen unbewusst sind. Eine unbewusste Emotion zu haben heißt unbewusst fühlen, insofern man undeutlich fühlt und so das unmittelbare Wissen fehlt, das man normalerweise von seinen Emotionen hat. Bei den vorübergehenden Fällen ist ein anderer Eindruck, ein anderes Erlebnis stärker, so dass das Fühlen der gesuchten Emotion quasi darin unter- oder aufgeht. Man erlebt und fühlt damit die Emotion, und das unmittelbare Wissen der Emotion, das damit einhergehen müsste, ist nur vorübergehend gestört, insofern das Erleben undeutlich ist. Bei den langfristigen Fällen muss man von einer Verdrängung des eigentlichen Erlebnisses ausgehen. Auf irgendeine Art erlebt man es jedoch auch, sonst könnte man es gar nicht ablehnen. Hier ist das unmittelbare Wissen der Emotion, das mit ihrem Fühlen eigentlich zusammengehen sollte, durch einen Akt der Selbsttäuschung gestört.

Unbewusste Emotionen laufen, so habe ich es dargestellt, trotz allem in einem Erlebnis ab. So zeichnet bewusste vor unbewussten Emotionen nicht aus, ein Erlebnis zu sein. Denn in beiden Fällen sind es Erlebnisse, nur verschiedene bzw. verschieden ausgeprägte – verschieden deutlich. Auf den ersten Blick mag dieses Kapitel scheinbar einen Widerspruch in Hinblick auf das Kapitel zu Verwirrung über eigene Emotionen darstellen (vgl. III 1). Dort habe ich auch eine Weise thematisiert, wie wir undeutliche Gefühle haben können, und dort bestand die Klärung darüber nicht in einem Entdecken, sondern in einem Ausbilden. Doch meiner Ansicht nach widersprechen sich die beiden Darstellungen nicht, sondern betreffen zwei verschiedene Arten von Phänomenen, die es beide gibt und die beide auf ihre Weise ein Verstehenshindernis bilden. Im Gegenteil ergänzen sie sich vielmehr zu einer reichen Beschreibung der vielfältigen und damit insgesamt sehr komplexen Gesamtheit der menschlichen Psyche.[52]

3.3 Bewusst-Sein als Voraussetzung für Verstehen

Nach dieser Klärung, inwiefern wir unbewusst Emotionen haben können, steht die Beantwortung der eigentlichen Frage nach dem Verstehen aus. Inwiefern versteht man seine Emotion nicht, wenn man sich ihrer nicht bewusst ist? Diese Frage provoziert zunächst eine banale Antwort: Wenn man sich seiner Emotion nicht bewusst ist und einen niemand darauf aufmerksam macht noch man irgendwie anders dazu motiviert wird, auf Anzeichen zu achten, dann ist man ahnungslos. Man weiß nichts von ihr und so versteht man sie einfach deshalb nicht, weil sie gar kein Thema für einen ist. Entsprechend ist es einsichtig, dass zum Verstehen gehört, dass man sich dessen, was man verstehen sollte, bewusst ist.

Eine interessantere Antwort ist jedoch zu geben, wenn man sich die Fälle der in der starken Variante unbewussten Emotionen vornimmt und man sich die Lage anders denkt: Wenn lauter Anzeichen, die wir selbst bemerken oder auf die uns andere aufmerksam machen, dafür sprechen, dass wir eine Emotion haben und wir schließlich zur Überzeugung gelangen, wir hätten diese Emotion, denn anders sei unser Verhalten und unsere Motivation nicht zu erklären. In solch einer Situation haben wir

den Fall, sagen zu können, *was* wir (unbewusst) fühlen und sogar, *warum* wir so fühlen (denn die Hinweise können durchaus
auch eine zumindest bruchstückhafte Geschichte beinhalten),
ohne jedoch die Emotion bewusst zu haben. Jemand kann im
Gespräch mit einem Freund zugeben, dass sein abschätziges
Verhalten gegenüber einem Kollegen eigenartig anmutet und
dass ein Grund dafür Neid sein könnte, Neid auf des anderen
Glück im Beruf wie im Privaten – doch damit wird er sich
nicht notwendig dieser Emotion bewusst.[53] Das ist ein interessanter Fall von mangelndem Verstehen. Denn hier ist das Wissen (oder zumindest die berechtigte Vermutung) um eine
Emotion gegeben, sie ist für den Mann ein Thema und er bemüht sich, sie zu verstehen, was auch in Teilen gelingt. Dennoch wird man hier zögern zu behaupten, der Mann habe seine
Emotion wirklich verstanden. Warum?

Was offensichtlich fehlt, ist Deutlichkeit im Erleben und
damit unmittelbares Wissen um die Emotion. Doch das muss
als Verstehenshindernis nicht nur einfach konstatiert werden,
sondern kann auch noch in zwei Punkten erläutert werden. Und
zwar anhand einer Beschreibung dessen, was man tun muss,
um sich eine stark unbewusste Emotion bewusst zu machen.

Erstens: Einfach Aufmerksamkeit auf die Emotion zu
richten nützt in diesen Fällen nichts. „Sei doch ehrlich zu dir,
du beneidest ihn" nützt nichts, weil man sich selbst dem unmittelbaren Wissen, das man eigentlich davon hat, verweigert,
es immer wieder wegschiebt. „Warum sonst solltest du ihn
immer stärker kritisieren als andere, sowie es nur die kleinste
Gelegenheit dazu gibt!?", ist auch noch nicht ausreichend, es
lassen sich auch andere (falsche) Geschichten dazu erzählen.
Was es braucht, um an solche unbewussten Emotionen heran-
zukommen, ist noch etwas mehr: Ein Hinweis darauf, *warum*
genau man die Emotion wohl verdrängt. Erst wenn man mit
dem Kollegen darüber redet, warum er den Neid sich selbst
nicht zugeben will[54], und er überhaupt erst erkennt, dass er dafür einen Grund hat, kann ihm auch der Neid selbst deutlich
bewusst werden.[55] Es nützt nichts, die Hinweise, die er wie eine

andere Person sammeln kann, zusammenzunehmen und damit darauf zu schließen, welche Emotion er wohl hat.[56] Das nützt nichts, sie einem selbst im hier diskutierten Sinn bewusst zu machen. Denn „bewusst sein" als unmittelbares Wissen beschreibt ein Verhältnis aus der Perspektive der ersten Person, doch diese Hinweise sind sämtlich drittpersonale, objektive (Ausdruck und Verhalten sieht man, Körperveränderungen können gesehen oder notfalls gemessen werden). Sie können damit nur ein Wissen aus der theoretischen Perspektive ermöglichen, was nicht der praktischen Perspektive, der des Bewusstseins gleichkommt. Nur wenn wir uns selbst transparent sind in den Gründen für ein (mögliches) Verdrängen, kommen wir in die Lage, diese als Handlung von uns überhaupt erst in Erwägung zu ziehen, anzuerkennen und schließlich auch aufzugeben. Für all das braucht es einiges an Selbstanalyse, Ehrlichkeit und Mut, sich mit allen Facetten des eigenen Charakters auseinanderzusetzen. Das scheint mir eine plausible Beschreibung dessen zu sein, dass wir, indem wir uns eine Emotion bewusst machen, sie auch in einem höheren Grad verstehen, als es jeweils vorher der Fall ist.

Zweitens gibt es eine Erläuterung des Bewusstmachens einer Emotion hinsichtlich des Verstehens mit Bezug auf die Ergebnisse der vorherigen Kapitel. Wenn man davon ausgeht, was ich dort als Hinsichten des Verstehens eigener Emotionen herausgearbeitet habe, dann wird auch deutlich, warum man sich seiner Emotionen bewusst sein muss, um sie (in höherem Grad) verstehen zu können. Ich habe gezeigt, wie die Überwindung der thematisierten Verstehenshindernisse damit zu tun hat, Einfluss auf eigene Gefühle nehmen zu können. Diese Einflussmöglichkeit nun hängt davon ab, ob man sich seiner Emotion bewusst ist. Denn sich einer Emotion bewusst zu sein heißt, wie wir gerade schon gesehen haben, die Perspektive der ersten Person auf die eigenen Gefühle zu haben. Und dies ist (vor allem anderen) Voraussetzung dafür, Einfluss auf eigene Emotionen nehmen zu können.[57] Das lässt sich gut anhand eines Verfahrens aus der psychoanalytischen Praxis veranschaulichen.[58]

Eine Aufgabe von Psychotherapie ist es, Patienten, die mit ihren Emotionen Probleme haben, diese verständlich zu machen. Ziel ist es, die Emotionen zu erkennen und mit ihnen umgehen zu können, so dass der Leidensdruck, dessentwegen man zum Therapeuten geht, verschwindet. Die aktuellen quälenden Gefühle können ihren Grund in unbewussten Emotionen haben. Von der wahrscheinlichen Existenz bestimmter unbewusster Emotionen kann der Therapeut den (einsichtigen) Patienten theoretisch durch Analyse seines Verhaltens und seiner Handlungen überzeugen. Doch das reicht nicht aus, damit der Patient sie so versteht, dass er sie beeinflussen oder auflösen könnte. Es reicht nicht, dass sie zusammen die Anzeichen durchgehen, die auf eine Emotion schließen lassen können. Der Patient muss sich der Emotion bewusst werden, er muss unmittelbares Wissen von ihr erhalten, wie nur er es selbst haben kann.

Eine Möglichkeit, das zu erreichen, besteht für den Therapeuten darin, das Erleben des Patienten zu stimulieren, um es deutlich werden zu lassen, und so unmittelbares Wissen zu ermöglichen. Dafür muss zum „Erinnern" und „Durcharbeiten", wie Freud sagt (was in etwa dem Verstehen von Verhalten, Erfahrungen und Emotionen aus der Perspektive der dritten Person entspricht), auch das Wiederholen einer Emotion kommen. Der Therapeut lässt den Patienten sich eine seiner wichtigen erlebten Szenen in Erinnerung rufen, sie sprechen sie im Detail durch und spielen dann die Szene mit dem enthaltenen Konflikt gemeinsam durch. Ziel ist, dass sich dabei beim Patienten eine dazugehörige, bisher unbewusste Emotion entwickelt und diesmal aufgrund der vorherigen Besprechung der Anzeichen für das Vorliegen einer Emotion und möglicher Gründe für ihr Verdrängen, die als aufzugeben erkannt wurden, *nicht* verdrängt wird. Ein Verfahren dazu ist, dass der Therapeut die Emotion auf sich gerichtet zulässt und die Rolle des Gegenübers für die Emotion spielt.[59] So kann es gelingen, eine Emotion neu entstehen zu lassen, wobei sich der Patient seiner Emotion bewusst wird. Und dann kann er Einfluss auf sie nehmen, worauf der weitere Verlauf der Therapie aufbaut.

Sich seiner eigenen Emotion bewusst zu sein spielt nach dieser Darstellung in zwei Hinsichten für das Verstehen der Emotionen eine Rolle. Zum einen ist es auf ganz basale Weise wichtig, in dem Sinn nämlich, dass man sie überhaupt auf die Weise „hat", dass man sich mit ihr in der Art beschäftigen kann, wie es die in den anderen Kapiteln ausgeführten Hinsichten des Verstehens erfordern. Und zum anderen erfährt man in dem Bemühen um das Bewusstmachen einiges über den weiteren psychischen Kontext der Emotion bzw. wie man selbst zu ihr steht, wobei einem auch die Emotion selbst klarer wird.

4. Irrtum, Selbsttäuschung und Phantasie.
Eigene Emotionen missverstehen

Was man verstehen kann, kann man auch missverstehen. Um ein vollständigeres Bild vom „richtigen Verstehen" zu haben, muss deshalb auch noch diese Möglichkeit in Betracht gezogen werden: Wir können unsere Emotionen missverstehen. Worin besteht das, wie kann es passieren und wie lässt sich mit den Resultaten dieser Untersuchungen das bisher gefertigte Bild des Verstehens von Emotionen ergänzen? Diese Fragen können im Rahmen dieser Arbeit zunächst sehr klar angegangen werden. In den vorherigen Kapiteln wurde erläutert, was es heißt, Emotionen zu verstehen; so muss jetzt für das Missverstehen aufgezeigt werden, inwiefern man dabei Fehler begehen kann. Doch darüber hinaus gehören in dieses Kapitel noch prekäre Gefühlsphänomene, bei denen die Frage ist, ob man sie richtig versteht, wenn man sie *überhaupt als* eigene Emotionen versteht. Diese Problematik werde ich unter der Begrifflichkeit von „echten" bzw. „unechten" Emotionen untersuchen. Ich beginne jedoch mit den einfacheren Fällen, das heißt mit der Umkehrung der bisher gegebenen positiven Thesen zum Verstehen von Emotionen: Verstehen, *warum* man eine Emotion hat und *was* es genau für eine ist. Beim ersten kann ich mich nach meinem eigenen Text richten, für das zweite wähle ich für eine klare Positionierung die Auseinandersetzung mit Robert C. Roberts, der sich ausführlich zu emotionalem Irrtum geäußert hat. Daran anschließen werde ich dann eine Diskussion zur Echtheit von Emotionen. Dazu gibt es eine rege Kontroverse im Rahmen der Untersuchungen von Kunstrezeption, doch nur relativ vereinzelt wird das Thema allgemeiner, das heißt nicht auf einen bestimmten Gegenstandsbereich beschränkt, angegangen. Ich werde beides berücksichtigen.

4.1 Eine falsche Geschichte erzählen

Ich habe im Kapitel III 2 gezeigt, dass seine eigenen Emotionen zu verstehen u.a. bedeutet, eine Geschichte über ihre Entstehung erzählen zu können, denn damit beseitigt man das Verstehenshindernis, das sich in der Frage „Warum fühle ich so?" ausdrückt. Dementsprechend heißt Missverstehen dann u.a., einen Fehler bei diesem Geschichtenerzählen zu machen. Worin kann so ein Fehler bestehen?

Denken wir für ein einfaches Beispiel an den Anwalt im Büro zurück (aus Kapitel III 2.1.1). Als er von einem Missgeschick seines Kollegen hört, fühlt er zu seiner Überraschung Schadenfreude in sich aufsteigen. Er kann sich zunächst nicht erklären warum und versteht deshalb seine Emotion nicht. Doch dann erinnert er sich an eine Szene vom Vortag, in der er einen Ärger über seinen Kollegen, als dieser ihn mit einer spitzen Bemerkung verletzte, vor Kunden schnell hatte unterdrücken müssen. Dass er vor dem Hintergrund dieses Ärgers die Schadenfreude verstehen kann, weil er mit dem Wissen darum sich eine Geschichte über die Entstehung der Emotion erzählen kann, haben wir bereits gesehen. Es könnte aber auch sein, dass sich der Anwalt in diesem Moment nicht mehr an die gestrige Szene mit dem Ärger erinnert. Dann fehlt ihm ein Element, um eine kohärente Geschichte zusammenstellen zu können. Der gelungene gemeinsame Geschäftsabschluss vor der ärgerlichen Szene macht als Hintergrund der Schadenfreude keinen Sinn. So ist es denkbar, dass sich der Anwalt in Ermanglung der Erinnerung an den entscheidenden Vorfall eine andere Erklärung zusammenreimt. Der Anwalt könnte meinen, er müsse wohl (unbewusst) neidisch sein auf den Kollegen. Oder er macht seine immer wieder auflodernde Eifersucht seine Frau betreffend verantwortlich. Vielleicht bezog er jetzt schon seinen Kollegen als potentiellen Konkurrenten mit ein? Wenn er sich in flüchtigen Gedanken zwischen den Aktenbergen seine Schadenfreude auf eine dieser zwei Weisen erklärt, dann täuscht er sich in ihr. Er deutet sie falsch. Er hat sie nicht wirklich begriffen, weil er eine falsche Geschichte dazu erzählt. Dass sie falsch ist, wird er in einer ruhigen Minute selbst zugeben: Wenn er seine anderen Emotionen überprüft und eigentlich weder Neid noch Eifersucht auf den Kollegen feststellen kann, und sich dann endlich an die Szene von gestern erinnert und sich des dazugehörigen Grolls bewusst wird. Dann versteht er die Schadenfreude richtig. Die Täuschung vorher war ein Missverständnis.

Eine Emotion missverstehen in Hinsicht der „Warum-Frage" heißt also, eine falsche Geschichte zu erzählen, in der Elemente vorkommen, die nicht der Realität entsprechen. Falsch kann eine Geschichte nicht nur dadurch werden, dass man ein Element der Wirklichkeit hinzufügt (Neid in diesem Beispiel), eines weglässt oder ein falsches heranzieht (Eifersucht), sondern auch durch falsche Gewichtung. So könnte es sein, dass der Anwalt auch ein wenig neidisch auf den Kollegen ist wegen dessen besonderer Eloquenz, doch dieser Neid kann so schwach und anders gelagert sein, dass nicht an *ihm* die Schadenfreude hängt.

Dass es zu einem solchen Missverstehen kommt, kann zwei Gründe haben: Entweder ist die von der Emotion betroffene Person in Unkenntnis über die wahren Umstände bzw. sie hat eine falsche Überzeugung über bestimmte Vorfälle oder sie belügt sich selbst bzw. versucht es. Als Folge solchen Missverstehens ist wiederum zweierlei zu bedenken. Zum einen kann man sich über seine Emotion einfach nicht ganz klar sein. Man hat zwar verstanden, was man fühlt, aber da das „Warum" nicht klar ist, bleibt sie insgesamt noch etwas unverständlich.

Zum anderen kann es wiederum Auswirkungen auf die Emotion selbst haben. Dies auszunutzen kann Grund für Selbsttäuschung in diesem Zusammenhang sein. Erstens kann sich, je nachdem, wovon man überzeugt ist, dass es zur Entstehung der Emotion geführt hat, die Emotion etwas verändern, wie wir bereits in einem vorherigen Kapitel (III 2.2) gesehen haben. Das kann zum einen allein aufgrund der ausführlicheren Narration der Emotion passieren, zum anderen, wenn sich dabei eine Emotion zweiter Stufe entwickelt. Eine Empörung, auf die man stolz ist, unterscheidet sich von einer, die einem peinlich ist, war oben ein Beispiel. Zweitens aber kann das Bestehen einer Emotion selbst auf dem Spiel stehen. Wie, das will ich in der folgenden Beispielanalyse deutlich machen.

Versetzen Sie sich noch einmal in die Situation mit dem erschütternden Brief (des unerwarteten Heiratsantrages) in der Hand bzw. schon eine Weile danach. Sie haben Ihre Emotionen gegenüber dem Schreiber geklärt und auch die Lage. Sie fühlen sich wieder zu ihm hingezogen und sind nahe daran, die Verrücktheit zu begehen und einfach direkt einzuwilligen, „ja" zu sagen zu dem Heiratsantrag. Doch gleichzeitig wissen Sie zu genau um den Wankelmut dieser Person. Sie wissen nicht nur um seine Empfindsamkeit, sondern auch um seinen Jähzorn und seine Unbeständigkeit. Wenn Sie auf Ihre Erfahrung mit ihm zurückblicken und die Zukunft abschätzen, haben Sie eine klare Meinung: „Wenn ich mich darauf einlasse, wird es unglücklich enden, irgendwie." Und dieses Unglück möchten Sie vermeiden. Deshalb sagen Sie ihm schließlich doch ab oder reagieren einfach gar nicht. Doch damit sind Sie mit Ihren Emotionen noch nicht am Ende. Ihre der Besonnenheit geopferte Sehnsucht steigert sich nach der Absage. Je unerreichbarer etwas ist, desto stärker kann man sich danach sehnen. Da Sie jedoch zu Ihrer Entscheidung stehen wollen und sich Ihrer Gründe dafür sicher sind, wollen Sie den Antragsteller einfach vergessen. Sie wollen die Sehnsucht loswerden. Naturgemäß ist das *so* eine Unmöglichkeit. Wer aktiv versucht, jemanden zu vergessen, der hört erst recht nicht damit auf, an ihn zu denken. Und Sie beginnen, zu verzweifeln. Schließlich konzentrieren Sie sich auf seine schlechten Eigenschaften und Verhaltensweisen – und werden wütend. Wütend, wie dieser Mensch Sie in diese jetzt so unglückliche Situation bringen konnte, wütend über ihre offensichtliche Abhängigkeit von ihm. Die Wut vertreibt die Sehnsucht.

Sie würden nun diese Wut missverstehen, wenn Sie sie nicht im Lichte ihrer ganzen Entstehungsgeschichte sehen würden. Wenn Sie die vorherige Sehnsucht und die Frustration darüber, dass Sie ihr nicht nachgeben können bzw. nicht wollen, aus der Geschichte streichen, die Sie sich über Ihre Wut erzählen, und stattdessen nur eine gerade Linie zu den schlechten Eigenschaften und Verhaltensweisen des Gegenübers ziehen, dann begehen Sie dabei einen Fehler. Das gilt genauso für einen weiteren Punkt: Sie haben zur Entstehung dieser Wut beigetragen, denn Sie wollen ein wenig so fühlen. Wenn Sie sich das nicht klar machen, dann missverstehen Sie Ihre Wut. Eine Emotion missverstehen in diesem Sinn heißt demnach, dass man zwar weiß, was für eine es ist (Wut), und auch Gründe angeben bzw. Gegenstand und Fokus nennen kann (der frühere Partner schadet Ihnen in Ihrem Bedürfnis nach einem ruhigen Leben), sie aber in einer Hinsicht nicht richtig einschätzt. Man berücksichtigt in diesem Fall nicht, wie die Gründe ihr Gewicht bekommen haben, also wurden, was sie sind. Man berücksichtigt nicht die eigene Motivation, diese Emotion zu verstärken und zu fördern. Solch ein Missverstehen heißt auch, sich in einer Emotion zu täuschen. Dieses Ausblenden anderer Faktoren der Geschichte und die einseitige Betonung in der Erklärung der Wut kann dazu führen, dass die Wut immer stärker wird, und dazu, dass Sie sich in sie hineinsteigern; bis hin zu Hass, wenn Sie dieser Ihrer Wut freien Lauf lassen und sich in der Phantasie alles noch in den düstersten Farben ausmalen. Ein solcher Hass hat einen anderen Status als die Sehnsucht und die Wut vorher. Man kann ihn als „unecht" bezeichnen. Auf diese Begrifflichkeit gehe ich erst weiter unten (III 4.3.3) genauer ein. Entscheidend ist hier, dass die Folge des

Missverstehens einer Emotion das Hineinsteigern in eine andere sein kann, was zeigt, dass Missverstehen nicht nur eine Emotion beeinflussen, sondern auch weiter zum Entstehen einer anderen führen kann.

So wie man sich derart über ein Missverständnis in eine Emotion hineinsteigern kann, kann es durch eine andere Lagerung der Geschichte einer Emotion auch passieren, dass eine Emotion niedergehalten wird. Weil wir das – mehr oder weniger explizit – wissen, versuchen wir manchmal über geschickt verdrehtes, selbsttäuschendes narratives Erklären unserer Emotionen Einfluss auf sie zu gewinnen bzw. sie zu steigern oder zu mindern.

Diese erste Art des Missverstehens eigener Emotionen besteht noch einmal zusammengefasst darin, die Emotion mit einer unvollständigen, falsch angereicherten oder falsch gewichteten Geschichte zu begründen. Das kann uns aus Versehen passieren oder aber Teil eines mehr oder weniger bewussten Selbsttäuschungsmanövers sein. In Anschluss solchermaßen falsch verstandener Emotion können sich unechte Emotionen ausbilden. Darauf komme ich zwei Unterkapitel weiter wieder zurück (III 4.3).

4.2 Eine falsche Überzeugung über Emotionen haben

Als nächstes ist zu klären, ob und, wenn ja, wie wir missverstehen können, *was* für Emotionen wir selbst haben. Dafür unterscheide ich zunächst zwei Weisen solchen Missverstehens in verschiedenen Beispielen. Wir können missverstehen, was wir fühlen, insofern wir uns im Objekt täuschen; und wir können missverstehen, was für eine Emotion wir haben, insofern wir uns direkt über ihren Typ täuschen. Für die Klärung, wie solche Missverständnisse im Vokabular von Fühlen, eine Emotion oder eine Überzeugung haben zu erläutern sind, werden noch einmal wichtige Punkte verschiedener Emotionskonzeptionen gegeneinandergestellt. Dabei dienen mir wieder Aspekte des Ansatzes von Roberts als Folie, vor der sich meine Darstellung der Dinge absetzt. Während er die These vertritt, man könne sich insofern im Sinne der Beispiele darüber täuschen, was für eine Emotion man hat, als man eine Emotion *fälschlich fühlt,* wie man etwas mit den Sinnen falsch wahrnehmen kann, so argumentiere ich dafür, dass es sich in diesen Fällen nur um falsche Überzeugungen aufgrund falscher Schlussfolgerungen von Empfindungen aus handelt.

4.2.1 Die Beispiele

Irrtum im Objekt

Bei Emotionen kann man sich über das Objekt in seinen verschiedenen Aspekten täuschen. Damit täuscht man sich auch in der Emotion, denn die Identität einer konkreten Emotion hängt wesentlich vom Objekt ab. Das heißt nicht, dass man die Emotion überhaupt nicht verstehen würde, sondern lediglich, dass man sie nur bis zu einem gewissen Grad versteht. Denn der Emotionstyp ist richtig erfasst, nur die Richtung nicht.

Ein Beispiel: Man reagiert am Arbeitsplatz wütend auf die Bemerkung eines Kollegen, so dass alle Anwesenden, man selbst eingeschlossen, glaubt, man sei wütend auf ihn, dabei ist es eine Wut, die man schon von zu Hause mitgebracht hat und die sich hier nur „Luft macht". Hier, kann man sagen, täuscht man sich im Gegenstand der Emotion. Der ursprüngliche Gegenstand der Wut ist ein anderer als der Kollege. Deshalb missversteht man die Emotion, wenn man sie auf den Kollegen bezogen versteht. Mancher wird sagen wollen, in solchen Fällen sei man tatsächlich auch auf den Kollegen wütend, das Besondere sei nur, dass es zu dieser Wut nur kam, weil man schon in schlechter Stimmung war, in die man mit der vorherigen, ursprünglichen Wut geraten war. Das gibt es auch, mein Beispiel ist einfach etwas anders gelagert: Es gibt weder Grund noch Anlass, auf den Kollegen wütend zu sein, so sieht es der Betroffene selbst auch, wenn er darüber nachdenkt. Er hat ihn einfach auf eine x-beliebige Bemerkung hin brüsk angefahren.

Eine andere Möglichkeit der Täuschung im Objekt: Man denkt sich, man sei auf die geistvolle Eloquenz des anderen neidisch, dabei ist es eigentlich nur dessen offensichtlich at-

traktive Wirkung auf andere Leute, die auch von anderem her-
rühren kann. Dass so ein Missverstehen aufrichtig ist, halte ich
für sehr selten. Meistens redet man sich den anderen Anlass
ein, um eine schlecht angesehene Emotion ein bisschen besser
zu rechtfertigen und sich selbst in einem etwas besseren Licht
zu präsentieren. Eigentlich weiß man um das richtige Objekt
und täuscht sich nur selbst.

Irrtum ist auch im Objekt hinsichtlich des Bedeutsamkeits-
Fokus möglich. Dann sieht man richtig, worauf man sich mit
welchem Typ von Emotion richtet, täuscht sich aber darüber,
warum dieser Gegenstand dieses formale Objekt für einen ver-
körpert. Eine Frau glaubt z.B., eine Berggipfelbesteigung zu
fürchten, weil sie das körperlich zu sehr anstrengen würde, dabei geht es ihr bei der Angst eigentlich um den Verlust der
Möglichkeit, sich jeden Moment selbständig von der Gruppe
abzusetzen, wie es hingegen bei der Alternative Stadtbesichti-
gung möglich ist.

Irrtum im Typ

Neben den genannten verschiedenen Weisen, sich über das
Objekt einer Emotion zu irren, ist noch eine andere Art von
Missverstehen denkbar: Missverstehen, was der *Typ* der Emotion ist. Das hängt auch von einer Täuschung im Objekt ab,
denn entscheidend dafür ist das formale Objekt. Zum Beispiel
meint jemand, er sei über einen anderen empört, insofern dieser unverfroren angibt, dabei ist er eigentlich auf ihn neidisch,
insofern dieser mit seinen Reden Erfolg bei den anderen Gäs-
ten hat, den der Neider selbst gerne hätte. Oder auch: Jemand
meint, er sei auf eine andere Person wütend, die sich im Gespräch auf gewisse Weise äußerte, und glaubt, etwas sei eine
Beleidigung gewesen. Später erkennt er, dass er sich eigentlich
viel mehr vor dieser Person fürchtet und die Bemerkung als
eine Drohung aufgefasst hat.[60]

Dies waren nun Beispiele dafür, wie eine Person missverstehen kann, *was* sie für eine Emotion hat. Wie ist zu erläutern,
worin genau das Missverstehen besteht? Wo liegt genau der

Fehler und wie kann es zu so etwas kommen? „Erkennt" die Person etwas falsch oder „fühlt" sie falsch, ist an der Emotion selbst etwas falsch?

Für die Fälle von Missverstehen einer Emotion im Sinne von Täuschung über das Objekt scheint es auf den ersten Blick einfacher zu sein als beim Missverstehen über den Typ der Emotion selbst. Denn was dies Letzte angeht, ist gleich der kritische Einwand zu erwarten: Eine Emotion zu fühlen heißt immer zugleich, einen Emotionstyp zu fühlen, somit ist dieser unmittelbar und selbstevident, darüber kann es keine Täuschung geben. Das scheint schwieriger zu sein, als einen Irrtum im Objekt zu erklären. Doch wenn man bedenkt, dass der Unterschied der Fälle letztlich auch nur einer des Grades ist, da man sich derart über das Objekt täuscht, dass man sich damit auch über den Emotionstyp täuscht, wie im Beispiel zu sehen war, dann betrifft die Schwierigkeit beide Arten von möglichem Missverständnis.

Eine plausible Antwort auf die Fragen des Kapitels lässt sich am besten in Absetzung von einer anderen Position deutlich machen, an der ich zeigen kann, zu welchen Verwirrungen man sich nicht verleiten lassen darf. Dazu stelle ich kurz Thesen von Roberts vor, der sich in seiner Monographie zu Emotionen ausführlich zu dieser Problematik äußert. Nach Roberts wären die Beispiele als ein Irrtum im Fühlen der Emotion im Sinne einer Missrepräsentation verschiedener Art zu beschreiben. Ich werde sowohl die Auffassung des Irrtums als einen Fehler im Fühlen kritisieren als auch das Konzept von Fühlen als Repräsentation einer Emotion (womit ich meine Argumentation aus III 3 dazu aus anderer Perspektive ergänze). Im Gegensatz dazu will ich dann zeigen, inwiefern das Missverstehen der Emotionen auf einer falschen Überzeugung aufgrund Missdeutung von Körperempfindungen und anderem beruht.

4.2.2 Irrtum im Fühlen als Missrepräsentation

Nach Roberts wären die erwähnten Situationen folgendermaßen zu beschreiben:[61] Der Mann *fühlt* sich wütend auf seinen ihm gegenübersitzenden Kollegen, dabei *ist* er es auf seinen

Sohn daheim. Und: Der Partygast *fühlt* Empörung, aber *ist* neidisch (das heißt, er hat die Emotion Neid). Diese Erläuterung der Beispiele ist nur unter einer bestimmten Voraussetzung möglich: Man muss annehmen, dass wir Emotion fühlen können, die wir nicht haben.

Im Kapitel über den Sonderfall unbewusster Emotionen habe ich argumentiert, dass wir nie eine Emotion haben können, die wir nicht fühlen. Ohne gleich auf den Zusammenhang damit einzugehen, will ich erst diese neue These direkt angehen: Wie sollten wir eine Emotion fühlen können, die wir nicht haben? Was gäbe es dafür für Erläuterungsmöglichkeiten?

Man stelle sich einen Studenten vor, der Furcht vor einer Prüfung *fühlt*, obwohl er keine Furcht *hat*. Vertreter der These, dass man das sinnvoll sagen kann, können das mit folgenden Umständen erklären: Der Student fühlt ein unangenehmes Magendrücken, er befindet sich kurz vor der Prüfung und weiß keinen gesundheitlichen Grund für dieses unangenehme Gefühl im Bauch. Deshalb fühlt er Furcht in dem Sinn, dass ihm die Prüfung als eine Bedrohung für seine Position als bester Student erscheint. In Wirklichkeit aber ist nur eine Magengrippe im Anmarsch, und diese ist es, die das unangenehme Magengefühl bedingt. Sobald der Student an anderen Anzeichen merkt, dass er eine Magengrippe hat, verschwindet das Furchtgefühl und er fühlt sich stattdessen krank. Dafür, dass er sich auch davor gar nicht gefürchtet hat, würde sprechen, dass er sich nie zuvor vor solchen Tests gefürchtet hatte und er auch kein Verhalten zeigte, das der Furcht entsprechen würde. Da war nur dieses „Gefühl" im Magen.

Spinnt man diesen Ansatz weiter, könnte man sich Verwechslungen im Fühlen in allen möglichen Richtungen und Kombinationen denken: Man kann beschämt sein, aber sich aufgeregt fühlen. Man kann sich fürchten, aber sich nur krank fühlen. Und jemand kann Mitleid mit einer anderen Person fühlen, obwohl er eigentlich nur um sich selbst fürchtet.[62] Dieses letzte Beispiel zeigt eine Verwechslung zweier Emotionen, wie es in der Übertragung für mein Beispiel gelten müsste: Empörung fühlen, obwohl man neidisch ist.

So ein Ansatz ist auf eine bestimmte Auffassung der Funktion der Begriffe „Fühlen" und „Emotion" angewiesen. Diese Beschreibung funktioniert dann, wenn man „Fühlen" als eine Art von Wahrnehmung von Emotionen auffasst. Was repräsentiert, kann auch fehlrepräsentieren. Wenn man Empörung fühlt, obwohl man neidisch ist, liegt danach eine Fehlrepräsentation vor. Das Fühlen repräsentiert Empörung statt Neid. Dieser Fehler, so hieße es weiter, kann behoben werden und die Täuschung kann sich auflösen und einen die wahre, tatsächlich existente Emotion fühlen lassen. Das wäre analog zu setzen zu Sinnestäuschung und dazu, wie sich ein Sinneseindruck verändern kann, wenn man zusätzliche Informationen erhält.

Zur Veranschaulichung könnte man aufgefordert werden, sich vorzustellen, einen Blick in ein Zimmer zu werfen, in dem ein Freund am Schreibtisch sitzt. Seinem Gesichtsausdruck nach scheint er wütend zu sein. Doch im kurzen Wortwechsel wird klar, dass er nicht wütend, sondern nur konzentriert ist. Sobald man das weiß, so ginge die Behauptung dazu, verändert sich auch die Wahrnehmung des Gesichtsausdrucks. Plötzlich sieht man darin Konzentration und nicht Ärger. So wäre hier die Wahrnehmungserfahrung selbst und nicht nur eine Überzeugung durch zusätzliche Information veränderlich. Entsprechend hätte man es sich für Emotionen vorzustellen: Wenn man mehr über die Emotion erfährt, kann sich verändern, wie bzw. als was sie sich anfühlt. Zum Beispiel: Alle Anzeichen sprechen für Neid und nicht Empörung und unter dieser Perspektive kann sich auch das Fühlen von einem der Empörung zu einem des Neides hin verändern.

Nach der kurz skizzierten Idee wären also Fälle des Missverstehens von Emotionen hinsichtlich der Frage, was für welche man hat, so zu erklären, dass man dabei eine andere Emotion *fühlt* als die, die man tatsächlich *hat*. Dies kann, wie dargestellt, nur unter der Voraussetzung behauptet werden, dass Fühlen eine Art von Wahrnehmung von Emotionen ist. Damit scheint das Phänomen emotionaler Täuschung übersichtlich und handhabbar gemacht. Sie könnte einfach genauso wie Sinnestäuschung betrachtet werden, also wie ein Fehler in der Wahrnehmung.

Doch diese Analogie mit der Wahrnehmung bringt große Probleme mit sich. Wie ich in Kapitel III 3 bereits dagegen argumentiert habe, von Emotionen zu reden, die man nicht fühlt, so bestreite ich hier nun auch, dass man Emotionen fühlen könnte, die man nicht hat.

4.2.3 Kritik

Gegen die gegebene Erläuterung von Täuschung über eigene Emotionen spricht schon, dass das unterstützende Beispiel eine falsche Beobachtung enthält. Zur Erläuterung der anpassenden Veränderlichkeit von Fühlen vergleichbar mit Wahrnehmungen wurde gesagt: So wie sich durch zusätzliche Information die Wahrnehmung verändere (etwa, dass man erfährt, jemand ist konzentriert und nicht ärgerlich), verändere sich auch das Fühlen, wenn man schließt, dass es Neid und nicht Empörung ist. Doch was ist damit genau gemeint, wie soll das funktionieren? Ich denke, man kann nicht verallgemeinern, dass sich das Fühlen verändert, wenn man nur genau genug auf die Anzeichen einer Emotion starrt oder wenn jemand anderes es einem sagt, so dass man einfach der Überzeugung ist, es müsse so sein. Das reicht einfach nicht für eine Veränderung. Was nötig ist, ist eine genauere Betrachtung der Dinge und der Lage, die einen emotional berühren. Man sieht sich nicht die Furcht genauer an und auch nicht die Bauchschmerzen, sondern den Kontext, in dem man sich befindet. Wenn man sich das, also Objekte und Geschichte, klarer macht, dann kann sich das Fühlen verändern – aber in diesen Fällen ist es immer auch die Emotion, die sich verändert. Es geht dann nicht mehr um Furcht vor etwas, und insofern verschwindet sie. Oder man sieht, dass sich der auffällige Partygast überhaupt nicht übertrieben großspurig verhält, sondern einfach ein begnadeter Unterhalter ist, und dann ändert sich die Emotion von Empörung zu Neid. So gesehen muss, gerade wenn eine Veränderung durch zusätzliche Information vorangeht, eine Veränderung einer ganzen Emotion vonstatten gehen bzw. eine Emotion überhaupt erst entstehen. Es ist nicht einsichtig, wieso es in solchen Fällen nur zu einer Veränderung in der Qualität des Fühlens als Wahrnehmung von Emotion kommen sollte. Wenn sich etwas verändert, dann ist es eine Emotion und nicht die Wahrnehmung der Emotion. Die zusätzliche Information bedeutet etwas für die Weise, wie der Emotionsgegenstand aufgenommen wird, nicht dafür, wie die Emotion wahrzunehmen ist. Das spricht gegen die Annahme, dass man sich bei angemessener Emotion allein im Fühlen über die Emotion sollte täuschen können.

Gerade insofern emotionales Fühlen mit dem Fühlen von Körperereignissen in diesem kritisierten Ansatz verglichen wird, kann man sich das veranschaulichen. Nehmen wir Magendrücken. Wenn ich nur genauer „hinfühle", verändert sich nichts. Doch je nachdem, wie ich mir die Umstände davon vorstelle, das heißt in diesem Fall nicht Objekte einer Emotion, sondern Ursachen der Empfindung, je nachdem also kann sich das Fühlen etwas verändern. Wenn ich mir das Essen davor als ganz schwer vorstelle und befürchte, die Sahne der Torte könnte schon schlecht gewesen sein, dann wird es sich eher verstärken – oder noch mehr, wenn ich befürchte, es könnte vergiftet gewesen sein. Wenn ich mir hingegen versichere, alles sei ganz in Ordnung gewesen und ich könne nichts Gefährliches gegessen haben, dann kann das Magendrücken eher schwächer werden.

Nach dieser Diskussion eines Vorschlags zur Erläuterung der Beispiele, sollte klar geworden sein, dass die Fälle von Missverstehen, was für eine Emotion man hat, nicht richtig erfasst werden, wenn man sagt, dass man dabei eine Emotion fühlt, aber eine andere hat.

4.2.4 Emotionale Täuschung als falsche Überzeugung

Wenn dies also nicht die richtige Art und Weise sein kann, die genannten Phänomene emotionaler Täuschung zu erklären, wie geht es dann? Das erste Beispiel war das Gefühl des Magendrückens, das für Furcht vor dem Test gehalten wird. Wir haben gesehen, dass man nicht sagen kann, man fühle in dieser Situation Furcht, habe aber keine, man sei nur krank und müsste sich korrekterweise krank fühlen. Das Beispiel scheint mir anders richtig beschrieben: Das Magendrücken fühlt sich wie Magendrücken an. Wenn man keine körperlich-medizinische Erklärung dafür weiß und nicht aufgrund anderer Anzeichen auf eine Krankheit schließen kann, aber gleichzeitig an die Prüfung denkt, weil die morgen ansteht und man noch etwas zu tun hat, dann kann man das Magendrücken für einen Aspekt einer Furcht halten. Man kann das Magendrücken für eine zur Furcht gehörige körperliche Veränderung halten. Damit fühlt man aber noch nicht gleich Furcht. Sondern man glaubt, dass man Furcht fühlt, man glaubt, dass man sich (bisher unbewusst) fürchtet. Dabei hat man nur die Überzeugung, eine Emotion, Furcht nämlich, zu haben, und hat die Empfindung Magendrücken, aber man hat keine Furcht, man fühlt nichts in Bezug auf die Prüfung.

Wie aber verhält es sich bei dem anderen Beispiel, über das im zurückgewiesenen Ansatz gesagt wurde, dass man Empörung fühlt, aber neidisch ist? Auch da, denke ich, wird man es an Empfindungen und Überzeugungen festmachen können. Akute Empörung wie Neid geht in der Regel mit einer gewissen Aufregung einher, die sich körperlich verschieden manifestieren kann, in einem „Satz", den das Herz macht, oder einem „Stich", den man spürt. Das hängt in der Szene zusammen mit dem Gedanken, der andere komme in der Runde viel besser an als man selbst, oder auch mit einem weniger klar propositional fassbaren Neid. Da man aber von sich ein Selbstbild hat, nach dem man nicht so eine moralisch „niedrige" Emotion und schon gar nicht unter diesen lächerlich unwichtigen Umständen haben sollte, gesteht man sich das nicht ein. Stattdessen, vielleicht schon unter dem Einfluss der Emotion, sieht man den anderen Gast daraufhin an, was an ihm, dem scheinbar Makellosen, irgendwie schlecht sein könnte. Dann sieht man, dass man es gut auch als extrem angeberisch bezeichnen könnte, wie er sich verhält, und damit hat man einen Anlass für ein formales Objekt, auf das sich ein aufgeregtes Gefühl beziehen kann; dieses soll dem eigenen Selbstbild entsprechend ein edleres als Neid sein und so hält man sich selbst für empört. Als solches kann man seinen emotionalen Zustand erklären und rechtfertigen, meint man. So bleiben der Neid und die damit zusammenhängenden Gedanken unbewusst und man denkt sich selbst etwas über sich aus.

Grund für solch eine Täuschung kann nicht nur das Selbstbild und seine Forderungen sein. Über einige Emotionen täuscht man sich auch deshalb, weil sie einfach zu schwer auszuhalten sind.[63] Manche Trauer mag dazu gehören.

Wie ist eine solche Täuschung aufzudecken? Dafür reichen Hinweise auf andere Anzeichen. Dann wird die falsche Überzeugung, dass man dies Gedachte fühle, schwinden, weil es eben nur eine falsche Überzeugung und keine Emotion ist, die als Netz von Aspekten verschiedentlich in der Person ihren Halt hat. Man wird es daran sehen können, wie man handelt beispielsweise, wie man sich verhält und welchen Ausdruck man zeigt.

Was bedeutet das Zusammengetragene und Erörterte nun für die Ausgangsfrage, inwieweit man missverstehen kann, was die eigenen Emotionen sind? Es gibt eine Weise der Täuschung in Emotionen aus der theoretischen Perspektive, die einfach in einer falschen Überzeugung darüber besteht, was man fühlt. Dabei werden Teile einer anderen Emotion oder ein scheinbares Element einer Emotion, wie eine Empfindung, für ein Anzeichen für eine Emotion genommen. Man deutet etwas falsch und kommt zu einer falschen Überzeugung.

Nach meiner Darstellung gibt es kein falsches Fühlen einer Emotion, weil sowohl die Konzeption von Fühlen als Wahrnehmung als auch die von Fühlen und Emotion als getrennt auftretend nicht haltbar ist. Doch man muss berücksichtigen, dass wir auch die praktische Perspektive auf unsere Emotionen einnehmen können. In dieser Hinsicht muss es noch eine andere Art von Missverstehen eigener Emotionen geben. Da liegt das „miss" dann aber in den Emotionen selbst, denn sie werden ja ein stückweit mit geschaffen. Dabei will ich jedoch nicht von wahr und falsch reden, sondern von „echt" und „unecht". Dazu mehr in den nächsten Kapiteln.

4.3 Unechte Emotionen.
Kunst, Künstlichkeit und Charakter

In diesem Kapitel verfolge ich ein doppeltes Ziel: Zum einen möchte ich eine weitere Möglichkeit des Missverstehens eigener Emotionen darstellen, zum anderen will ich eine klärende Schneise schlagen in ein verwirrendes Feld (scheinbar) verwandter Begriffe. In der Literatur finden sich verschiedene Erörterungen zu Gefühlsphänomenen unter den Begriffen „falsche" Gefühle, „inauthentische", „fiktive" oder „unechte" (auch „faked"). Entsprechend vielfältig sind auch die jeweils zur Definition herangezogenen Gegenbegriffe wie „wahr"/ „richtig", „authentisch", „real" oder „echt". All diese Begriffe kommen in verschiedenen, verwirrenden Kombinationen gemeinsam in Texten vor. Ich möchte unter der Thematik des Missverstehens von Emotionen eine Ordnung der Begriffe vorschlagen.

Ein Begriffspaar werde ich dabei allerdings aus meiner weiteren Erörterung ausschließen, da es meiner Meinung nach bei Emotionen nichts zu suchen hat: das von wahr und falsch. Nicht nur kognitive Emotionstheorien im Sinne Nussbaums (vgl. I 1), sondern auch Emotionstheorien, die zu *stark* in Analogie zu Wahrnehmung gedacht sind, laufen Gefahr, diese Begriffe in ein emotionales Vokabular aufzunehmen – obwohl dem doch kein Phänomen entspricht. Das führe ich an zwei Beispielen kurz aus. Man kann zu zweierlei Vorstellungen von „falschen" Emotionen gelangen.[64] Als Beispiel für Fehlrepräsentation der Situation müsste etwa herhalten: Jemand fürchtet, dass der Fisch, den er auf dem Teller hat, zu einer Vergiftung führen könnte; aber sein Grund, dies zu fürchten, ist falsch. Denn der Fisch enthält keine giftigen Substanzen. Die Person sieht die Situation als eine gefährliche an, aber sie ist es nicht. Ich sehe nicht, wie das als ein Irrtum der Emotion verstanden werden könnte. Denn dass der Grund, etwas zu fürchten, falsch ist, heißt doch nicht, dass die Furcht, die auf diesem Grund beruht, falsch ist. Sie ist nur insofern der Situation unangemessen, da die Situation eine andere ist, als geglaubt wird.[65] Doch die Emotion hängt nun einmal vom Wissen bzw. vom Glauben über die Lage der Dinge ab. Die Fehler darin können nicht der Emotion zugerechnet werden.[66] Als andere Art der Fehlrepräsentation könnte genannt werden: Ein Autobesitzer ist ärgerlich auf einen Freund, weil dieser einen Fingerabdruck auf seinem Rolls Royce hinterlassen hat. Die Intensität des Ärgers ist unvereinbar mit der Wichtigkeit der Beleidigung. Er sieht die Beleidigung als wichtiger an, als sie ist. Hier wäre es insofern eher denkbar, von einem Emotionsirrtum zu reden, als die Einschätzung oder Bewertung einer wahrgenommenen Tat tatsächlich als Teil der Emotion zu sehen ist, nämlich als ihr formales Objekt. Dennoch scheint es mir auch in dieser Hinsicht nicht richtig, eine Emotion als wahr oder falsch zu beurteilen. Emotionen sind nicht wahrheitsfähig, da sie keine Beschreibungen von etwas sind, sondern etwas wie Reaktionen mit repräsentationalem Gehalt. Darüber hinaus sind sie auch nicht im Sinn von adäquat/inadäquat beurteilbar, wenn damit ein Objektivitätsanspruch einhergeht in dem Sinn, dass *diese* Emotion in *dieser* Situation für jede Person gleichermaßen zu bewerten wäre. Emotionen macht aus, dass genau dies nicht möglich ist und sie stattdessen nur aus einer subjektiven Geschichte heraus beurteilt werden können, nämlich als „angemessen" oder nicht, in einer zweiten Variante: Ob einem Gegenstand angemessenermaßen in einer Emotion ein formales Objekt „zugeschrieben" wird, lässt sich nur unter Berücksichtigung des Hintergrundobjekts klären, das für eine Person dabei individuell auf dem Spiel steht. Es kann nur die Kohärenz dieses „Dreiecks" beurteilt werden, nicht das Passen von nur zwei „Seiten" Emotion und Welt bzw. Situation. So gesehen ist die Konstruktion auch dieser zweiten genannten Fehlrepräsentationen keine gute Beschreibung für emotionale Phänomene. Wahr und falsch sind Begriffe, die eine Objektivität bzw. Neutralität voraussetzen. Doch diese sind bei Emotionen nicht gegeben. Emotionen sagen immer nur etwas über die Person und wie sie die Welt sieht, nicht darüber, wie die Welt von einem anderen Standpunkt jenseits der Person ist.

Im Folgenden interessieren nur die anderen drei eingangs genannten Begriffspaare. Ich möchte zeigen, inwiefern sie zusammenhängen und wie sie sich unterscheiden. Gemeinsam ist den jeweils negativen Teilen der Begriffspaare, dass sie Phänomene betreffen, mit denen etwas „faul" ist. Sie sind nicht falsch im Sinne einer Proposition, es handelt sich weder um falsche Erkenntnis noch um Lüge. Aber es wird je eine prekäre Sonderform von Gefühlen bezeichnet. Prekär nenne ich sie deshalb, weil es gewissermaßen gefährlich ist, sie als Emotionen zu bezeichnen – auf gewisse Weise sind es welche und auf andere nicht. Diese Sonderformen gibt es in verschiedenem Kontext und je nachdem passt ein anderes der genannten drei Begriffspaare. Authentisch/inauthentisch hat seinen Platz in einem ethischen Rahmen. Die anderen beiden Begriffspaare enthalten weniger diesen normativen Aspekt. Durch die Nähe von real und echt sind sie sich besonders ähnlich. Dennoch gibt es auch hier einen Unterschied. Das erste Paar, fiktiv und real, bezeichnet den Gegensatz von erdacht oder nur vorgestellt einerseits und tatsächlich existierend andererseits. Das zweite Paar, echt und unecht, unterscheidet in anderer Hinsicht, und zwar dahingehend, ob alle Wesensmerkmale eines Dinges oder Phänomens vorhanden sind oder nicht.[67]

Für diese Arbeit ist es am interessantesten, zu untersuchen, was man unter „echten" oder „unechten" Gefühlen verstehen kann. Denn damit, so die Idee, kann man eine weitere Stufe nehmen, die noch fehlt, nachdem ich dargestellt habe, was es heißt, misszuverstehen, *warum* man eine Emotion hat und *was* genau man für eine hat: zeigen, dass es Phänomene gibt, die zwar viel Ähnlichkeit mit Emotionen haben, denen wir für gelungene Selbstkenntnis beim Verstehen aber im Unterschied zu sonstigen Emotionen einen anderen Status geben und mit denen wir dementsprechend auch anders umgehen müssen. Hier geht es also nicht mehr um einen möglichen Verstehens-Fehler im Grund oder Typ der Emotion, sondern darum, ob es sich überhaupt um eine Emotion handelt.

Wir kennen den Begriff des „Echten" aus der Umgangssprache, wo er häufiger als die anderen hier relevanten Begriffe in Bezug auf Gefühle im Gebrauch ist: „Da sind doch keine echten Gefühle im Spiel". Uns verbindet ein „echtes Freundschaftsgefühl" etc. Eine allgemeinere Bestimmung des Begriffs ist etwa: Ein unechtes A ist kein A, ist aber etwas, das bestimmte Ähnlichkeiten mit A hat.[68] Neben den Ähnlichkeiten muss dem unechten A etwas der Eigenschaften von A fehlen. Ein Apfel aus Wachs mit einem Docht ist kein echter Apfel. Er teilt mit dem echten Apfel zwar das Aussehen, doch die Substanz ist eine andere; einmal ist es Obst, einmal Wachs bzw. Kerze. Für die Frage von unechten Emotionen bieten sich mindestens zwei Möglichkeiten an, wie sich etwas einschleichen könnte, das dem Phänomen nur scheinbar die Eigenschaft einer Emotion gibt. Die erste Möglichkeit ist, dass etwas mit dem Objekt der Emotion nicht stimmt, die zweite besteht darin, dass es mit der Art der Entstehung der Emotion nicht seine Richtigkeit hat. Diese beiden Möglichkeiten diskutiere ich in den folgenden zwei Unterkapiteln ausführlich. Welche bietet die Bedingungen für eine unechte Emotion? Die erste Möglichkeit thematisiere ich im Bereich von Gefühlen gegenüber Kunst bzw. Fiktion. Die zweite untersuche ich zuerst anhand von Beispielen von „äußerlicher" Beeinflussung der Entstehung, damit sind künstlich erzeugte Gefühle gemeint, und dann anhand von Varianten von Gefühlen, die der Person eigenem Einfluss unterstehen, wenn also das Subjekt von Gefühlen sich aktiv (doch ohne äußerliche Stoffe) um das Entstehen von Emotionen bemüht. Ich werde dafür argumentieren, dass ebenso wenig ein fiktiver Gegenstand allein ein Problem ist, noch Gründe und Ursachen an sich über Echtheit und Unechtheit einer Emotion entscheiden. Beide Male sind andere Umstände ausschlaggebend. Schließlich werde ich das Verhältnis einer Emotion zum Charakter der Person als entscheidendes Kriterium vorschlagen.

4.3.1 Emotionen gegenüber Kunst

Um zu klären, was eine unechte Emotion ist, kann ich nicht einfach von einem „unechten" Objekt reden, das die Emotion als ganze unecht machen würde. Beim Objekt als Gegenstand kann man aber unterscheiden zwischen einem fiktionalen, gedachten einerseits und einem realen, existenten andererseits. Als Hauptbeispiele für Emotionen mit solchen Objekten kann eine ganze Riege genannt werden: Emotionen gegenüber Fiktion bzw. narrativer Kunst, Emotionen, die sich auf fiktive Gegenstände beziehen (in diesem Kapitel verwende ich abkürzend auch oft „Objekt", wenn präziser der Gegenstand, als ein Element der emotionalen Intentionalität, gemeint ist). Dazu gibt es eine große Diskussion, wie es solche Emotionen geben kann und ob sie nicht doch etwas anderes seien – z.B. ebenfalls nur fiktiv oder unecht. Zuerst werde ich Argumente dieser Diskussion vorstellen, nach denen es sich bei Gefühlen, die wir angesichts von Kunst erfahren, um fiktive, also erfundene Gefühle handelt und man nicht wirklich fühlt. Dann zeige ich jedoch, was an diesem Gedanken unplausibel ist, weise auf fehlende Genauigkeit in der phänomenologischen Arbeit dabei hin und argumentiere für die Realität auch solcher Emotionen. Davon ausgehend kann ich dann diskutieren, inwiefern die Fiktionalität von Emotionsobjekten für die Echtheit der Emotionen relevant ist. Sie führt nicht notwendig, wie ich zeigen werde, sondern nur unter einer Zusatzbedingung zur Unechtheit von Emotionen.

Noch eine Bemerkung vorweg: Für meine Zwecke muss ich keineswegs behaupten, dass Kunst notwendig Gefühle auf Seiten des Rezipienten auslöst. Ich will mich auf keinerlei Definition von Kunst in dieser Hinsicht einlassen. Es reicht, anzunehmen, dass niemand bestreiten wird, dass es eine Menge von Fällen gibt, in denen wir bei der Beschäftigung mit Kunst emotionale Erfahrung machen. Zudem wird sich diese Erörterung auf narrative Kunst beschränken, auf künstlerische Fiktion, wie man auch sagen kann.

Das Paradox der Fiktion

Mag es heute auch nicht mehr genau das sein, was Aristoteles phobos und eleos oder Schiller Furcht und Mitleid genannt haben,[69] so kennen wir zumindest etwas sehr Ähnliches heute noch: Wenn wir einen Roman lesen oder wenn wir einen Film oder ein Theaterstück ansehen, dann gibt es Momente, in denen wir uns fürchten, und andere, in denen wir Mitleid mit einer der fiktiven Figuren haben. Ich nehme zunächst diese beiden Phänomene als klassische Beispiele für unser emotionales Involviertsein bei Kunstrezeption. Im Kino sinkt mancher vor dem brüllenden King Kong tiefer in den Kinosessel und betrachtet mehr das andere Publikum als die Leinwand, um sich ein wenig abzulenken. Und vielen Lesern tut zum Beispiel Anna Karenina leid, wie sie auf der Suche nach einem selbstbestimmten, erfüllten Leben scheitert, weil ihre Gesellschaft dieses nicht zulässt.

Welchen Status haben nun solche Emotionen, verglichen mit denen, die wir im Leben sonst erfahren? Etwa verglichen mit der Furcht, die man als Elternteil um sein Kind hat, wenn es allein auf Reisen geht; oder verglichen mit dem Mitleid, das der Anblick eines Obdachlosen auf der Straße im Berliner Winter hervorruft. Eine mögliche Antwort darauf scheint zu sein: Die Emotionen, die wir Kunst, genauer, Fiktion gegenüber haben, sind keine realen Emotionen. Denn das, worauf wir uns mit den Emotionen beziehen, existiert in Wirklichkeit gar nicht. Es gibt King Kong nicht wirklich, also gibt es nichts zu fürchten. Echte Diebe, die einen Reisenden ausrauben können, gibt es hingegen in den Großstädten dieser Welt zur Genüge. Anna Karenina hat sich nicht wirklich umgebracht, weil sie nie wirklich gelebt hat, und deshalb gibt es auch keinen Grund für Mitleid. Der Obdachlose in der eisigen Kälte friert sehr real und mein Mitleid, das mich dazu veranlasst, ihm etwas Geld zu geben, hat mit dieser Realität zu tun. Es scheint ein großer Unterschied zu sein, ob es etwas nur als erfundene Geschichte oder in Wirklichkeit gibt. Dass wir vor diesem Hintergrund dennoch auch bei Fiktion häufig mit Emotionen reagieren, wird in der philosophischen Debatte unter dem Stichwort „Paradox der Fiktion" diskutiert.[70] Dieses Paradox kann in der Form von drei Sätzen dargestellt werden, die man alle drei einzeln zu befürworten geneigt sein kann, die zusammen jedoch unvereinbar sind.

1) Wir erleben oft Emotionen gegenüber erfundenen Charakteren oder gegenüber Situationen, von denen wir wissen, dass sie nur erfunden sind.
2) Emotionen (die sich auf Objekte beziehen) setzen logisch Überzeugungen betreffend der Existenz und der Merkmale der relevanten Objekte voraus.
3) Wir hegen keine Überzeugungen über Existenz und Merkmale von Objekten, von denen wir wissen, dass sie frei erfunden sind.

In dieser Schematisierung wird der Knackpunkt, auf dem das Paradox basiert, deutlich: Ohne bestimmte Überzeugungen kann es bestimmte Emotionen nicht geben. Zu den bestimmten Überzeugungen gehört die der Existenz der Person oder der Situation, auf die ich mich mit meiner Emotion beziehe. Wenn ich nicht von der Existenz von etwas überzeugt bin, so kann ich dem gegenüber auch keine Emotionen haben. So lautet hier das Argument, das zusammen mit der Konstatierung unserer Gefühlserlebnisse gegenüber Fiktion zum Paradox führt.

Wer das Paradox stark macht, muss zu dem Ergebnis kommen: Es ist nicht erklärbar, warum wir in solchen Fällen Emotionen haben. Sie sind uns schlicht unverständlich. So findet beispielsweise Colin Radford keine Antwort auf die für seinen Artikel titelgebende Frage: Wie kann uns das Schicksal Anna Kareninas berühren?[71]

Und doch sind Antworten darauf denkbar. Die Liste der Lösungsvorschläge für das Paradox, die in Anschluss an Radford entwickelt wurde, ist lang. Ich stelle kurz drei Ansätze dar. Um das Paradox aufzulösen, könnte man sich zum Beispiel gegen die dritte Annahme wenden. Das hieße etwa behaupten: Vorübergehend können wir uns doch von der Existenz fiktiver

Charaktere überzeugt geben. Insofern haben wir einer Fiktion gegenüber einfach Emotionen „bona fide", aus gutem Glauben heraus.[72] Es ist jedoch zu unplausibel, zu sagen, wir wären zu irgendeinem Zeitpunkt von der Existenz der Romanfiguren oder Filmgeschehnisse tatsächlich überzeugt. Zudem wäre unklar, wie der Übergang von der Überzeugung über Existenz zu der von Fiktionalität zu erklären wäre, was nötig wäre, um den Menschen mit diesem Argument nicht ihren ganzen Realitätssinn zu rauben.

Ein anderer Versuch, den es auch in verschiedenen Varianten gibt, ficht die zweite Annahme an. Er wird unter dem Namen der „surrogate-object"-theory respektive Ersatz-Objekt-Theorie geführt und besagt, dass bei der Formulierung des Paradoxes ein Fehler gemacht wird in der Bestimmung dessen, was Objekt der empfundenen Gefühle ist. Dagegen wird vorgeschlagen, es seien gar nicht die fiktiven Charaktere selbst, auf die wir uns mit unseren Emotionen richten würden, sondern Gedankeninhalte, die von der Fiktion abgeleitet würden.[73] Gedankeninhalte im Sinne einer Proposition sind real, unabhängig von unseren Überzeugungen über unsere jeweils aktuelle Realität. Insofern Gedankeninhalte real sind, so schließt diese Argumentation, sind es auch die Emotionen, die sich darauf beziehen. Diese Antwort ist theoretisch sehr voraussetzungsreich, was den Unterschied zwischen einem Gedanken und dessen Inhalt ebenso wie zwischen realem und intentionalem Objekt einer Emotion betrifft. Doch selbst wenn man all dies akzeptieren würde, müsste man skeptisch bleiben gegenüber dieser These, dass der *Gedanke* an das Monster gefürchtet wird, anstatt das Monster selbst. Das ist grundsätzlich möglich, doch es betrifft nur einen Sonderfall der Situation. Den *Gedanken* an das Monster, sei es King Kong selbst oder eines der anderen Inselwesen, wird ein Zuschauer nur fürchten, wenn er beispielsweise ein Herzleiden hat. Dann fürchtet er den Gedanken an das Monster, weil er weiß, dass der Gedanke (bzw. die Vorstellung) bei ihm eine solche Furcht auslösen könnte, dass er einen Herzinfarkt erleiden könnte. Doch erst diese zweite

Furcht ist die vor dem Monster und damit jene, die er vor dem Bildschirm erlebt und die es hier zu erklären gilt.[74] Diese Version der Ersatz-Objekt-Theorie ist also nicht überzeugend, weil sie an dem eigentlichen Problem vorbeigeht.

Ein anderer, besonders einflussreicher Umgang mit diesem Paradox streitet die erste Annahme ab. Damit soll nicht geleugnet werden, dass wir irgendwie emotional involviert sind. Doch, so ist die Idee, dabei handelt es sich nicht um reale Emotionen. Stattdessen, so der Ausdruck, der vor allem von Kendall Walton propagiert wird, erleben wir in solchen Fällen vorgestellte, „fiktionale" oder „Quasi"-Emotionen.[75] Genauso, wie wir uns vorstellen, diese Anna Karenina, von der wir im Roman lesen, existiere, so stellen wir uns in solchen Fällen vor, was wir ihr gegenüber fühlen. Die Quasi-Emotionen sind Teil des Spiels, so Walton, auf das wir uns bei jeder aufmerksamen Rezeption von Fiktion einlassen. Wir haben ja nur dann Gefühle angesichts eines Films oder eines Romans, wenn wir uns davon in gewisser Weise „gefangen" nehmen lassen. Sich derart zu involvieren heiße, sich als Teil der fiktionalen Welt zu sehen. Realisiert man in dieser fiktionalen Welt nun etwas Furchterregendes wie ein Schleim-Monster, was Waltons Beispiel ist, dann hat man die fiktionale Überzeugung, es gäbe dieses Monster. Auf dieser fiktionalen Überzeugung, oder dieser Vorstellung, kann nun ein Gefühl basieren – aber nur ein fiktionales. Insofern könne Charles, der Horrorfilmzuschauer, das Schleim-Monster nur fiktional fürchten. Das gelte auch, wenn er seinen Freunden nachher erzählt, er habe sich „wirklich gefürchtet". Damit beschreibe er nur die Intensität. Die direkte Rede vom Fürchten ist nur eine verkürzte Redensart davon, dass man sich eigentlich nur fiktional gefürchtet hat, so Walton. Dafür spreche auch die Antwort, die Charles auf eine andere Frage geben wird. Fragt man ihn am nächsten Tag, ob er in letzter Zeit einen starken Furchtmoment hatte, wird er nicht, oder nur ironisch, auf das Filmerlebnis verweisen. Er weiß, dass man eigentlich nach etwas anderem fragt, nach realer oder „genuiner" Furcht, die sich auf reale Gegenstände richtet. Der Zustand könne sich sehr ähneln: Schweißausbruch, Herzrasen, Adrenalinschub. Aber zwei Dinge mindestens sind anders, nach Walton: Bei Quasi-Emotionen handelt man nicht der vermeintlichen Emotion entsprechend. Würde sich Charles wirklich fürchten, meint Walton, würde er aus seinem Fernsehsessel aufspringen und davonlaufen oder die Polizei rufen. Solche typischen Handlungsmotivationen aber fehlen. Und zweitens, worauf diese fehlende Handlungsmotivation schließlich zurückzuführen ist: Die Überzeugung, auf der das Gefühl basiert, ist von einer anderen Art als sonst, und so ist es der Zustand als ganzer auch, nämlich nur fiktional.

Eine Auflösung des Paradoxes führt mit diesem letzten Vorschlag also zu dem Schluss, dass unsere Emotionen gegenüber Kunst nicht real sind. Doch diese ganze Debatte, wie sie um fiktive Emotionen geführt wird, ist, was meine Interessen in diesem Themenbereich betrifft, nicht zufriedenstellend. Das betrifft drei Punkte: Erstens ist der Phänomenbereich selbst viel zu ungenau dargestellt. Es geht um emotionale Reaktionen auf Fiktion, wie wir ihr in Kunst begegnen. Doch die klassischen Beispiele Furcht und Mitleid sind dafür zum einen zu mager, da sie nur neben vielen anderen auftreten, und zum anderen sind sie selbst im Typus der emotionalen Reaktion, für die sie beispielhaft stehen, oft gar nicht genau voneinander unterschieden, obwohl das für eine genaue Analyse notwendig ist. Zweitens wird das Ausgangsparadox nur zu oberflächlich kritisiert und nicht dahingehend untersucht, ob es nicht viel grundsätzlicher auszuhebeln ist. Das hat unter anderem damit zu tun, dass drittens all den Argumentationen, die sich auf dieses so gestellte Paradox einlassen, eine extrem kognitivistische Anschauung über Gefühle zugrunde liegt, die auch keinesfalls einfach haltbar ist. Anhand dieser drei Punkte will ich den zuletzt dargestellten Ansatz, auf den die Diskussion hinausgelaufen ist, kritisieren, um anschließend zu einem anderen Verständnis von Gefühlserfahrungen gegenüber Kunst zu gelangen.

Kritik an Voraussetzungen des Paradoxes

Zu Anfang noch eine kurze Bemerkung. Wenn ich der Meinung bin, der Phänomenbereich, was emotionales Engagement bei Kunstrezeption betrifft, müsse (im Vergleich zu dem, was in den meisten Aufsätzen diskutiert wird) differenziert und damit in gewisser Weise erweitert werden, so will ich ihn damit keineswegs über Gebühr ausdehnen. Es ist in erster Linie wichtig, verschiedene Phänomene auseinanderzuhalten, die alle unter dem Oberthema gefasst werden können. In der Diskussion ist das oft in einer Weise ungenau, dass mit Argumenten gegeneinander geschrieben wird, die sich auf verschiedene Subphänomene richten und also gar nicht direkt gegeneinandergestellt werden können. Einige emotionale Erfahrungen, die man angesichts eines Kunstwerkes haben kann, bleiben (auch) bei mir ganz draußen und sollen zur Sicherheit nur kurz genannt werden. Keine Rolle spielt so zum Beispiel die Freude, die man an einem Kunstwerk haben kann, im Sinne einer Freude über die Perfektion der Machart oder Ähnliches. So kann man sich auch über ein gutes Essen oder eine spannende Tennispartie freuen und diese Freude steht nicht in direktem Bezug zum Inhalt. Ebenso irrelevant ist hier etwa der Neid, den der Anblick eines Kunstwerkes auslösen kann, wenn es der Neid darüber ist, dass der Konkurrent so etwas Schönes geschaffen hat. Auch hier bezieht sich die Emotion selbst nicht auf den Inhalt, obwohl dessen Erfassen natürlich Voraussetzung ist, sondern auf das Können des Künstlers.

Was hat also die Phänomenbeschreibung, wie sie der skizzierten Diskussion zugrunde liegt, unbeachtet gelassen? Ich denke, wenn wir unsere Gefühle gegenüber narrativer Kunst diskutieren wollen, müssen wir mindestens einen großen Unterschied klarstellen: Zum einen können wir Gefühle derart entwickeln, als befänden wir uns selbst *in* der dargestellten Situation und würden dementsprechend wie eine der Figuren fühlen. Dann *identifizieren* wir uns mit einem der fiktionalen Charaktere. Zum anderen können wir Gefühle für eine der Figuren entwickeln, und zwar aus unserem persönlichen Charakter und Standpunkt her. In diesem Fall identifizieren wir uns mit niemand anderem, sondern *beziehen* uns nur auf die fiktionale Person. Beide Male ist die fiktionale Welt mit ihren Eigenschaften in gewisser Weise für unsere Emotionen verantwortlich, doch auf verschiedene Art. Die Konstellation, die Walton als sein Hauptbeispiel nimmt, ist ein Sonderfall. Denn selten richten sich Aktionen in einer Fiktion aus dieser „heraus" auf den Zuschauer oder Leser zu, wie es das Schleim-Monster tut, wenn es auf die Kamera, und damit Charles, zurast. Ich komme darauf gleich zurück.

Was bedeutet diese Beschreibung der Phänomenlage für die Art der Emotionen? Sie bedeutet, dass keinesfalls alle Emotionen, die wir im Kino- oder Lesesessel erfahren, in einen Topf geworfen werden dürfen. Die so unterschiedenen und damit präziser gefassten Varianten lassen sich dann einzeln genauer betrachten und darauf prüfen, inwiefern sie als real oder fiktional anzusehen sind.

Was die erste Variante betrifft, so mag es scheinen, als könnte man dennoch dafür argumentieren, dass es sich um fiktionale Emotionen handelt und man von Quasi-Emotionen sprechen könnte, wie Walton es tut. Denn wenn wir von der Fiktion in Bann gezogen werden und wir uns dann zum Beispiel wie die „weiße Frau" bzw. Ann Darrow vor King Kong fürchten, stellen wir uns vor, so könnte man sagen, die fiktionale Person zu sein und erleben ihre Gefühle mit. So fiktional wie diese Gefühle in der Fiktion sind dann auch unsere eigenen, ginge die Argumentation weiter. Doch das ist meiner Einschätzung nach nicht überzeugend. Es handelt sich doch einfach um die Situation, Emotionen eines anderen nachzufühlen. Das kennen wir aus anderen Fällen, die ich in Abschitt II 3 diskutiert habe. So wie ich nicht irgendwie direkt von den Gefühlen des anderen berührt werde, sondern durch mein lebhaftes Vorstellen der Lage des anderen sich bei mir Gefühle entwickeln, so gilt es auch gegenüber der Fiktion: Die Gefühle selbst sind originär die meinen und real, auch wenn ich sie jemand anderem nachempfinde. Unter den realen Gefühlen kann man sie genauer auszeichnen als nach- oder mitfühlende Emotionen. Ihren Echtheitsstatus werde ich zum Schluss des Kapitels noch erörtern.

Entsprechend sieht es mit Emotionen des zweiten Falls aus. Wieso sollte ich nicht real Mitleid für Anna Karenina empfinden? Ich lese die Geschichte einer Person. Genauso, wie ich ihr Schicksal beklagenswert finden kann, kann ich Mitleid für sie empfinden. Es ist eine reale Emotion, denn es ist eine Reaktion meinerseits, meiner eigenen Persönlichkeit, auf etwas, von dem ich erfahre. Ich sehe keinen Grund, dabei von fiktionalen Emotionen zu sprechen. Genauso kann ich mich über das Glück zweier Figuren im Roman freuen, ich kann mich über ein Verhalten von Ulrich, dem Mann ohne Eigenschaften, ärgern oder um Adrian Leverkühn fürchten. Es erscheint mir relativ egal, ob das nun fiktive Figuren, historische Persönlichkeiten oder Freunde sind, die mir von ihren letzten Erlebnissen in einer E-Mail schreiben. Natürlich können Charakter und Intensität einer Emotion ganz verschieden sein, je nachdem, wen sie betrifft, das heißt, wie nahe mir die betreffende Person steht. Aber deshalb muss man noch nicht von einer grundsätzlich anderen Art der Emotion sprechen oder ihr auch nur einen „Quasi"-Titel verleihen.[76]

Wie steht es nun mit dem Sonderfall Charles und dem Schleim-Monster? Es handelt sich insofern um einen Sonderfall, als er einer Figur gegenüber etwas empfindet, aber nicht als Beobachter oder Zuhörer, sondern als jemand, der in die fiktive Situation involviert ist; involviert, jedoch nicht als eine der fiktiven Figuren, sondern als individuelle, reale Person selbst. Das kann man tatsächlich für ein Paradox halten: Wie sollte Charles, der nicht an die Realität dieses Monsters (in seiner Welt) glaubt, sich davor (als Person seiner Welt) fürchten? Walton löst das Paradox wie gesagt so auf, dass er sagt, Charles glaubt nicht an das Monster in seiner realen Welt, wohl aber in einer fiktionalen Welt, und dementsprechend fürchtet er sich nicht real, sondern nur fiktional.

Doch auch diese Rede von fiktionalen Emotionen überzeugt mich nicht. Ich bin skeptisch, ob dieses Phänomen, das zu dem Paradox führen soll, wirklich so auftritt. Es gibt bei einem Horrorfilm sicher nicht nur diese eine Art, sich zu fürchten. Und vielleicht gibt es sie sogar so gerade *nicht*. Als weitere Beschreibungsmöglichkeiten kommen in Betracht: Der Film, in dem Monster Menschen verfolgen und töten (King Kong), stellt eine Stimmung der Angst her, die sich auf die Zuschauer, und damit auf Charles, überträgt. Oder: Diese realistische Darstellung lässt bei Charles Gedanken daran aufkommen, dass es die Monster vielleicht wirklich geben könnte, oder ähnliche, in seiner Welt (zumindest bissige Gorillas), und vor denen fürchtet er sich. Wie genau man es auch beschreiben möchte, einer Tatsache muss man auf jeden Fall Rechnung tragen, die gegen Waltons Sicht der Dinge spricht: Niemand im Kino hat genau eine solche Furcht, wie er sie hätte, wenn er tatsächlich so einem Monster gegenüberstehen würde. In dem Fall müsste man wirklich Todesangst spüren. Doch niemand in dem Kino, selbst die nicht, die geschrien haben, werden nachher sagen, sie hätten Todesangst gehabt. Waltons Beschreibung dieses Sonderfalls führt meiner Meinung nach in die Irre. Er tut so, als könne man als Zuschauer um sein Leben fürchten. Genau das aber ist nicht der Fall. Man kann nur um sein Leben als das der bedrohten Figur fürchten, insofern man sich mit dieser identifiziert, was ein anderer Fall ist – wobei übrigens Erschrecken wahrscheinlich eine große Rolle spielt, das durch (Spezial-)Effekte des Films ausgelöst wird, so dass man geradezu physisch in die Emotion hineingezogen wird, die die Heldin gerade durchmacht.[77] Oder man kann von außen betrachtet um das Leben einer der Figuren fürchten, was ebenfalls bereits besprochen wurde. Doch man fürchtet nicht um sein *eigenes* reales Leben, als wäre es durch etwas in dem Film bedroht. Man fürchtet sich, wenn, dann vor dem Monster in dem Film, und zu dem gehört, dass es einem zwar Schrecken einjagen, aber nicht töten kann. Der Bezug der Emotionen ist ein anderer, was den Filmzusammenhang betrifft, als in unserem übrigen Leben. Am deutlichsten kann man das mit der detaillierteren Intentionalitätsdifferenzierung machen, die ich in dieser Arbeit schon verschiedentlich angeführt habe. Mögen in diesem Fall auch Gegenstand, das Monster, und das formale Objekt, „eine Bedrohung mit seiner mörderischen Kraft", im Kino wie im denkbaren Leben gleich sein, so ist der Fokus doch ein anderer. Stände in der Realität ein Monster vor Charles, würde er um sein Leben fürchten. Steht es ihm aber nur auf der Kinoleinwand gegenüber, ist der Bedeutsamkeitsfokus ein anderer. Es geht nicht um Leben und Tod, sondern nur um etwas wie Wohlbefinden oder Leiden, darum, ob man es angenehm findet oder nicht, diesen Film anzusehen. Dieser Unterschied im Bezug ist es, durch den sich die Emotionen voneinander unterscheiden, nicht ein anderer Status, weshalb man sie „fiktiv" nennen müsste.

Bis hierher habe ich das Phänomen, das zu dem Paradox führt, in Frage gestellt. Ich habe gezeigt, dass man nicht auf eine solche Weise Emotionen hat, wie es in den Argumentationen für ihre Fiktionalität angenommen wird (Erörterung der Prämisse 1). Für die Weise, wie ich die emotionalen Erlebnisse dabei schildere, habe ich dann ziemlich schnell und etwas lax behauptet, sie stehe für reale Emotionen. Dass das richtig ist, möchte ich im Folgenden noch präziser vorführen. Das Paradox nämlich kann auf eine Weise gänzlich unterhöhlt werden, mit der zu zeigen ist, dass unsere Emotionen in Bezug auf Kunst real sind. Dazu müssen wir wieder einmal einen genaueren Blick auf Emotionen werfen und darauf, was sie in welcher Hinsicht ausmacht. Vertreter des Paradoxes müssten eine gewissermaßen real-kognitivistische Konzeption von Emotionen vertreten, die ich für unangemessen halte. Und: Sie berücksichtigen zu wenig das, was wir Phantasie nennen, und ohne das es Kunst nicht geben könnte (Erörterung der Prämisse 2). Diese beiden Punkte stehen im Zentrum der Argumentation im nächsten Abschnitt.

Auflösung des Paradoxes und die Realität von Phantasie
Das Paradox der Fiktion kommt nur zu Stande, wenn man eine Überzeugung darüber, *was der Fall ist*, für eine notwendige Bedingung von Emotionen hält. Dass es sich um eine notwendige

Bedingung handelt, kann jedoch auf zweierlei Weise bezweifelt werden (die sich beide von der oben erwähnten Ersatz-Objekt-Theorie unterscheiden).[78]

Erstens kann man fragen, ob sich die vermeintlich fiktionalen Emotionen in dieser Hinsicht tatsächlich von allen Fällen vermeintlich realer Emotionen unterscheiden. Beziehen sich alle Emotionen außerhalb der Kunstrezeption auf etwas, was der Fall ist? Nicht unbedingt. Dafür braucht man nur an Reue zu denken oder Bedauern darüber, dass man etwas nicht getan hat; oder an das Erschauern beim Gedanken daran, was alles zu einem vergangenen Zeitpunkt an Furchtbaren hätte geschehen können. Bei diesen Beispielen sind die zugrunde liegenden Überzeugungen auch nur Vorstellungen von Ausgedachtem, statt Überzeugungen über die aktuelle Realität, und könnten so als „fiktional" bezeichnet werden. So erscheint es unmöglich, auf diese Weise eine klare Trennlinie zwischen paradigmatischen und Sonder-Fällen von Emotionen zu ziehen. Emotionen gegenüber Fiktionen unterscheiden sich in diesem Punkt nicht von Emotionen, wie ich sie eben in Erinnerung gerufen habe, die man „kontrafaktisch" nennen kann. Zählt man die kontrafaktischen Emotionen zu den realen, dann müsste man auch die auf Fiktionen gerichteten für reale halten. Rechnet man andersherum die kontrafaktischen Emotionen zu den fiktiven, irrealen, so wüsste man nicht mehr, wodurch sich die Emotionen gegenüber künstlerischer Fiktion auszeichnen sollten, was doch eigentlich erklärt werden soll. So gesehen ist es nicht hilfreich, die Überzeugung über etwas Irreales als entscheidendes Kriterium für Emotionen gegenüber Fiktion zu betonen.

Ein zweites Argument verstärkt den Verdacht, dass die übliche Herangehensweise sich auf die falschen Aspekte konzentriert. Sehen wir einmal genau hin: Was ist es eigentlich, das uns bei Rezeption narrativer Kunst starke Gefühle erleben lässt? Nach den Sätzen des Paradoxes wären es einfach die Meinungen darüber, was bestimmten fiktionalen Personen passiert. Aber es ist klar: Wenn wir nur eine Zusammenfassung ei-

nes Romans oder eines Kinofilms in ein paar Sätzen hören
oder die Paraphrase eines Gedichtes – da steigen keine großen
Emotionen auf. Wirklich berührt werden wir nur, wenn wir
dem Werk selbst ausgesetzt sind. Warum das so ist, liegt nahe:
Es ist die künstlerische Gestaltung des Themas oder der Geschichte, die uns dermaßen „einfängt", dass wir uns emotional
engagieren. Diese expressiven Qualitäten können sogar den
Sinn der fiktionalen Welt unterbrechen bzw. die Realitätsnähe
der Illusion stören und gerade dadurch unsere psychologische
Teilnahme am Kunstwerk verstärken. In Texten ist es die ge-
wählte Sprache, in Niveau, Stil und rhetorischen Mitteln, mit
der der „Inhalt" gestaltet wird.[79] Beim Film wird man zum Beispiel extrem geleitet durch den Schnitt, in dem völlig verschiedene Szenen aneinandergesetzt werden können.[80]

Dies sind also zwei Hinweise, die dafür sprechen, uns das
Phänomen der Emotionen gegenüber künstlerischer Fiktion
auf andere Weise verständlich zu machen als darüber, dass man
sich etwas nicht aktuell Reales vorstellt. Offenbar ist der Umstand, *dass* man sich etwas vorstellt, nicht der zentrale. Denn
einerseits kann man auch bei der Vorstellung von anderem,
nicht real Präsentem Emotionen haben und andererseits reicht
so eine Vorstellung allein nicht aus, Emotionen auszulösen.
Damit ist das Paradox bereits unterhöhlt. Es taugt allein nicht,
um zu beweisen, dass wir Kunst gegenüber keine realen Emotionen haben können. Doch ich will auch positiv dafür argumentieren, warum es sich um reale Emotionen handeln muss.

Als Alternative könnte zunächst ein Ansatz gesehen werden,
der betont, dass für das Erlebnis von Emotionen gegenüber
Fiktion entscheidend ist, *was* vorgestellt wird. Man könnte sagen, entscheidend sei, dass man selbst in dem Vorstellungsinhalt
vorkomme. Das ist die Idee, wie sie wiederum Walton vertritt.
Ich stelle mir nicht nur vor: „Da ist ein ekelhaftes und gefährliches Monster", sondern ich stelle mir auch vor: „Ich fürchte
mich jetzt". Diese Vorstellung des eigenen reaktiven Zustandes
gehört zur vollständigen Vorstellung der Fiktion. Und damit hat
man nur eine vorgestellte, eine fiktive Emotion. Das ist Teil des

Spiels nach Walton. Doch hat man damit etwas gewonnen? Es geht um den Unterschied zwischen einer Vorstellung, dass etwas gefährlich ist, und dem, sich etwas mit Furcht vorzustellen. Walton setzt für diese zweite Art der Vorstellung einfach einen bestimmteren Inhalt, einen, in dem man selbst vorkommt. Aber reicht das, um emotional involviert zu sein, wie wir es vor Fiktion sind? Wiederum nicht unbedingt. Mit der Vorstellung der Proposition, dass ich mich fürchte, fürchte ich mich nicht auch automatisch. Ich kann mir vorstellen, dass jemand anderes sich fürchtet, wie die weiße Frau vor King Kong. Dabei muss ich nicht notwendig selbst Furcht empfinden. Sollte es so nicht auch für mich selbst gelten können? Wenn mir jemand von der Gewalttätigkeit King Kongs erzählt, kann ich mir gut vorstellen, dass ich mich fürchten würde, wenn ich ihm gegenüberstehen würde – aber dafür muss ich mich nicht auch aktuell fürchten. So gesehen reicht der Selbstbezug in einer Vorstellung noch nicht aus für emotionales Engagement. Wer Emotionen gegenüber Fiktion nur so beschreibt, macht also einen Fehler und der daraus gezogene Schluss, es handele sich nur um fiktive Emotionen, kann nicht richtig sein.

Wessen bedarf es also, dass wir Emotionen bei Fiktion erleben, wie wir es tun? Richard Morans Idee dazu ist: Der Unterschied liegt nicht im Inhalt, sondern ist in der Art und Weise der Vorstellung zu finden. Diese zu verdeutlichen heißt, sowohl ein Stück weit zu erläutern, was es bedeutet, über Phantasie zu verfügen, als auch darauf einzugehen, warum und inwiefern Kunst für unsere Emotionalität sehr wichtig sein kann. Was charakterisiert also diese Vorstellungen? Ein erster Erläuterungsversuch könnte sein: Die Vorstellungen, wie sie uns künstlerische Fiktionen bieten, müssen von einer besonderen Lebendigkeit sein, dass sie in uns Emotionen auslösen. Was zeichnet die Lebendigkeit aus? Man könnte versuchen, sie im Sinne von phänomenaler Vielfalt und Ausführlichkeit zu verstehen.[81] Doch damit kommt man nicht weit. Mit der Phänomenalität darf nicht gleich die emotionale Beteiligung gemeint sein, da sonst nichts zur Erklärung beigetragen würde. Bei visuellen Vorstellungen kann dann nur auf besondere Farbintensität oder Schärfe abgezielt sein (bei nicht-visuellen Vorstellungen wäre solche eine eigene Phänomenalität, jenseits der Emotionalität, noch schwerer überhaupt zu bezeichnen). Aber mit so einer Phänomenalität ist nichts darüber gegeben, was für ein Ereignis es ist etc. Da dies zu wissen aber für klare Emotionen notwendig ist, kann die Phänomenalität nicht für die Lebendigkeit, die uns emotional soll involvieren können, ausschlaggebend sein.

Die Idee der Lebendigkeit der Vorstellung führt also nicht weit. Was ist stattdessen das Besondere an der Art und Weise der Vorstellung, woran das emotionale Engagement geknüpft ist? Die Frage kann man zuspitzen auf: Was geschieht uns, wenn wir Fiktionen ausgesetzt sind, die uns berühren? Es ist zumindest unter anderem dies: Wir verbinden das, was wir sehen, mit anderem, was wir gesehen oder erlebt haben, wir assoziieren, kontrastieren, parallelisieren. Die fiktionale Darstellung regt unseren Geist zu lauter solchen spontanen Aktivitäten an. Unsere Phantasiefähigkeit ist in Gang, so kann man es auch zusammenfassen. Unser emotionales Engagement liegt also nicht an Eigenschaften einer Vorstellung als Einzelding, sei es der Inhalt oder die Phänomenalität, sondern an der Vorstellung, insofern sie in die geistige Umgebung eingebunden ist und dort Aktivitäten provoziert. Damit liegen die Tatsachen über die Art und Weise, wie etwas vorgestellt wird, in der aktuellen und nicht in der fiktionalen Welt.[82]

Was bedeutet das nun für den Status der Emotionen, die wir bei der Rezeption narrativer Kunst erfahren können? Es besagt, dass die Emotionen real sind. Denn sie hängen mit der Phantasieaktivität zusammen und diese ist ein Teil unseres aktuellen psychologischen Lebens. Nur der Inhalt der Vorstellungen ist fiktional. Dass und wie wir etwas vorstellen hingegen, ist ganz real. Und so sind es die Emotionen, die dabei vorkommen.

Tatsächlich gehen wir mit Emotionen gegenüber Kunst auch auf eine Weise um, die zeigt, dass wir sie ernst nehmen in dem Sinn, dass sie reale Emotionen der jeweiligen Person sind. Denken Sie daran: Wie reagieren Sie, wenn im Theater ihr Sitznachbar offenbar erfreut reagiert, wenn King Lear geblendet wird? (Nehmen wir an, es ist eine gute Inszenierung und keine so schlechte, die die Szenen unglaubwürdig oder lächerlich macht.) Würden Sie nicht zusammenzucken oder sich zumindest Ihren Teil denken, was für ein gefühlloser, roher Mensch das sei, wenn ihn das nicht rührt, bzw. er sogar absolut gegensätzliche Emotionen zeigt, als Sie es für angemessen halten? Oder stellen Sie sich einen anderen vor, der bei einem ironielosen rassistischen Witz auf der Bühne lacht. Sie werden ihn auch zur Verantwortung ziehen wollen für dieses sein Belustigungsgefühl. Er kann sich später nicht damit entschuldigen, er habe es so wenig wirklich lustig gefunden wie er nicht an die Realität des ganzen Theaterspiels geglaubt habe. Denn die emotionalen Reaktionen auf Fiktion finden in unserer Realität statt.[83] Sie sind ein Teil der Persönlichkeit bzw. Zeichen der Einstellungen und Dispositionen, nicht ein Teil der Fiktion. Ein Hinweis auf das Gleiche ist auch, dass man wirklich emotional mitgenommen oder erschöpft aus einem Kinofilm herauskommen kann. Die Emotionen fallen nicht sofort wieder von einem ab. Natürlich gibt es individuell sehr verschiedene Sensibilitäten, was das betrifft. Einer kann sofort wieder darüber reden, was ihm Lustiges auf dem Hinweg passiert ist, und ein anderer möchte erst den Film noch einmal Revue passieren lassen und sich darüber unterhalten und so seine erlebten Emotionen besser verstehen, sie ordnen oder auch nur ihnen gebührenden Raum geben. Das, was man beim Filmschauen erlebt hat, hat man wirklich so weit erlebt, dass es Spuren in einem hinterlässt. Man kann sich an die Emotionen erinnern wie an andere, in der Realität erlebte. Und während der Woche oder Wochen, die man einen Roman stückchenweise liest, trägt man auch die Emotionen mit sich herum, die man den Figuren darin entgegenbringt.

Sind Emotionen gegenüber Fiktionen echt?
Emotionen gegenüber Fiktionen sind nach meiner Darstellung real, wir lassen uns nichts „vorspielen" und täuschen uns nicht über unsere Emotionen in diesen Fällen. Damit ist eine Basis

geklärt, auf der ich weiterfragen kann, ob diese Emotionen denn echte Emotionen sind. An Realität mangelt es ihnen aufgrund des fiktionalen Gegenstandes nicht, wie wir gesehen haben. Fehlt ihnen sonst etwas, dass es sich bei ihnen dennoch nicht um echte Emotionen handelt? Das diskutiere ich in zwei Punkten.

Erstens käme hier in Betracht, was auch Walton hervorhebt: Emotionen gegenüber Kunst gehen nicht mit den typischen Handlungsmotivationen einher. Das könnte als ein Argument angesehen werden, sie zwar für real, aber unecht zu halten – weil ihnen etwas Wesentliches fehlt und sie echten Gefühlen nur ähneln. Doch tatsächlich scheint mir die Beobachtung dafür nicht hinreichend zu sein. Meiner Ansicht nach unterscheiden sich Emotionen gegenüber Kunst in den Handlungsmotivationen gar nicht grundsätzlich von sonstigen Emotionen, man muss nur ihre spezifische Intentionalität berücksichtigen. Und das tun wir in der Praxis selbstverständlich. Sehen wir es uns noch einmal im Vergleich an. Wenn ich Mitleid mit einer realen Person habe, tu ich in der Regel, was mir möglich ist, ihr zu helfen. Wenn ich (unter sonst gleichen Umständen) Mitleid ganz ohne eine solche Handlungsmotivation habe, wird man oder ich selbst es mir nicht ganz abnehmen. Es erwartet jedoch niemand von mir, dass ich versuche, irgendwie King Lear zu helfen, indem ich auf die Bühne klettere und ihn an der Hand nehme. Dennoch glauben mir andere und ich mir selbst, dass er mir Leid tut. So ein Mitleid richtig zu verstehen heißt, es für eine reale Regung einer Person zu halten. Es heißt aber auch, dabei zu berücksichtigen, was das Objekt der Emotion ist. Der Gegenstand ist fiktional. Wer das berücksichtigt, für den ist klar, dass keine eingreifende Handlung am Platz ist – wie, um eine andere Art von Emotion und entsprechende Handlungsmotivation zu nennen, bei Reue über etwas Vergangenes auch niemand erwartet, dass ich die Unmöglichkeit versuche, Vergangenes zu verändern. Das muss nichts an der Echtheit einer Emotion ändern. Sie täuschen uns nicht grundsätzlich, und wir täuschen uns nicht grundsätzlich in ihnen. Beim Verstehen müssen wir nur die besonderen Bedingungen des Objekts, seine Fiktionalität, bedenken. Das tun wir in der Regel selbstverständlich richtig. Wir sind physisch von den Figuren aus Romanen, Filmen und Theaterstücken durch einen unüberwindlichen (ontologischen) Graben getrennt. Dennoch können wir uns psychologisch für sie engagieren. Das Engagement bleibt dabei selbstverständlich in den Grenzen der einen Seite des Grabens. Wir schreiten zu keiner Tat in der fiktiven Welt. Wir können aber wohl das Buch zur Seite legen und eine Weile in den Himmel sehen, wenn uns die Szenen im Roman zu nahe gehen. Das kann dann der angemessene Ausdruck, eine angemessene Handlung aus einer echten Emotion heraus sein.

Eine Herausforderung an diese These, dass Emotionen gegenüber Kunst echt wären, scheint die Frage darzustellen, ob man es denn als „echte Liebe" bezeichnen könne, wenn sich jemand in eine Romanfigur verliebe. Das erscheine doch absurd. Doch auch darauf will ich mit einem Verweis auf die spezifischen Handlungen antworten, die nur der Fiktionalität des Objekts Rechnung tragen müssen. So kann man sich, nach meiner Darstellung, durchaus real und echt in eine fiktive Figur verlieben – aber nur so weit, wie man sich auch in eine reale Person verlieben kann, ohne mit ihr je in Interaktion getreten zu sein. Solche Fälle gibt es, das heimliche Verlieben aus der Ferne, das dann oft gar nicht sehr viel mit der „auserwählten" Person zu tun hat, weil man sich noch gar nicht wirklich kennen gelernt hat. So weit kann man sich auch in Romanfiguren verlieben. Problematisch wird solch eine Emotion nur dann, wenn die verliebte Person die völlige Kommunikationslosigkeit zwischen sich und der „anderen" ignoriert und in ihrem Gefühl z.B. eine Gemeinsamkeit anzunehmen beginnt und letztlich vielleicht sogar von Liebe redet, in der sich zwei Personen einander kennend begegnen (wie ich hier einmal flüchtig die Emotion der Liebe etwas näher charakterisiere). Doch das scheint mir weniger eine Frage von echt oder unecht zu sein als vielmehr eine der Unangemessenheit in der ersten der beiden eingangs genannten Formen (III 4.3, wo ich die Anwendung der Begriffe „wahr" und „falsch" auf Emotionen kritisiere).

Hier täuscht sich jemand über Fakten, auf denen eine Emotion basiert. Eine gelebte gegenseitige Liebe kann es zwischen einer realen Person und einer fiktiven Figur natürlich nicht geben. Die fiktive Figur interagiert nicht mit der realen Person.[84] Das aber muss eine Person, die von Liebe zwischen sich und der fiktiven Figur spricht, annehmen bzw. behaupten. Damit irrt sie sich über Tatsachen, die zu bewerten bzw. auf die sich zu beziehen erst Sache der Emotion wäre. Diese Interaktion „gibt" es nicht einmal fiktiv, denn Zuschauer und Figur teilen keine Handlungswelt. Damit liegt ein Irrtum vor, wie er auch als Grund für Gefühle gegenüber Realem vorkommen kann. Dies betrifft eine Art von Unangemessenheit von Emotionen, nicht die Frage nach ihrer Echtheit.

Keine der beiden genannten Einwände geben Grund, Emotionen gegenüber Fiktion nicht für echt zu halten; sie haben einfach ihre speziellen Handlungsmotivationen und können ansonsten unangemessen sein, wie es aber für alle Emotionen auch mit realen Gegenständen der Fall sein kann. Ein fiktiver Gegenstand ist so gesehen kein Kriterium für unechte Emotionen.

Nur eine der verschiedenen Möglichkeiten, in der wir Gefühle gegenüber Fiktion erfahren können, scheint mir tatsächlich als „unecht" zu bezeichnen zu sein. Und zwar das von mir zuerst differenzierte Phänomen: Die Identifikation mit einer Figur und ihren Emotionen. Wenn man nicht nur mit der Figur mitfühlt und dabei sich als eine neben dieser ansieht, sondern wenn man sich derart mit der Figur identifiziert, dass man sich für sie hält, und die Emotionen für selbst direkt, anstatt mitfühlend, erlebt hält, dann kann es sich um eine unechte Emotion handeln. Das ist an dieser Stelle kurz damit zu erklären, dass wir uns in so einer Situation gewissermaßen über uns selbst täuschen. Daran liegt es dann, dass es sich um eine unechte Emotion handelt, nicht in erster Linie am Gegenstand. Eine ergänzende Erklärung wird sich dafür außerdem am Ende des folgenden Kapitels zeigen, wenn ich schrittweise das wichtigste Kriterium für echte Emotionen entwickle, nämlich die

Verbindung zum Charakter einer Person. Kurz angedeutet heißt das: Wer sich mit einer Figur vollkommen identifiziert, der erlebt Emotionen, die deren Charakter entsprechen und nicht dem eigenen. Das macht sie zu unechten. Darauf komme ich am Ende des Kapitels III 4.3 noch einmal zurück.

Noch eine Bemerkung zu einer Einschätzung von „unechten" Emotionen: Ich gebrauche den Begriff „unecht" zunächst keineswegs wertend, sondern neutral unterscheidend. Eine Wertung kann nur im Rahmen von anderen Interessen, die man bei seiner Beschäftigung mit Gefühlen verfolgt, *mithilfe* dieser Unterscheidung stattfinden. Für diesen Kunst-Kontext gilt: Man kann es als ein Glück ansehen, dass wir manchmal fähig sind, solch „unechte" Emotionen zu erleben. Denn so erleben wir im Umgang mit der Kunst etwas, das uns sonst von unserem Charakter her selbst gar nicht möglich wäre. Das kann eine Bereicherung sein – insbesondere, um uns bis dahin unverständliche, weil zu unbekannte Emotionen anderer Personen (wie in II 4.1 thematisiert) in der Wirklichkeit verständlich werden zu lassen.

4.3.2 Künstlich erzeugte Emotionen

Die Echtheit der Emotionen hängt also offensichtlich nicht direkt mit der Realität oder Fiktionalität ihrer Gegenstände zusammen. Als Weiteres ist jetzt zu untersuchen, inwieweit die Echtheit einer Emotion womöglich an der Art ihres Entstehens liegt. Sind unechte Emotionen solche, die auf bestimmte Weise entstanden sind?

Dafür will ich in den folgenden zwei Unterkapiteln zwei möglichen Vermutungen nachgehen. Zuerst untersuche ich Gefühle, die man als „künstlich erzeugt" bezeichnen kann; das sind solche, die durch äußere stoffliche Einwirkung verursacht werden. Dabei zeigt sich, dass eine Unterscheidung künstlich versus natürlich nicht hilfreich ist für eine Erläuterung der Unterscheidung unecht versus echt. Künstlich erzeugte Emotionen sind nicht notwendigerweise unecht und zudem ist die Grenze zwischen beidem praktisch schwer zu ziehen. Deshalb verfolge ich anschließend die Idee, unechte Emotionen seien

solche, von denen man nicht passiv überkommen wird, sondern die man (mehr oder weniger absichtlich) durch eigene
Aktivität herstellt, womit ein Einfluss auf Emotionen jenseits
von pharmakologischen Eingriffen o.ä. gemeint ist. In der Erörterung von Beispielen dafür wird schließlich deutlich, dass
für die Echtheit von Emotionen der Zusammenhang mit dem
Charakter einer Person entscheidend ist.

In diesem ersten Unterkapitel sehe ich also Emotionen an,
die man als „künstlich erzeugt" beschreiben kann: Gefühle, die
unter Drogeneinfluss, durch Medikamenteneinnahme oder
neue Verfahren wie Deep Brain Stimulation[85] entstehen. Sind
so entstandene Emotionen grundsätzlich unecht? Diese Frage
will ich anhand von drei Beispielen zu verschiedenen künstlich
erzeugten Gefühlen beantworten.

Die Beispiele
Unter depressiven oder auch nur unzufriedenen Personen ist
ein Medikament derzeit immer populärer geworden: Fluoxetine, besser bekannt als Prozac. Dieses Antidepressivum wird
generell verwendet, um Menschen von übertriebenen sozialen
Ängsten zu befreien. Es funktioniert gut, indem die Patienten
darunter Ängste abbauen und insgesamt Schüchternheit verlieren und selbstsicherer werden. Dadurch erleben sie dann auch
mehr positive Emotionen wie Freude. Entscheidend ist, dass es
langfristig eingenommen werden kann und nicht nur vorübergehend als Stimmungsaufheller wirkt, sondern auch dafür
sorgt, dass die Personen einen Großteil ihrer Situationen mit
anderen, für sie angenehmeren Emotionen erleben. Sollten alle
ihre Gefühle nun, die sie täglich in verschiedenen Situationen
erleben, unecht sein – die Freude über das Wiedersehen von
jemandem, der Stolz über eine fertig gestellte Arbeit etc.?

Drogenwirkung hier unter die Beispiele aufzunehmen ist
etwas problematisch, da viele Drogen entweder nur stim-
mungsverändernd sind oder bewusstseinserweiternd im Sinne
eines Rausches oder Trips.[86] Das Phänomen des Rausches
müsste extra behandelt werden, es ist nicht gleichzusetzen mit

Emotionsauslösung.[87] Allgemein sind die Wirkungen von Drogen auf Emotionen multifaktoriell und so schlecht genau vorherzusagen wie im Nachhinein eindeutig zu bestimmen. Es kommt darauf an, in was für einer Stimmung man ist, wenn man sie nimmt, und was die Situation ist. Je nachdem wirken sie verschieden. Ich nehme für ein zweites Beispiel einmal eine spezielle Wirkung in einem gewissen Szenario an. Ein Paar des modernen Prekariats, das immer flexibel der Arbeit nachreisen muss, darf keine Zeit mit langsamer Zuneigungsentwicklung verlieren, zu der beide, ständig mit dem Blick auf wieder Neues und Anderes, langfristig sowieso nicht fähig sind. Deshalb streut es sich bei einer Zusammenkunft vor der gemeinsamen Nacht gegenseitig "mdma", den Ecstasy-Wirkstoff in Pulverform, auf die Zungen. So werden die Stunden von einem erhebenden Liebesgefühl auf beiden Seiten begleitet. Bis man sich nach dem folgenden Tag wieder trennt, hält die Wirkung noch an, die beide in eine Wolke von Zärtlichkeit hüllt. Den Blues danach verbringt man allein, auf dem Weg zum nächsten Projekt. Haben sie sich nun echt geliebt oder nicht?

Ein drittes Beispiel soll die „Materialsammlung" abrunden: Auf der Suche danach, was genau eine Emotion ist, ist es Neurowissenschaftlern gelungen, durch die Injektion einer bestimmten Substanz, die auf das limbische Gehirn wirkt, gezielt Angst auslösen zu können.[88] Der Proband berichtet von einer „entsetzlichen Angst, ohne auch nur die geringste Ahnung zu haben, warum" – ein Gefühl, das (zum Glück) nur ganz kurze Zeit anhält.[89] Ist das eine echte Emotion oder wenn nein, warum nicht?

Inwiefern könnte man nun bei den drei Beispielarten, die verschiedene Arten der „künstlichen Erzeugung" darstellen, je sagen, dass es sich um unechte Emotionen handelt?

Pseudo-Emotionen 1: Wenn etwas fehlt

Ich beginne mit dem letzten Beispiel, zu dem die Hypothese gehört, man erzeuge bestimmte akute Emotionen durch die Injektion einer Substanz, die direkt im limbischen Gehirn wirkt. Für eine Antwort auf die Frage, ob es sich dabei um eine echte

Emotion handeln kann, ist die Aussage der Testperson entscheidend, sie könne nicht sagen, warum sie sich fürchtet bzw. wovor. Das heißt, philosophisch genau genommen, es liegt ein Gefühl ohne Bezug vor. Nehmen wir an, der Proband beharrt darauf, dass es sich wirklich ganz genauso anfühle, wie das, was z.B. die Zustände gemeinsam haben, wenn sich auf einer Bergwanderung ein Steinschlag über einem löst oder man im Wartezimmer des Zahnarztes sitzt – also wie eine konkrete Furcht. Dann muss man sagen, dass wir es mit einem anderen Phänomen zu tun haben als einer Emotion im Sinne der Definition dieser Arbeit. Eine Emotion zu haben heißt, etwas in Bezug auf etwas zu fühlen. Das ist hier nicht der Fall. Damit könnte man sagen, es handele sich um eine unechte Emotion. Denn es ist keine Emotion, hat aber Ähnlichkeit mit einer Emotion.

Der für das Prekariat beschriebene Fall liegt anders als das erste Beispiel. Das Erlebnis des Gefühls ist klar mitbestimmt durch den Bezug auf den Partner in der Liebesnacht; die Eigenschaft der Intentionalität ist gewährleistet. Dennoch gibt es auch hier etwas, das die gefühlsmäßigen Phänomene davon unterscheidet, was ich sonst in dieser Arbeit als Emotionen bezeichne. Es kann sich zumindest nicht um die komplexe Emotion Liebe handeln. Denn zu dieser gehört eine vielfältige Verknüpfung des Gefühls mit anderen Aspekten der liebenden Person. Dazu gehören nicht nur und nicht in erster Linie Überzeugungen, sondern andere Gefühle, Motivationen und Handlungen. Ich habe schon an anderen Stellen erwähnt, wie jede Emotion über ihren Bedeutsamkeitsfokus mit anderen Emotionen der Person verbunden ist. Das heißt z.B., dass eine liebende Person sich nicht nur freut, wenn sie die geliebte Person sieht, sondern sich z.B. auch (freilich in individuell verschiedenem Maß) nach ihr sehnt, wenn sie nicht zusammen sind. Und solch eine komplexe Ausbreitung und Verknüpfung entsteht bei einer temporären durch Drogen evozierten Liebe nicht. Was bei der natürlich entstandenen Liebe anders ist als bei dem, was die Drogen erzeugen, ist der Anschluss an das gesamte Leben der Person, das immer auch über die Zeit geht und zu dem ein Netz verschiedener Emotionen gehört. Insofern liegt auch hier keine echte Emotion vor. Was sie gemeinsam erleben, ist, könnte man sagen, unechte Liebe.

Pseudo-Emotionen 2: Was stimmt nicht mit Prozac-Emotionen?
Wie verhält es sich schließlich mit den von Prozac bedingten Gefühlen? Sind diese ebenso „automatisch" bzw. notwendig unecht? Wenn eine Prozac-„gedopte" Person über ihre kürzlich beendete Arbeit stolz ist, wie es ihr früher, bei objektiv gleicher Leistung, nie möglich war – handelt es sich dann um eine echte oder unechte Emotion? Im Sinne der beiden Kriterien, die bei den anderen beiden Beispielen nicht erfüllt waren, fehlt hier nichts. Es ist ein Gefühl mit klarem Bezug und ebenso ist es anschlussfähig an das Leben der Person jenseits einer kurzen Erlebenszeit. Der Stolz über die erfolgreich beendete Aufgabe kann zu neuen Arbeiten animieren, er hebt das Selbstbewusstsein der Person und macht ihr Hoffnung, einmal einen noch besseren Job erreichen zu können. Hier ist kein Unterschied zu einem rein „natürlich" entstandenen Stolz festzustellen. Der Stolz ist in eine Situation eingebettet und Teil des intentionalen Netzes der Person. Sollte nun die Abhängigkeit der Emotion von dem Prozac allein es rechtfertigen, von einer unechten Emotion zu sprechen?

Dagegen spricht, dass man damit Prozac-Behandlungen als Therapien jegliche Heilkompetenz bzw. Erfolgsmöglichkeit absprechen würde. Auch wenn Prozac eingenommen wird, um Gefühle zu verbessern, ohne dass eine klinische Depression vorliegt, so ist der Fall dennoch mit dem von Therapien bei indizierter Depression oder Therapien von Persönlichkeitsstörungen vergleichbar. Denn die Grenze zwischen dem, was eine klinische Depression ist, und dem, was Niedergeschlagenheit und Selbstzweifel ist, ist nur kulturell festgelegt.[90] Deshalb macht es auch keinen grundsätzlichen Unterschied, ob man eine „krankhaft" depressive Person fröhlicher macht oder eine niedergeschlagene Person. Das ist nur eine Sache des Grades. Würde man nun behaupten, durch Prozac „verbesserte" Emotionen seien unecht, dann müsste das auch für die therapierten Gefühle von diagnostiziert psychisch Kranken gelten. Wenn man diesen Vergleich noch weitertreibt und auf medikamentöse Behandlung insgesamt bezieht, sieht man die unakzeptable Konsequenz: Sollte ein gesunder Organismus, der erst durch Medikamente wieder so hergestellt worden ist, weniger „echt" gesund sein, als einer, der es von sich aus, ohne „fremde Hilfe" ist? Das möchte man sicher auch nicht sagen.

Außerdem berichtet ein Großteil der Personen, die Prozac nutzen, dass sie sich unter diesem Medikament erstmals wie „sie selbst" fühlen.[91] Sie nehmen diese Gefühle vollkommen ernst und identifizieren sich mit ihnen.

Zunächst scheint also etwas dafür zu sprechen, Prozac-Gefühle für echte zu halten. Eine künstlich erzeugte Emotion ist damit nicht notwendig eine unechte Emotion.[92]

Doch in der Prozac-Forschung wird auch von Fällen berichtet, die es nahelegen, doch von unechten Emotionen zu sprechen. Es gibt das Beispiel einer Angestellten, bei der Prozac-Einnahme zunächst wie gewünscht peinliche Gefühle und übertriebene Scham verschwinden lässt.[93] Dann aber verändern sich ihre Gefühle derart, dass sie u.a. bei einer Einladung ihre Gäste, Arbeitskollegen, nur mit dem Negligee bekleidet bedient. Die Scham ist ihr völlig abhanden gekommen. Ist das Wohlgefühl, oder nehmen wir an, der Stolz, den sie in diesem Moment empfindet, ein echter Stolz, eine echte Emotion? Irgendwie würde man gerne sagen, das sei er nicht. Warum und wie ist das in Bezug auf eine klare Unterscheidung zwischen echt und unecht zu rechtfertigen?

Es gibt verschiedene Ansätze, die angesichts der neuen „Herstellungsmöglichkeiten" von Emotionen, Kriterien für deren Echtheit zu bestimmen versuchen. Allerdings bemüht man sich darum unter verschiedenen Begriffen, wie z.B. dem der Authentizität. Wie bereits erwähnt halte ich das Begriffspaar authentisch/inauthentisch für entsprechend dem von echt/unecht, nur dass das erste Paar auch noch eine moralische Bedeutung implizieren kann. Von dieser Besonderheit sehe ich hier einmal ab, um so einen Vorschlag zur Authentizität als einen Vorschlag zur Echtheitsbestimmung von Emotionen zu testen. Eine Emotion ist nach einer Definition von Felicitas Krämer „authentisch", wenn sie: erstens aus der Perspektive der ersten Person bewusst erlebt wird, die Person also selbst Auskunft geben kann darüber, was sie fühlt; zweitens aus der Perspektive der dritten Person bzw. der Überzeugungen der Person für angemessen gehalten wird; und drittens zum Charakter der Person passt, das heißt eine gewisse Kohärenz mit dem übrigen emotionalen Leben der Person aufweist.[94] Alle drei Kriterien müssten erfüllt sein.

Mit dieser Definition wird zwischen authentischen und nicht authentischen Gefühlen entlang einer anderen Grenze unterschieden als jener zwischen künstlich und natürlich entstandenen. Das brauchen wir, wenn Prozac-Gefühle echt sein können sollen. Doch diese Analyse scheint mir nicht einzufangen, was wir unter diesen Begriffen verstehen bzw. wie wir sie verwenden. Dieses „Authentizitätskonzept" ermöglicht meiner Ansicht nach nur eine Einteilung von Emotionen in normale oder nicht normale, anstatt in authentisch/echte und inauthentisch/unechte. Dass die Kriterien normativ sind, ist nicht an sich das Problem. Das Problem sind die gewählten Normen. Um das zu zeigen, gehe ich die drei Aspekte der Reihe nach durch.

Als Grund für die Wahl des ersten Kriteriums ist anzunehmen, dass gesichert werden soll, dass niemand anderes allein über die Echtheit einer Emotion entscheiden kann, sondern dass die Person selbst es zunächst fühlen muss. Doch dieser Punkt, dass die Emotion von der Person bewusst erlebt wird, scheint mir eine Voraussetzung zu sein dafür, dass man überhaupt die Frage nach der Authentizität angeht. Das ist doch gewissermaßen der Witz der Sache: Man fühlt etwas bzw. etwas fühlt sich wie eine Emotion an, und man sagt von sich, man habe eine Emotion – aber mit dieser Emotion stimmt etwas nicht! Etwas macht sie trotz aller Ähnlichkeiten zu einer unechten Emotion. Insofern kann die phänomenale Qualität nicht als Kriterium zur Bestimmung über Echtheit bzw. Authentizität herhalten, weil sie bei unechten Emotionen auch vorhanden ist. Man kann sie als notwendige Bedingung für die Echtheit einer Emotion nennen, doch damit lernt man nichts über den Unterschied zwischen echt und unecht.

Der zweite Punkt, die Angemessenheit der Emotion, wie sie auch von einer dritten Person eingeschätzt würde, kann meiner Meinung nach ebenso wenig Kriterium für die Authentizität sein. Der Gedanke, warum man überhaupt auf dieses Kriterium kommen kann, muss der sein, damit zu garantieren, dass es sich um eine (in einer bestimmten Kultur) bekannte Emotion handelt. Dies jedoch müsste anders zu gewährleisten sein. Die Angemessenheitsfrage geht schon einen Schritt weiter, und für die Frage nach der Authentizität einen zu weit. Diese Angemessenheit zu fordern, hieße nämlich, eine Emotion unter Umständen zu verleugnen. Denn tatsächlich haben wir nicht selten Emotionen, die weder andere noch wir selbst angemessen finden, wie an anderen Stellen dieser Arbeit schon deutlich wurde. Das kann ein Grund sein, zu versuchen, sie zu verändern bzw. loszuwerden. Aber es ist kein Grund dafür, sie nicht für authentisch bzw. echt zu halten. Ich kann meine Scham unangemessen finden, überzeugt sein, dass die Personen um mich herum gar nicht schlimm finden, was ich getan oder gesagt habe, und dass auch ich es, nüchtern betrachtet, nicht so schlimm finde, und kann mich in dem Moment dennoch schämen – echt, authentisch, bis in die Haarwurzeln hinein rot. Solch eine „kognitive Irrationalität" (im Unterschied zu einer „strategischen", wie de Sousa differenziert[95]) zeichnet oft Emotionen aus. So würde man mit diesem Kriterium eine Reihe von Emotionen als unecht bezeichnen müssen, die doch nur ein typisches Merkmal von Emotionen aufweisen. Das scheint nicht sinnvoll zu sein.

Kurzer Exkurs mit Heidegger
Ich will noch etwas weiter erklären, worauf dieses zweite Kriterium als eines der Echtheit hinauslaufen würde und was daran Intuitionen zu diesem Begriff zuwiderlaufen muss. Ich will zei-

gen, weshalb es falsch wäre, mit diesem Kriterium gewisse irrationale Emotionen von den echten auszuschließen und in Absetzung dazu andeuten, worauf es eigentlich für Authentizität und Echtheit ankommen müsste. Nach einer allgemeinen, objektiven Angemessenheit zu sehen hieße, als authentische Emotion nur das gelten zu lassen, was „man" in einer Situation fühlt, bzw. entsprechend herrschender (vernünftiger) Konventionen zu fühlen hat. Es hieße, als authentisch nur das zu bezeichnen, was von allen gleich als verständlich hingenommen wird. Damit bindet man die Authentizität einer Emotion mindestens an soziale und rationale Standards. Darüber hinaus könnte man sagen, bindet man sie damit auch an Gewohnheit und Anpassung. Doch bei aller unleugbaren Bedeutung des Interpersonalen für Emotionen scheint es mir für den Begriff der Echtheit einer Emotion doch auf etwas anderes anzukommen. Ich frage in diesem Kapitel nach möglichen emotionsähnlichen Phänomenen, die wir als Emotionen missverstehen können; in diesem Sinn nach unechten Emotionen. Eine nachvollziehbare Intuition scheint mir dafür zu sein, dass es für solch eine Bestimmung ein Kriterium braucht, das mit der Subjektivität und Individualität einer Person zu tun hat – also gerade mit dem Gegenteil dessen, was das hier ausprobierte Authentizitätsmerkmal im Visier zu haben scheint. Die Idee, die ich verfolgen will, findet sich in ähnlichem Ansatz z.B. auch bei Heidegger (in seinen frühen Schriften).[96]

In Heideggers Daseinsanalyse spielen die Begriffe Eigentlichkeit und Uneigentlichkeit, verbunden mit „man", eine wichtige Rolle. Diese Begriffe sind mit Authentizität und Inauthentizität vergleichbar (wie es auch die Standard-Englisch-Übersetzung „authentic" etc. nahelegt). Nach Heidegger ist „uneigentlich" das, wie wir uns meist verhalten, was wir meist sagen und wie wir fühlen, wenn wir es so wie „man", d.h. wie die anderen tun; wobei wir keine Verantwortung dafür übernehmen und in der Regel auch keine eingefordert wird, da es die anderen genauso machen. Eigentliche Einstellungen hingegen müsste man sich erarbeiten, durch gewissenhafte Selbstanalyse und -interpretation. „Eigentlich", wie es bei Heidegger heißt, sind gerade nicht die gewöhnlichen und in der Regel spontanen Gefühle. Eigentlich sind jene, die tatsächlich die individuelle Perspektive auf die Welt repräsentieren und nicht nur anderes nachmachen („nachplappern", wie man in diesem Zusammenhang „Gerede" salopp übersetzen könnte). Sie fallen einem vielleicht gerade nicht so leicht zu, sondern müssen ein stückweit erarbeitet werden, da sie aus einer ernsthaften Selbstinterpretation hervorgehen. Um solch eine Authentizität zu erreichen, muss man im immer vorhandenen sozialen Kontext nicht selten mit den eigenen Emotionen ringen, sie, die einen überkommen, einerseits immer wieder neu überprüfen und aufmerksam sein auf ungewöhnliche, die es unter Umständen auch anzuerkennen gilt. Im nächsten Kapitel stelle ich schließlich ein Konzept von Echtheit von Emotionen vor, mit dem diese Intuitionen aufgefangen werden können.

Zurück zum Gang dieses Kapitels

Zum dritten vorgeschlagenen Authentizitätskriterium. Allein dieses dritte geht im Sinne der eben angedeuteten Idee in die richtige Richtung. Hier kommt der Charakter ins Spiel. Das ist ein Begriff, anhand dessen über eine gewisse Kohärenz der akuten Emotion mit dem sonstigen emotionalen Leben der Person entschieden werden kann. Ob eine Emotion authentisch ist, hängt danach davon ab, in welchem Verhältnis sie zu anderen vergangenen und zukünftigen Emotionserlebnissen der Person steht. Dieser Punkt betrifft die individuelle Person und nicht allgemeine Konventionen. Das möchte ich bestärken und genauer erläutert im Laufe der folgenden Argumentation letztlich als das entscheidende Kriterium ausweisen.

Man kann die Freude der Angestellten an ihrem schamvergessenen Verhalten unter Prozac für eine inauthentische bzw. unechte Emotion halten. Doch eine Begründung über das rationalistische Kriterium der Angemessenheit aus der dritten Person-Perspektive dafür erscheint mir jedoch, wie gezeigt, nicht stichhaltig. Bisher habe ich noch keine abschließende Beurtei-

lung der Prozac-Emotionen gegeben, da verschiedene Fälle
verschiedene Schlüsse zulassen. Später wird es dazu eine Entscheidung geben.

Die Echtheit einer Emotion, so viel ist aus der bisherigen
Erörterung hervorgegangen, ist weder konkret aus der Art der
Verursachung noch aufgrund von objektiver Angemessenheit
des Bezugs zu bestimmen. Dass es sich wie eine Emotion anfühlt, nehme ich als notwendige Voraussetzung für die Thematisierung von echt und unecht. Auf unbewusste unechte Emotionen gehe ich nicht ein, denn mir kommt es gerade auf das Paradox an, dass man selbst unmittelbar davon überzeugt ist, eine
Emotion zu haben, und dass daran aufgrund von anderen Gründen Zweifel anzumelden sind. Von unbewussten Emotionen ist
man in der Regel selbst (zumindest zuerst) nicht überzeugt.

Bisher haben wir gesehen, dass es nach einer plausiblen
Begriffsverwendung unter den künstlich erzeugten Gefühlen
solche und solche gibt: echte und unechte Emotionen. Die
künstliche Herstellung allein ist also nicht das entscheidende
Kriterium. Dafür spricht sowieso auch, dass es Schwierigkeiten
bereiten würde, zu definieren, was genau alles unter „künstlich
erzeugt" fiele. Denn neben den von mir genannten relativ eindeutigen Beispielen müsste man andere Fälle der Beeinflussung
unseres emotionalen Lebens einordnen, so Verschiedenes wie
hormonelle Veränderungen oder meditatives Yoga o.a. Es haben sich drei Aspekte gezeigt, von denen die Zuordnung abhängen kann: In zwei Fällen fehlte ein wesentliches Kriterium
dafür, überhaupt von einer Emotion zu sprechen: einmal das
Objekt, einmal die Einbettung der Emotion in das Netz anderer Emotionen und Einstellungen der Person. Bei diesen Phänomenen gibt es nach dem Verständnis dieser Arbeit klare
Punkte, worin sie sich von Emotionen im strengen Sinn unterscheiden, denen sie ähneln, und dass sie deshalb als unechte
Emotionen bezeichnet werden können. Allein bei den Prozac-
Emotionen sind alle bisher in der Arbeit thematisierten wesentlichen Aspekte vorhanden, so dass genauer bestimmt werden muss, was fehlt, dass wir sie umstandslos als echte Emoti-

onen bezeichnen wollen. Es hat sich angedeutet, dass es auf den Zusammenhang von der konkreten Emotion mit dem Charakter einer Person ankommt. Auf diese Idee läuft auch die Überprüfung einer dritten Hypothese zur Echtheit von Emotionen hinaus, die ich jetzt nach der Thematik der Kunst und Künstlichkeit angehe.

4.3.3 Unechte Emotionen und Charakter

Aus vorherigen Kapiteln des dritten Teils dieser Arbeit (III 1 und III 2) wissen wir, dass wir als Subjekte von Emotionen einen gewissen Spielraum von Einfluss auf sie haben. Der Verdacht, der in diesem Kapitel geprüft werden soll, ist, dass wir diesen Einfluss manchmal auf eine übertriebene Weise ausüben, so dass es zu unechten Emotionen kommt. Dahinter steht der Gedanke, dass jene Emotionen unecht sein müssten, von denen man nicht in einem hinreichenden Grad passiv überkommen wird, sondern die man gezielt und dabei gewissermaßen „zu aktiv" herstellt. Um weiter zu präzisieren, anhand von was für Kriterien sinnvoll von echten und unechten Emotionen zu sprechen ist, untersuche ich deshalb im Folgenden Beispiele von „natürlich" entstandenen Emotionen, also ohne „stofflichen" Einfluss von außen, wobei aber eine Aktivität der betroffenen Person eine Rolle spielt. Ich will zunächst zeigen, inwiefern auch dabei unechte Emotionen herauskommen können und als echte missverstanden werden können. Anschließend bringe ich aber wieder ein Gegenbeispiel, mit dem ersichtlich wird, dass nicht jede absichtsvoll angestrebte Emotion unecht ist. Davon ausgehend kann ich schließlich ein umfassenderes Kriterium für die Echtheit von Emotionen angeben.

Emotionen selbst gemacht: Hineinsteigern, Herbeiwünschen, Vorspielen
Wie könnten wir also selbständig irreleitenden Einfluss auf Emotionen haben? Dafür sehe ich (mindestens) drei Möglichkeiten:[97] Erstens, sich in eine Emotion hineinsteigern, zweitens, sich eine Emotion herbeiwünschen, drittens, eine Emotion vorspielen. Auf diesen Wegen kann man Emotionen gewisser-

maßen „selbst machen". Ich will genauer erläutern, was ich damit meine, und zeigen, inwiefern dabei unechte Emotionen entstehen können.

Für den ersten Fall, das Hineinsteigern, knüpfe ich wieder an das Brief-Beispiel an, wie ich es schon einmal weitergeführt habe, um Missverstehen der Geschichte einer Emotion zu erläutern: In dem Versuch, die Sehnsucht nach dem Ex-Geliebten zu verlieren, werden Sie wütend auf ihn, der für Ihre schwierige Situation verantwortlich ist. Und aus dieser Wut steigern Sie sich hinein in Hass auf ihn. Diesen Hass kann man, wie oben angekündigt, als unecht bezeichnen. Warum? Weil er von Unaufrichtigkeit durchsetzt ist. Denn was geschieht, ist: Von der negativen Emotion Wut beginnend, konzentrieren Sie sich immer mehr auf schlechte Eigenschaften des anderen, sagen sich immer wieder vor, was alles Schlechte Sie ihm zu „verdanken" haben, so dass schließlich Hass als adäquates Gefühl erscheint – wenn Sie denn wirklich daran glauben würden. Doch Ihre Überzeugungen über relevante Tatsachen in der Welt sind selbst schon unaufrichtig. Eigentlich wissen Sie, dass er an vielem bei Weitem nicht so viel Schuld trägt, wie Sie ihm in Gedanken zuschreiben, und dass manche seiner schlechten Eigenschaften auch durch gute ausgeglichen werden. Diese Unaufrichtigkeit setzt sich in der Emotion fort. Das macht sie zu einer unechten. So wie die einseitige Beschreibung der Person und der Lage unaufrichtig ist, so ist es die darauf basierende Emotion auch.

Man kann sich auch in gute Gefühle hineinsteigern und diese genießen. Auch hier ist eines der Merkmale der Emotion, die sie zu einer unechten machen, dies, dass man an einige Dinge wider besseres Wissen glaubt. Das kann zu unechter Liebe oder Freude führen, wenn man z.B. der anderen Person fälschlicherweise (und unaufrichtigerweise) außergewöhnliche Eigenschaften zuschreibt.

Bei positiven Gefühlen, in die man sich hineingesteigert hat, fällt etwas besonders auf, was auch für die negativen gilt: Solche aufgeblasenen Gebilde fallen schnell wieder in sich zusammen und lösen sich auf. Was so entstandene Gefühle von echten Emotionen unterscheidet, ist demnach, dass sie einer kritischen Selbstüberprüfung (auf Aufrichtigkeit) oder auch nur der Dauer einer gewissen Zeit nicht standhalten, sondern sich auflösen.

Als zweite Möglichkeit, durch eigene Aktivität eine unechte Emotion zu erzeugen, habe ich das Wünschen einer Emotion genannt. Wieso sollte es falsch sein, sich ein Gefühl zu wünschen oder zufrieden zu sein, wenn man tatsächlich ein Gefühl erlebt, das man sich gewünscht hat? So ein Zusammentreffen an sich ist natürlich kein Problem. Unecht ist eine Emotion in dieser Hinsicht nur dann, wenn sie *aufgrund des Wunsches* entstanden ist. Wie man sich durch wiederholtes Vorsagen und Ausmalen von bestimmten Dingen in eine unechte Emotion hineinsteigern kann, so kann man sich eine unechte Emotion durch starkes Wunschdenken generieren. Liegt es beim Hineinsteigern an den unaufrichtigen Überzeugungen als Grundlage für die Emotion, so läuft es beim Wünschen über die Vorstellung. Man übt sich gewissermaßen in einen akuten phänomenalen Aspekt eines Gefühls ein. Wer sich ganz stark wünscht, eine bestimmte Emotion zu haben, und sie sich dabei lebhaft vorstellt, dem kann es passieren, dass sich die Vorstellung der Emotion verselbständigt: als eine unechte Emotion. Auch so einem Gefühl fehlt die Beständigkeit. Außerdem mangelt es ihm an anderem wie einer typischen Handlungsmotivation, wie wir sie von echten Emotionen kennen. Da Emotionen nicht durch ein festes Set ihrer Aspekte (Ausdruck, Handlungsmotivation, Qualität) über das Objekt hinaus definiert sind, kann das allein noch nicht ausreichen, um von einer unechten Emotion zu sprechen; doch es ist ein Hinweis unter anderen.

Als Beispiel dazu kann man sich etwa denken, was passieren kann, wenn man sich fest wünscht, jemanden zu verachten. Ein Schriftsteller fühlt sich in einer öffentlichen Runde durch eine Bemerkung eines Kritikers gedemütigt und ist der Überzeugung, die richtige Reaktion darauf wäre, diesen Kritiker zu verachten. Er will ihn verachten. Als er merkt, dass diese Emo-

tion nicht selbstverständlich in ihm auftaucht, wünscht er es
sich ausdrücklich. Er denkt sich alle Gedanken über den Kritiker, die dazu passen, und er stellt sich vor, wie es in ihm ruhig
und kalt wird und sein Blick den anderen, wenn dieser ihn an-
blickte, träfe wie Stahl. Irgendwie verachtet er ihn so auch auf
gewisse Weise. Und doch fehlt der Emotion etwas. Sobald der
Schriftsteller später allein auf der Straße steht, ist sie schon
kaum mehr spürbar. Und am nächsten Tag fehlen ihm auch alle
Worte zu einer beißenden wie souveränen Polemik, die er aus
der Verachtung heraus hatte schreiben wollen. Er muss erkennen, dass er eigentlich doch ein zu gutmütiger und nachsichti-
ger Charakter ist, als dass er den Kritiker wirklich wegen dieser
Sache verachten könnte.

Die Grenzen zwischen unechten Emotionen, die aus Hineinsteigern und denen, die durch Wünschen entstanden sind,
sind nicht eindeutig zu ziehen. Zum Zweck der Übersichtlichkeit stelle ich hier die verschiedenen Arten von Aktivität, durch
die unechte Emotionen entstehen können, als ideale Typen vor.
Im täglichen Leben wird es vielmehr Mischformen geben, aber
das hat für meine Argumentation keine weitere Bedeutung.

Der dritte Kandidat dafür, wie eine Aktivität der Person zu
unechten Gefühlen führen kann, ist Vorspielen bzw. Mimikry
von Emotionen. Es ist z.B. nicht entschieden, ob Schauspieler
versuchen müssen, sich so zu fühlen, wie die Figur, die sie zu
verkörpern haben, um diese Emotion glaubhaft darstellen und
in ihrem Gesicht lesbar machen zu können – oder ob sie nicht
andersherum durch eine besonders gute Darstellung in Ausdruck und Gesten beginnen, die entsprechende Emotion vermeintlich zu fühlen, das heißt, sie als eine unechte zu haben.[98]
Auch abseits der professionellen Bühne kann man eine Erfahrung wie die zuletzt genannte machen. Es gibt Situationen, in
denen man gezwungen ist (oder, um es weniger dramatisch
klingen zu lassen: in denen man gut daran tut), bestimmte
Emotionen zu zeigen, die man eigentlich von selbst nicht hätte;
sei es Dankbarkeit bei einem eigentlich unpassenden Geschenk,
sei es Freude in langweiliger (aber für anderes wichtiger)

Runde. Dann liegt es nahe, den anderen zu überzeugen, man habe die erwarteten Emotionen, indem man möglichst viel entsprechenden Ausdruck zeigt. Man lächelt, reißt die Augen auf, nickt, schüttelt Hände usw. Wenn man das nur eine Weile lang tut, kann es sein, dass sich allein durch die starke Ausübung des Ausdrucks die Emotion selbst auf gewisse Weise in einem entwickelt. Man steht überhaupt nicht hinter diesem Gefühl und es wird auch sofort wieder vergehen, wenn man sich „normal" und ungezwungen geben kann, aber auf gewisse Weise hat es sich doch eingeschlichen: als unechte Dankbarkeit, Freude, etc.

Die Verbindung zwischen Ausdruck und Emotion zu untersuchen wäre ein ganz eigenes Thema, ich kann es hier nur so kurz anreißen. Sowenig, wie es möglich ist, mit einem Gesichtsausdruck strahlender Freude über etwas sehr Trauriges nachzudenken, wie Wittgenstein einmal bemerkte,[99] so eingeschränkt ist es nur möglich, mit lachendem Gesicht Groll zu empfinden. Den gefühlsauslösenden Effekt von Ausdruck nutzen andererseits auch viele, um absichtlich in eine Gefühlslage zu gelangen. Manchmal sucht man Orte auf, wo bestimmte Emotionen in der Gruppe ihren Platz haben, um sich diesen anschließen zu können. Das Fußballstadion ist eines der prägnantesten Beispiele dafür. Dort kann man sich Emotionsausdruck in großen kollektiven Gesten hingeben, im Jubeln, dem Gesang, dem Fahneschwenken, der La Ola durch das Stadion.[100] Durch das Einstellen des Ausdrucksgebarens sind solche Gefühle sehr schnell wieder zu beenden. So ist ihnen wie den anderen als unecht zu bezeichnenden Emotionen gemeinsam, dass sie nicht die Beständigkeit von Emotionen aufweisen und man sie in der Regel selbst willentlich beenden kann.

Nun habe ich drei Weisen dargestellt, wie man selbst und ohne künstliche Hilfe Emotionen (willentlich oder nicht) hervorrufen kann. Im letzten Fall entsteht die Emotion nur unabsichtlich als Nebenprodukt der beabsichtigten Mimikry als Aktivität. In den anderen beiden Fällen ist die Aktivität (mehr oder weniger) gezielt auf eine Emotion hin ausgerichtet. Diese kann man als fehlgehenden Einsatz des möglichen Einflusses sehen, den wir auf eigene Emotionen haben, wie ich ihn an den Verstehenshinsichten in diesem Teil III dargestellt habe. Sich eine Emotion herbeizuwünschen entspricht einem übertriebenen und selbsttäuschenden Einsatz der Klärungsbemühungen, die bei Gefühlschaos und -vagheit in bestimmten Maßen angebracht und zur Ausbildung von Emotionen sogar nötig sind. Sich in eine Emotion hineinzusteigern ist in der Regel Resultat einer falsch erzählten Geschichte über eine Emotion, die sich dann in eine andere verwandelt; eine unaufrichtige Tatsachenbeschreibung, wie im obigen Beispiel, ist ein „Fehler" in so einer Geschichte bzw. führt zu einer falschen Geschichte. Solche Fehler im Verstehen können teils unabsichtlich passieren, teils absichtlich ausgenutzt werden. Nach der hier gegebenen Beschreibung führen sie als Aktivität wie Mimikry zu unechten oder Pseudo-Emotionen, die man fälschlich für echte Emotionen halten kann.

Doch es wäre wiederum verfrüht, damit schon behaupten zu wollen, alle Gefühle, zu denen man mit einer Aktivität beigetragen hat, wären unecht. Eine gewisse Aktivität kann ohnehin unter den besonderen Umständen von Chaos sogar nötig sein, so dass es kein grundsätzliches Ausschlusskriterium sein kann. Gilt es dann nur für Fälle, in denen „aus dem Nichts" auf eine Emotion hingestrebt wird bzw. von einer ausgebildeten anderen Emotion her? Auch das ist nicht ganz richtig. Es lässt sich doch ein Fall von „selbst gemachter", also gezielt angestrebter Emotion zeigen, die man für echt halten muss. Dazu stelle ich nun ein Beispiel vor, um darüber das eigentlich entscheidende Kriterium für Echtheit herausarbeiten zu können.

Mit langem Atem: Echte Emotionen durch Arbeit am Charakter
Ein Beispiel, wie es in nicht wenigen Familien vorkommt:[101] Eine Mutter fühlt Abneigung ihrer (zukünftigen) Schwiegertochter gegenüber. Die Mutter hält die Schwiegertochter für einen zwar gutherzigen Menschen, aber für ungeschliffen, vorlaut, zu wenig höflich, manchmal geradezu unanständig und immer ermüdend kindisch. Sie mag den Akzent der Schwieger-

tochter nicht und nicht die Art, wie sie sich kleidet. Sie findet, ihr Sohn habe unter seinem Niveau geheiratet. Doch nehmen wir an, die Mutter ist eine sehr korrekte Person und verhält sich der jungen Frau gegenüber vollkommen freundlich, ohne ihre wahren Meinungen und Gefühle durchscheinen zu lassen. Sie ist eine intelligente, wohlmeinende Person, fähig zur Selbstkritik, und ist nicht zufrieden mit der Situation. Sie weiß, dass sie die Wahl ihres erwachsenen Sohnes akzeptieren sollte, und wünscht sich eigentlich ein gutes Verhältnis zu dem jungen Paar. Sie möchte der Schwiegertochter gegenüber Sympathie empfinden, wenn nicht sie sogar lieben wie eine eigene Tochter.

Deshalb sagt sie sich: „Ich gehöre zur älteren Generation und habe so in einigen Dingen schon etwas altmodische Ansichten. Womöglich benehme ich mich gegenüber Personen, die nicht zur Familie gehören, arrogant; und womöglich bin ich etwas eifersüchtig. All das prägt mein Bild von der Schwiegertochter und mein Verhältnis zu ihr. Ich sollte sie mir noch einmal genauer und möglichst vorurteilsfrei ansehen.“ So betrachtet die Mutter die junge Frau unter diesem Vorhaben und denkt über sie nach – bis sich tatsächlich ihre Ansicht über sie und vor allem ihr Gefühl ihr gegenüber verändert haben. Sie hält die jüngere nun nicht mehr für vulgär, sondern für unkonventionell, nicht für vorlaut, sondern für spontan, nicht für kindisch, sondern für jugendlich, usw.; und dann empfindet sie ihr gegenüber auch eine gewisse Sympathie.

Muss diese Sympathie unecht sein? Das wäre bitter. Sollte man immer seinen ersten Gefühlen ausgeliefert sein und keinerlei Einfluss auf sie nehmen können, weil alle, die von eigener Aktivität, von eigenem Bemühen darum abhängen, unecht sind? Nehmen wir an, in so einer Situation bzw. bei so einer Geschichte können echte Emotionen entstehen. Was unterscheidet diese dann in Eigenschaften oder Art der Entstehung von den oben als unecht dargestellten?

Zunächst scheinen sich die Fälle im Gegenteil in allzu Vielem zu ähneln. Erstens verhält sich die Mutter von Anfang an gut zur Schwiegertochter – entsteht die Zuneigung dann nicht einfach durch Mimikry? Zweitens wünscht sie sich die Zuneigung, um mit dem jungen Ehepaar in einem guten Verhältnis leben zu können – entsteht die Zuneigung dann nicht aus einer Verselbständigung ihrer beständigen Vorstellung? Und drittens beschreibt sie die junge Frau dann mit neuen, positiveren Worten – liegt da nicht wieder die Unaufrichtigkeit begründet, die sich in der neu entstehenden vermeintlichen Zuneigung fortsetzt?

Diese Beschreibung der Lage und des Prozesses ist möglich. Aber sie ist nicht die einzig mögliche. Das sind die Weisen, wie aus der gleichen Situation eine unechte Zuneigung entstehen könnte. Die Dinge können aber auch so vonstatten gehen, dass eine echte Zuneigung entsteht. Dafür muss man sich das, was die Mutter „macht", anders als in den drei genannten Aspekten denken.[102] Sehen wir uns dazu zuerst noch einmal die Ausgangslage genau an: Die Mutter hat zunächst Gründe für die Ablehnung. Es ist nicht so, dass sie eine Emotion hätte, die ihrem reflektierten Urteil über die Schwiegertochter widersprechen würde. Sie findet die Emotion aus ihrer Perspektive nicht unangemessen. Doch sie ahnt, dass diese Perspektive nicht die ganze Geschichte ist und dass dazu, wie sie die Schwiegertochter sieht, mehr gehört als die vermeintlich objektive Beschreibung von deren Eigenschaften – nämlich z.B. ihre eigene Arroganz, ihre Eifersucht, ihre spezielle Art, andere Menschen einzuschätzen. Diesen Hintergrund betrachtet sie selbstkritisch, Arroganz ist eine Haltung, die sie nicht schätzt, so wie Eifersucht eine Emotion, die sie für zu vermeiden hält, und ihr fällt (womöglich wieder einmal) auf, dass sie Personen außerhalb der Familie grundsätzlich strenger beurteilt als zur Familie gehörige. Wenn sie die Dinge so sieht, hat sie noch andere Gründe, ihre Emotionen der Abneigung abzulehnen und durch Zuneigung ersetzt zu wünschen, als nur den zuerst genannten, dass sie eine gute Beziehung zu dem Paar bevorzugt. Denn sie sieht die Bedingungen für diese Emotion und diese Bedingungen selbst, die sie an sich erkennt, gefallen ihr nicht; bzw. stärker: sie widersprechen ihren reflektierten Werten. Und diese Inkongruenz will sie gerne auflösen. Insofern will sie nicht einfach nur ein anderes Gefühl erzeugen, sie will nicht einfach jetzt plötzlich Zuneigung zu der Schwiegertochter fühlen, sondern sie will sich oder etwas an sich verändern, was auch in anderen Situationen zu anderen Emotionen führen würde als bisher. Deshalb tritt sie mit sich selbst (und sicher auch mit anderen Personen) in eine Diskussion über ihre eigenen Emotionen und Werte und bemüht sich, ihre Haltungen und intellektuellen Verhaltensgewohnheiten zu hinterfragen und in bestimmten Punkten zu revidieren. Dies kann man am besten dadurch zusammenfassen, wie mir scheint, dass man sagt, sie arbeitet an ihrem *Charakter*, wie ich gleich noch näher erläutern werde. Schafft sie es, selbstkritisch an diesem etwas zu verändern, verändern sich damit Emotionsdispositionen. Aus den neuen Dispositionen kann dann auch in der konkreten Situation eine neue Emotion entstehen: echte Zuneigung in diesem Fall.

So kann man sagen: Die Mutter stellt zwar mit Absicht eine Emotion her, doch nur auf eine indirekte Art, so dass sie Bedingungen vorbereitet, von denen aus ein Gefühl entstehen kann, das sie dann in üblicher „passiver" Weise überkommt. Sich auf diese Weise um eine Emotion zu bemühen ist schwieriger, da es zunächst unklarer ist, wie man es angehen soll, da man es gerade nicht direkt anstreben darf. So ist der Erfolg für solche Bemühungen nicht garantiert. Doch wenn sich etwas auf diese Weise verändert, sind es neue echte Gefühle.

Wenn sich eine echte Emotion entwickelt, muss es sich mit den oben genannten Punkten dementsprechend anders verhalten als in den Fragen vorgeschlagen. Erstens sind die Überzeugungen über die Schwiegertochter aufrichtig. Es hat wirklich ein Überzeugungswechsel stattgefunden. Das ist kein Überzeugungswechsel aufgrund von neuen Tatsachen – nehmen wir an, es gibt in der Zeit kein Treffen von den Frauen und sie hören nichts voneinander –, sondern aufgrund von einer veränderten Einstellung der Mutter. Die Schwiegertochter verhält sich nicht plötzlich anders gegenüber der Mutter, sondern der Mutter fällt an dem, wie sie sie bisher erlebt hatte, anderes auf; oder sie bewertet das Gleiche sogar anders. Das ist z.B. dann möglich, wenn es der Mutter gelingt, ihren Charakter dahingehend zu verändern, nicht mehr alle Menschen außerhalb der Familie grundsätzlich schärfer zu beurteilen als Familienmitglieder. Zweitens war der Wunsch nach den anderen Emotionen nicht selbständig (und damit illusorisch) wirksam, sondern hat die Mutter zu einer Handlung geführt, welche dann über weitere Stufen zur Entwicklung einer neuen Emotion führte. Der Wunsch hat sie dazu gebracht, an ihrem Charakter zu arbeiten. Dazu gehörte in diesem Fall auch, die Voraussetzungen für die Eifersucht aufzulösen, die sie auch als einen Grund für die Abneigung erkannt hat. Dafür hat sie etwa an ihrer strengen Besitzanspruch anmeldenden Haltung arbeiten müssen. Den Ausdruck schließlich hat die Mutter zuerst als einen ihr ganz fremden gespielt. Mit der Änderung von Überzeugungen und Emotionen wurde er dann zu einem ihren wahren Gefühlen angemessenen. Vorher war er unaufrichtig und wurde dann zu einem aufrichtigen.

Unecht wäre nach dieser Beschreibung eine Emotion also nur dann, wenn sie nicht dem Charakter entspricht, sondern gewissermaßen „aufgesetzt" ist. Willentliche Bemühung um eine Emotion läuft leicht Gefahr, zu solch einer „aufgesetzten" Emotion zu führen. Doch das ist keine notwendige Verbindung. Wie wir im Beispiel gesehen haben, können manche angestrebten Emotionen auch echt sein. Ebenso können, wie wir in vorherigen Beispielen gesehen haben, auch nicht angestrebte Emotionen unecht sein; wenn sie aufgrund einer anderen Aktivität der Person entstanden sind, bei der eine unechte Emotion als „Nebenprodukt" hervorgeht: Hineinsteigern und Mimikry. Beide Male beabsichtigt man nicht ausdrücklich, die Emotion zu haben, aber man strebt andere, verwandte Dinge an: Eine Emotion voll „ausleben" bzw. zelebrieren (Hineinsteigern in eine Wut, die dann unabsichtlich zu Hass wird) oder andere Leute glauben machen, man habe eine Emotion (Mimikry). Damit kann man an dieser Stelle festhalten: Sowenig *künstliche* Herstellung allein ein klares Kriterium für eine unechte Emotion ist, so wenig ist es das *aktive* Bemühen einer Person um eine Emotion. Stattdessen bietet sich an, das Passen einer Emotion zum Charakter einer Person als entscheidend für diese Frage anzusehen.[103]

Um diese Charakterentsprechung zu einem Kriterium für Echtheit machen zu können, habe ich bisher eine enge Verbindung zwischen Charakter und Emotionen angenommen. Ist das richtig bzw. wie genau wäre diese zu denken? Das prüfe ich im nächsten Abschnitt.

Emotionen und Charakter

Im Folgenden werde ich einen näheren Blick auf den Begriff des Charakters werfen, wie er hier eine Rolle spielt. Ich mache einen Vorschlag dazu, inwiefern der Begriff des Charakters mit dem der Emotionen als zusammenhängend anzusehen ist. Dazu skizziere ich kurz eine Charaktertheorie von Richard Brandt und entwickle davon ausgehend ein etwas anderes Verständnis von Charakter. Anschließend wende ich das Ergebnis auf den Beispielfall dieses Kapitels an und diskutiere meine Thesen kritisch.

Der Begriff des Charakters wird in philosophischen Zusammenhängen vornehmlich im Sinne eines moralischen Charakters diskutiert und eng mit dem Begriff der Tugend verknüpft.[104] Emotionen spielen dabei in der Regel höchstens eine Nebenrolle. Dass ein Zusammenhang zwischen Charakter und Emotionen besteht, taucht überall irgendwie auf, aber selten wird das weiter expliziert. Für mich ist in diesem Kapitel nun gerade dieser Zusammenhang interessant und dafür weniger die moralische Dimension der Begriffe. In einem einflussreichen Aufsatz unterscheidet Brandt zwischen moralischen Charakterzügen und moralisch neutralen Persönlichkeitszügen.[105] Zu ersteren zählt er unter anderem Mut, Großzügigkeit, Ehrlichkeit, Teilnahmsfähigkeit (das scheint mir hier die angemessenste Übersetzung für „sympathy"). Als Persönlichkeitszüge nennt er unter anderem Optimismus, Umständlichkeit, Schüchternheit, Herzlichkeit. Die Listen sind, wie Brandt selbst sagt, schwer eindeutig auseinanderzuhalten. Wichtig für meine Thematik hier ist, dass in beiden Listen Phänomene vorkommen, die sicher mit Emotionen verbunden sind: Mut (sich nicht fürchten), Teilnahmsfähigkeit (die Gefühle eines anderen nachvollziehen zu können), Optimismus (Hoffnung haben, sich freuen), Herzlichkeit (Zuneigung entgegenbringen, lieben). In *dieser* Hinsicht interessiert es mich, was ein Charakter ist; also entlang der Frage, inwiefern Emotionen von Charakterzügen abhängen. Eine Unterscheidung zwischen moralischen oder neutralen Zügen ist nicht relevant. Insofern differenziere ich hier auch nicht zwischen Charakter und Persönlichkeit.

Unter Charakter wird in der Regel ein Komplex von Charakterzügen verstanden. Am häufigsten finden sich folgende zwei verschiedene Erläuterungen dazu: Entweder wird Charakter nur als die Summe von wiederholten Verhaltensweisen betrachtet oder im Sinne einer bzw. mehrerer Dispositionen zu Verhalten. Die erste rein behavioristische ist aus Gründen, die schon in meinen nicht-behavioristischen Erläuterungen von Emotionen genannt wurden, nicht interessant, deswegen gehe ich nur auf die zweite weiter ein. Brandt unterscheidet in seiner Darstellung unter dem dispositionalen Ansatz zwei weitere Konzeptionsmöglichkeiten. Er konfrontiert die nächstliegende Theorie von Charakterzügen als direkte Dispositionen zu bestimmten Verhaltensweisen unter bestimmten Umständen mit seiner etwas komplexeren Motivationstheorie. Nach dieser Motivationstheorie sind Charakterzüge relativ permanente Dispositionen der Art von Bedürfnissen und Abneigungen; das heißt, es sind über gewisse Zeiten stabile aber nicht unveränderliche Tendenzen, etwas zu wollen oder nicht. Diese Neigungen und Abneigungen motivieren in bestimmten Situationen zu bestimmtem Verhalten. Als Beispiel führt Brandt Teilnahmsfähigkeit aus. Er nennt u.a. folgende konjunktivische Konditionale, die als Teil-Ersatz für den Ausdruck „ist teilnahmsfähig" („is sympathetic") gelten müssten:

a) „'…would feel disturbed, other things being equal, if he perceived some sentient being to be in acute stress'

b) '…would feel relieved, if he perceived a being in distress in process of being helped, provided he had earlier felt discomfort at the person's distress'

c) '…would be motivated to relieve the distress, if he believed that he could do so and that no one else would if he did not'

d) 'would feel guilty, other things being equal, if he perceived distress he thought he could relieve but did not, provided justifying or excusing considerations were absent'."[106]

Damit will Brandt zeigen, dass Namen von Charakterzügen als Zuschreibungen von einem gewissen Zustand des Systems von Bedürfnissen/Abneigungen einer Person funktionieren. So stehen sie nur in indirektem Zusammenhang mit bestimmtem Verhalten. Denn diese Dispositionen generieren unter bestimmten Bedingungen, so Brandt, „Kraft-Vektoren im psychologischen Feld der Person"[107]; was die Person tut, ist dann eine Funktion dieses Kraftvektors.

Diese Motivationstheorie hat gegenüber der Theorie der direkten Dispositionen den Vorteil, dass man nicht vergeblich versuchen muss, für jeden Charakterzug eindeutig typische Verhaltensweisen zu identifizieren. Solch eine konkrete Bestimmung wäre unmöglich. Was sollte das eindeutige Verhalten eines Teilnahmsfähigen sein? Zur Hilfe kommen, Hilfe holen, mitweinen,…? Eine Bestimmung typischen Verhaltens ist unmöglich ohne Bezug auf andere psychische Elemente wie Bedürfnisse und Abneigungen, mit denen man die Bestimmung etwas weniger konkret machen würde. Doch der Nachteil dieser Theorie scheint mir auch auf der Hand zu liegen. Brandt muss einen nicht weiter erläuterten metaphorischen Begriff von „Kraftvektoren im psychologischen Feld" einführen. Dagegen erscheint mir eine andere Lösung viel einfacher und konkreter: Charakterzüge sind – zumindest unter anderem – Dispositionen zu Emotionen. Zu Emotionen gehören Handlungsmotivationen und damit auch Verhaltensweisen. Um diese zu erklären, brauchen wir also keine neu erfundenen „Kraft-Vektoren". Zudem führt Brandts Analyse selbst auf die Emotionen hin. In den Beispielsätzen zu den Konditionalen, die die Disposition erläutern können, sind Gefühlsausdrücke zentral: Wer teilnahmsfähig ist, für den gilt, dass er sich unter relevanten Umständen schlecht/ erleichtert/schuldig *fühlt* und zu bestimmten Handlungen motiviert ist. All das wird von dem Konzept von Emotion aufgefangen, das in dieser Arbeit vertreten wird. Brandt selbst schreibt das deshalb nicht, weil er kein solch komplexes Bild von Emotionen hat, sondern nur von Überzeugungen einerseits und nicht-intentionalen Empfindungen andererseits ausgeht. Allerdings behaupte ich auch nicht, mit der Erläuterung von Charakterzügen als Emotionsdispositionen erschöpfend kommentiert zu haben, was alles einen Charakter ausmacht.

Ich gehe hier nicht weiter auf eine detailliertere Definition von Charakter ein. Wichtig ist mir nur, gezeigt zu haben, dass es sinnvoll ist, von Charakter als einem Ort von Emotionsdispositionen zu reden.[108] Wenn wir nun vom Charakter als relativ permanenter „Eigenschaft" einer Person ausgehen, ist es auch sinnvoll, diejenigen Emotionen als echte Emotionen einer Person zu bezeichnen, die mit ihrem Charakter übereinstimmen (da sie ihm gewissermaßen „entspringen"). Damit legt man eine Person nicht ein für allemal auf ein bestimmtes Set von Emotionen fest und schließt nicht aus, dass sie sich um andere Emotionen bemühen kann. Man legt nur fest, wohin man sehen muss, um die Echtheit einer Emotion zu überprüfen.

Damit lässt sich meine Erläuterung des Beispiels der Mutter, die sich um die Zuneigung zu ihrer Schwiegertochter bemüht, unterstützen: Sie arbeitet an ihrem Charakter und es entsteht eine neue, diesem veränderten Charakter entsprechende Emotion – und damit eine echte.

Kritische Diskussion

Ich will diese Darstellung in vier Punkten kritisch diskutieren und dabei meinen Vorschlag präzisieren. Ein erster Einwand könnte schlicht die enge Verbindung von Charakter und Emotionen in Zweifel ziehen. Die durchaus verbreitete Annahme, Emotionen seien Charaktersache, sei falsch, wäre die Behauptung. Als traurige Beispiele dafür könnten die Schlüsse genannt werden, die man aus den Experimenten zum Konformismus und des sogenannten Samaritanismus ziehen kann. Die Experimente von Stanley Milgram zum Konformismus bzw. Gehorsam hätten gezeigt, dass sonst charakterlich gutmütige Menschen unter bestimmten Bedingungen leicht dazu gebracht werden können, das Mitleid mit einer anderen Person zu verlieren bzw. nicht aufzubringen, das nötig wäre, um ihr keinen Schaden anzutun.[109] Ähnlich hat man in den Samariter-Experimenten[110] gezeigt, dass es viel weniger auf den Charakter einer Person ankommt, also etwa ihre allgemeine Hilfsbereitschaft, als auf die konkrete Situation (Stress oder nicht), ob sie genügend Mitleid aufbringt, um einer Person in Not zu helfen.[111]

Zunächst halte ich es für fragwürdig, die bekannten Experimente an dieser Stelle zur Unterstützung heranzuziehen. Denn bei diesen Untersuchungen ging es immer um das *Verhalten* der Personen – schieben sie den Voltregler bis über die gefährliche Grenze bzw. helfen sie einem Bedürftigen am Weg oder nicht? Es wurden dabei nie explizit die Emotionen der Probanden analysiert, höchstens wurde registriert, ob sie zögern, ob es ihnen schwerfällt oder nicht. Solange das nicht der Fall ist, ist mit meiner Definition des Charakters genauso eine andere Interpretation möglich: Die Personen bringen auch unter diesen besonderen Umständen die ihrem Charakter entsprechenden Emotionen auf – nur handeln sie nicht entsprechend. Und dafür sind die besonderen äußeren Umstände verantwortlich. Wenn in einer Experiment-Situation der Leiter neben Ihnen steht und immer wieder sagt: „Sie müssen das tun, Sie haben keine Wahl, denn Sie haben in die Teilnahme an dem Experiment eingewilligt", dann reicht die Motivation, die mit Mitleid einhergeht, vielleicht nicht aus; dann bräuchte es noch eine andere Motivation, eine, die abstrakt und unbedingter begründet ist zum Beispiel, damit Sie sich gegen die Autorität des Experimentleiters durchsetzen können. Sie fühlen sich schuldig, wenn Sie es tun, und tun es trotzdem. Jemand anderes, mit einem anderen Charakter, hätte vielleicht gar kein Mitleid, aber würde dennoch früher abbrechen – weil er die Gefahr und den

Kniff der Situation erkennt und sich da herausziehen kann. Das heißt: Wenn ein Charakter in Emotionsdispositionen besteht, die unter normalen Umständen zu relativ typischem Verhalten führen, heißt das nicht, dass dieses Verhalten auch in Extremsituationen auftritt. Deshalb sind die angeführten Experimente kein Argument gegen die Annahme, dass Emotionen bestimmten Charakterzügen entspringen. Denn man kann mit meiner Interpretation der Dinge annehmen, dass diese Verbindung stabil ist.

Um diese Vorstellung des Verhältnisses von Charakter zu Emotionen noch einmal zu bestärken, will ich hier noch zeigen, wie es von Seiten der Emotionen her zu plausibilisieren ist, nachdem ich es oben ausgehend von einer Charakterdefinition eingeführt habe. Für Erwachsene mit ausgebildeter Emotionalität gilt, wie ich bereits in II 2 ausgeführt habe: Emotionen haben immer eine Geschichte in unserer Geschichte. Und zwar in zweierlei Hinsicht: zum einen einfach Ereignisse und vorangehende Emotionen betreffend, worauf sie reagieren und sich anschließen; zum anderen aber grundlegender, und zwar hinsichtlich der Disposition, die dafür verantwortlich ist, dass unter diesen bestimmtem Umständen diese Emotion entsteht. Emotionen sind nichts, was beliebig spontan, ohne Vorgeschichte und Zusammenhang entstehen würde. Das hat damit zu tun, dass sie nicht blinde Empfindungen sind, sondern intentionale Phänomene. Als solche sind sie angelernte und in früher Kindheit geprägte Reaktionen, die aber auch Zeit des Lebens (wenn auch abnehmend) ergänzt und bis zu einem gewissen Grad verändert werden können. So hat man von einem Set von Emotionsdispositionen auszugehen, das wir nicht von Geburt an haben, sondern das sich im Laufe des Heranwachsens entwickelt. Welche Dispositionen sich entwickeln, dazu tragen Veranlagungen, Erlebnisse von Schlüsselszenarien, das Feedback, das man von anderen Personen auf sein Verhalten erhält, und eigene intellektuelle Fähigkeiten wie Gewohnheiten bei. Dabei bilden sie sich in gegenseitiger Abhängigkeit voneinander aus. Das gilt auf jeden Fall dann, wenn man ihre Intentionalität so ausbuchstabiert, wie ich es oben (II 1) getan habe. Dann bezieht sich jede Emotion nicht nur auf einen Gegenstand und ein formales Objekt, sondern auch auf ein Hintergrundobjekt, einen Fokus, das, worum es einem bei dieser Emotion geht. Diese Bedeutsamkeit drückt sich auch in anderen Emotionen aus, die dieses Hintergrundobjekt haben. Um wessen Verderben man fürchtet, über dessen Gedeihen freut man sich, und hofft darauf, etc. Wie die Emotionen so vernetzt zusammenhängen, tun es entsprechend auch die Dispositionen. Dieses relativ stabile, jedoch über die Zeit veränderliche Netz scheint mir sinnvoll unter dem Begriff des Charakters gefasst zu werden.[112]

Angesichts dieser Charaktererläuterung scheint sich gleich eine zweite Kritik aufzudrängen. Gerät man mit der Argumentation bezüglich der Echtheit einer Emotion nicht in einen Zirkel, wenn man den Charakter so definiert? Wenn man sagt, genau die Emotionen seien echt, die zum Charakter passen, gleichzeitig aber den Charakter definiert als aus Emotionsdispositionen bestehend, so scheint ein Kriterium zu fehlen, anhand dessen unterschieden werden könnte, welche Emotion nun zum Charakter passt.

Doch diese Kritik ist voreilig, da sie nicht genug die Konsequenzen der gerade gegebenen Charaktererläuterung beachtet. Um zwischen echten und unechten Emotionen im Sinne der Übereinstimmung mit dem Charakter unterscheiden zu können, muss man die Netzstruktur bedenken. Es kann keine Emotion einzeln in dieser Hinsicht eingeschätzt werden, sondern das geht nur mit Blick auf andere, zeitgleiche oder auch zeitverschobene. Unecht ist eine Emotion, die herausfällt aus dem Netz aufeinander verweisender Emotionen, eine, bei der einer Bedeutsamkeit plötzlich nicht Rechnung getragen wird, oder eine neue ins Spiel gebracht wird, die sich mit anderen nicht verträgt. So würde eine vermeintlich erworbene Zuneigung der Mutter zur Schwiegertochter als unecht entdeckt, falls die Mutter etwa eine gewisse Genugtuung empfindet, wenn die Schwiegertochter in einer Prüfung nicht erfolgreich ist oder

Ähnliches. Wäre sie ihr mit echten guten Emotionen zugetan, würde sie in so einer Situation auch Bedauern empfinden.

Man kann die Echtheit einer Emotion auch noch in etwas weiterreichender Weise beschreiben. Unsere emotionalen Dispositionen identifizieren uns als bestimmte Individuen in der Welt. Unsere Emotionen sind Manifestationen der grundlegenden Weise, in der wir allem begegnen. So sind sie etwas, das uns Identität und Kontinuität gibt. Sie bilden einen Zusammenhang, der immer auf die eine kontinuierliche Person zurückweist, auch wenn das Ganze in ständiger Veränderung sein kann. Dieser Zusammenhang ist der Charakter, dem sie entstammen (logisch, nicht zeitlich). Was unechten Emotionen fehlt, bei aller Ähnlichkeit mit echten Emotionen, ist, dass sie nicht in dem Sinn Manifestation der Bedeutsamkeiten sind, die im übrigen für eine Person gelten, so dass sie eine wesentliche Funktion nicht erfüllen, die Emotionen normalerweise im menschlichen Leben haben.

Drittens könnte meine These auch noch in der Anwendung auf das Beispiel selbst kritisiert werden. Ist es nicht zu viel, zu sagen, die Mutter verändere etwas an ihrem Charakter, wenn sie sich doch eigentlich nur darum bemüht, zu einer Person ein anderes emotionales Verhältnis zu haben? Ändert sie nicht einfach zunächst ihre Ansichten und denen folgen dann andere Emotionen? – Nicht, so antworte ich darauf, wenn es wirklich um eine Veränderung von Emotionen bei unveränderter Tatsachenlage geht, die Gegenstand der Emotion ist. Zur Beispielsituation gehört, dass die Mutter eine Weile nicht mit der Schwiegertochter interagiert, wobei sie durch die Handlungen der jungen Frau in ihrer Einschätzung eines Besseren belehrt werden könnte. Letzteres wäre auch eine Möglichkeit, dass sich Emotionen verändern: Sie sieht neue Seiten an ihr, ändert ihre Überzeugungen und entwickelt andere Emotionen. Aber das ist hier nicht gemeint, denn dabei verändert sich in der Situation etwas, woraufhin sich selbstverständlich Emotionen von sich aus, der Situation entsprechend, verändern können. Zum hier relevanten Szenario gehört jedoch das Gleichbleiben dessen, worauf sich die Mutter mit ihren Emotionen bezieht. Die Schwiegertochter zeigt kein neues Verhalten, das die Mutter zum Umdenken und Andersfühlen bringen würde. Eine Veränderung findet nur in der Mutter selbst statt. Sie sieht, dass ihre Abneigung durch Charakterzüge bedingt ist, die gar nicht den Werten entsprechen, mit denen sie sich überlegt identifiziert. Deshalb bemüht sie sich, ihren Charakter in gewisser Hinsicht zu verändern, etwa der Art und Weise, Menschen zu beurteilen. Der Erfolg dabei zeigt sich, wenn sie die Schwiegertochter wiedersieht und ihr tatsächlich andere Gefühle entgegenbringt.

Eine Arbeit am Charakter ist nicht völlig nach Belieben möglich. Man bedarf in jedem Fall Geduld; Emotionen lassen sich nicht plötzlich schaffen, sondern nur wie gezeigt über verschiedene Schritte. Außerdem ist zu Bedenken, dass eine Charakterveränderung zum Erreichen einer Emotion unter Umständen auch das Entstehen anderer neuer Emotionen in bestimmten Situationen mit sich zieht oder den Verlust von anderen. Wer sich z.B. einfühlsamer macht, das heißt, häufiger Mitleid empfindet, macht sich womöglich auch verletzlicher, erlebt also etwa Demütigung neu. Schließlich ist zu bedenken, dass womöglich nicht alle Gefühlserfahrungen willentlich erlebbar gemacht werden können. Das betrifft in jedem Fall solche, zu deren Erfahrung es gehört, sie loswerden zu wollen, wie etwa Verzweiflung.[113] Mehr sage ich dazu jedoch nicht, da ich mich darauf beschränke, zu vertreten, dass es eine *Möglichkeit* der Emotionenveränderung über Arbeit am Charakter gibt, weil ich damit etwas über den Unterschied zwischen echten und unechten Emotionen sagen kann – auf all die Unmöglichkeiten, die wir meist zu gut aus eigener Erfahrung kennen, gehe ich nicht weiter ein.

Ein vierter und letzter möglicher Einwand: In vorherigen Kapiteln (insbesondere III 2) wurde ein Kriterium für unangemessene Emotionen ganz ähnlich geschildert wie hier das für unechte Emotionen: Es käme darauf an, die Zuschreibung des formalen Objekts zu einem Gegenstand anhand des Fokus zu rechtfertigen, und dies erreiche man dadurch, dass man zeigt, dass man bezüglich des gleichen Fokus auch relevante andere Emotionen erfährt. Ergibt sich aus diesem Verständnis von Unangemessenheit und Unechtheit (wo es beide Male auf die Kohärenz eines über Bedeutsamkeitsfoki verbundenen Netzes geht) nicht, dass alle unangemessenen Emotionen unechte Emotionen sind – was unplausibel wäre?

Darauf will ich antworten: Ja, es ergibt sich. Aber das ist nicht unplausibel. Denn in *diesem* Sinn von unangemessen gibt es nur verhältnismäßig selten unangemessene Emotionen – und die stellen sich in der Regel bei genauerem Hinsehen als unecht heraus. Unsere Emotionen untereinander sind nämlich, sind sie echt, nur selten widersprüchlich. Widersprüche ergeben sich nur sehr viel häufiger zwischen der Einschätzung, die andere von einer Situation geben, und der Emotion, mit der man darauf reagiert, wie auch zwischen einem eigenen von sich selbst distanzierteren Blick auf die Situation. Das ist jedoch die Frage einer anderen Angemessenheit, die für Emotionen eben nicht notwendig gegeben ist.[114] Sie sind ein eigener intentionaler Bezug auf die Welt, der nicht unbedingt mit dem übereinstimmt, den wir in reflektierten, normativen Überzeugungen haben. Wenn man, bewusst Abstand nehmend, seine Persönlichkeit gewissermaßen etwas zurücknehmend, die Situation für nicht derart emotionsrelevant hält, heißt das noch nicht, dass dies dem Charakter entspricht. In anderen Fällen würde man mit entsprechenden Emotionen reagieren, so dass unter den Emotionen Konsistenz herrscht und man damit von emotionaler Angemessenheit sprechen kann. Diese Angemessenheit besteht in der Regel, und Ausnahmen bilden Fälle, wo sie bei der Entstehung unter gewissen Einfluss geraten, Fälle, wie ich sie hier im Kapitel über unbewusste Emotionen gezeichnet habe: wo Kunst, Künstlichkeit oder aktives persönliches Bemühen um eine Emotion wirken.

Ich fasse noch einmal den Gang der Argumentation zusammen, mit dem ich den Unterschied zwischen echten und unechten Emotionen entwickelt habe. Ich habe zunächst drei Hypothesen behandelt: erstens, dass unechte Emotionen solche seien, die sich auf Fiktion beziehen, zweitens, dass unecht jene Emotionen seien, die künstlich entstanden sind, und drittens, dass unecht jene Emotionen seien, die durch eigene Aktivität bewirkt werden, anstatt dass man passiv von ihnen überfallen wird. Keine der drei bietet jedoch, wie deutlich wurde, allein ein hinreichendes Kriterium. Anhand der letzten großen Beispielanalyse hat sich gezeigt, was der entscheidende Punkt ist: Unecht sind diejenigen Emotionen, die nicht mit dem eigenen Charakter übereinstimmen. Eine Emotion, die unserem Charakter nicht entspricht, ist insofern als unecht zu bezeichnen, als sie, obwohl sonst in allen Merkmalen ein einer Emotion vergleichbares Phänomen, eine wesentliche Funktion nicht erfüllt, nämlich, Ausdruck unserer aufeinander bezogenen Bedeutsamkeiten zu sein. Die Emotion passt nicht in das Puzzle unserer übrigen Emotionen, die über die Bedeutsamkeitsfoki miteinander verbunden sind. Damit wird auf eine Bedeutung der Unterscheidung von echt/unecht Licht geworfen. Es geht darum, ob die Emotion wirklich eine der Person eigentümliche ist oder nicht. Eine unechte Emotion unterscheidet sich also nicht unbedingt dadurch von echten, dass sie auf ein fiktives Objekt bezogen ist, noch dass ihr Entstehen künstlich oder von der Person selbständig aktiv befördert worden wäre, sondern dadurch, dass sie nicht in das Netz der emotionalen Dispositionen passt und damit nicht dem Charakter der Person entspricht. Zu diesem Konzept von Echtheit einer Emotion gehört die Überzeugung, dass für die Echtheit bzw. Unechtheit einer Emotion prinzipiell keine objektiven Kategorien, die außerhalb der Person selbst liegen, sinnvoll herangezogen werden können, wie es die Realität oder Fiktionalität von Gegenständen oder bestimmte Entstehungsweisen sein könnten. Darin kann man Gefühle (wieder einmal) subjektiv nennen.

Konsequenzen

Mit dieser entschiedenen Position kann ich nun noch einmal einen Blick auf die Prozac-Fälle werfen, deren Einschätzung oben noch unentschieden geblieben war, und auch einen Blick zurück auf das Ergebnis der Diskussion um Gefühle gegenüber Fiktion werfen.

Zunächst zur Prozac-Thematik. Man könnte meinen, meine Analyse spreche zusammen mit einem der schon oben genannten Ergebnisse der Prozac-Forschung dafür, dass durch Prozac erzeugte Gefühle für echte zu nehmen seien: Erstens identifizieren sich die Personen häufig ausdrücklich mit diesen Gefühlen. Einige geben an, unter dem Einfluss von Prozac erst recht „sie selbst" zu sein. Natürlich ist so einer Aussage in der Umgangssprache mit Vorsicht zu begegnen. Aber genauso kann man sie nicht einfach völlig übergehen. Dazu kommt nun zweitens, dass Prozac-Gefühle nicht aus Einzelstimulation entstehen, sondern aufgrund einer Veränderung des Charakters, wie wir oben gehört haben. Es werden nicht nur einzelne Emotionen gezielt hervorgerufen, sondern die Personen werden so weit verändert, dass sie insgesamt in bestimmten Situationen mit anderen Emotionen reagieren. So scheint es nahe zu liegen, Prozac-Gefühle für echte zu halten.

Doch das oben geschilderte Beispiel des schamlosen Stolzes lässt mich dem gegenüber skeptisch bleiben. Und tatsächlich scheint es auch trotz allem noch einen Unterschied zu geben: Der Unterschied zum Entstehen anderer angestrebter Emotionen kann in der Art der Veränderung des Charakters liegen. Die Gefahr bei der Prozac-Einnahme besteht darin, dass der Charakter als Ganzes und auf einmal in eine bestimmte Richtung gezielt verändert wird. Das kommt einer neuen Grundeinstellung eines Systems gleich. Sobald das der Fall ist, geraten wir in die Schwierigkeit, zu sagen, um welche Person und den Charakter welcher Person es überhaupt noch geht. Der scheint als ganzer durch einen neuen ersetzt zu sein. So haben wir hier das Anschluss- und Kontinuitätsproblem, das vorher zwischen Emotion und Charakter thematisiert wurde, nun auf einer neuen Stufe. Diese Emotionen, so weit könnte man gehen, können gar nicht mehr danach beurteilt werden, ob sie echt sind oder nicht, da der Referenzpunkt, der Charakter der Persönlichkeit, dafür fehlt. Eine Charakterveränderung, die echte Emotionen hervorbringen soll, kann nur über die Zeit peu à peu vollzogen werden, wie der Umbau eines Schiffes auf hoher See, statt auf dem Festland, wo es ganz auseinandergenommen werden kann. Nur so bleibt die Kontinuität der Person erhalten – selbst wenn am Schluss eine sehr andere herauskommen sollte, eine, die in vergleichbaren Situationen mit anderen Emotionen reagiert. Und diese Kontinuität lässt immer einen Referenzpunkt bestehen, im Vergleich zu dem die Emotionen als echt oder nicht echt eingestuft werden können.

Doch die medizinische Forschung in diesem Bereich berücksichtigt diesen Punkt bereits selbst und so werden Mittel wie Prozac zunehmend vorsichtiger eingesetzt und in immer kleineren Dosen verabreicht, um genau das zu erreichen: eine langsame, kontinuierliche Veränderung des Charakters statt einer plötzlichen von einem Tag auf den anderen. Und dann fällt die Unterscheidung bzw. die Zuordnung der medikamentös bewirkten Emotionen zu den unechten wieder schwerer. Es fehlt das Kriterium. Als letztes könnte man noch ins Spiel bringen, dass es nicht nur auf kontinuierliche Veränderung, sondern zudem auf eigene Aktivität dabei ankäme: Man muss selbst erreichen, was sonst die Chemie macht. Aber dann stellt sich wieder die Frage: Was ist eigene Handlung an mentalen Zuständen? Stellt nicht auch schon eine Gesprächstherapie eine „fremde" Hilfe „von außen" dar? Darf man in die Sonne gehen, um Bedingungen für echte gute Emotionen zu schaffen, darf man Kaffee trinken oder Alkohol, nur nicht dieses Mittel – nun, welches? Wo ist die Grenze zu ziehen? All die Überlegungen scheinen für das Beispiel der Prozac-Emotionen keine eindeutige Lösung garantieren zu können. Es handelt sich offenbar um Grenzfälle, die, mit den gegebenen Hinweisen zur Frage der Übereinstimmung mit dem Charakter, immer nur im Einzelnen beantwortet werden können.

Ebenso ambivalent geht eine Diskussion des zweiten oben genannten Arguments aus, das für die Echtheit von Prozac-Emotionen angeführt wurde. Es wurde behauptet, man müsse diese so entstandenen Emotionen ernst nehmen, denn sonst könnte man als Ergebnis jeder gelungenen Therapie nur „unechte" Gesundheit annehmen. Dies scheint sich zunächst entkräften zu lassen, indem man betont, dass es sich bei Prozac-Einnahme im Sinne von „enhancement", also Verbesserung, nicht um eine Therapie mit Heilungsaussichten handelt. Es wird nicht etwas wieder ins Lot gebracht, das sich danach selbständig erhält, sondern es werden nur vorübergehend andere Symptome hergestellt. Deshalb muss man, so könnte man sagen, einen Unterschied machen zwischen Prozac-Gabe als Behandlungsform und etwa einer Gesprächstherapie, in der dem Patient geholfen wird, sich stückchenweise seine Emotionsdispositionen selbst zu verändern, die sich dann erhalten. Doch auch dies wird mit Blick auf ein Gegenbeispiel nur zu einem Grenzfall: Einige Menschen nehmen ab einem gewissen Alter lebenslang substituierend ein Medikament gegen Schilddrüsenunterfunktion, etwa Levothyroxin, das dem körpereigenen Hormon entsprechend wirkt. Da scheint es auch unangemessen, sie die ganze Zeit dennoch für eigentlich krank zu halten.

Eindeutiger lässt sich mit dem hier entwickelten Verständnis von unechten Emotionen hingegen der Fall von Gefühlen bei Kunst-Rezeption einordnen. Unter den verschiedenen Möglichkeiten, dabei Gefühle zu erleben, habe ich nur eine herausgestellt, die man als unecht bezeichnen muss. Das sind die Emotionen, die man erlebt, wenn man sich mit einer Figur der Fiktion vorübergehend vollkommen identifiziert und ihre Emotionen als die eigenen erlebt. Diese sind immer dann nicht echt, wenn man der fiktiven Figur nicht hinreichend ähnelt im Charakter – was kaum je der Fall sein sollte. Wir haben nicht die gleichen individuell entwickelten Emotionsdispositionen, nicht das gleiche Netz aus Emotionen über entsprechend verbindende Bedeutsamkeitsfoki. So werden die Emotionen des fiktiven Charakters, selbst wenn wir sie auf gewisse Weise miterleben, doch nicht wirklich die unseren, keine echten sein, insofern sie sich nicht in die Gesamtstruktur unserer sonstigen Emotionen einfügen.

4.3.4 Echte Emotionen

Eine grundlegende Frage an das Thema „echte und unechte"
Emotionen ist, ob das überhaupt eine sinnvolle Unterscheidung ist. Wird mit der Annahme dieser Unterscheidung nicht
eine Authentizität vorgegaukelt, die es eigentlich gar nicht gibt?
Ich habe eine Argumentation entwickelt, wie so eine Unterscheidung vorzunehmen ist. Dabei ist deutlich geworden, dass
es eine diffizile Unterscheidung ist. Entscheidend ist die Entsprechung mit dem Charakter, doch dieser Charakter ist nicht
direkt zu erkennen, sondern nur über Verhalten und Emotionen, und zudem ist er selbst veränderlich. So muss jede Situation aufs Neue genau betrachtet und gedeutet werden. Womöglich handelt es sich bei der Unterscheidung nur um eine
graduelle Angelegenheit. Lohnt sie sich dann überhaupt? Für
was brauchen wir sie? Emotionen sind äußerst wichtige Komponenten unseres Lebens. Sie werden zu Recht für vieles für
verantwortlich gehalten: für Sinn im Leben, für Glück, für
Handlungsmotivationen und selbst für vermeintlich rein rationale Entscheidungen.[115] Doch unsere emotionalen Phänomene
sind auch äußerst vielfältig, wie ich in diesem Kapitel in einigen
Hinsichten deutlich machen wollte. So gibt es sie in Bezug auf
Fiktion und es gibt sie, die doch eigentlich vor allem passive
Reaktionen auf Ereignisse sind, auch aktiv hergestellt, chemisch
oder psychologisch. Und von diesen verschiedenen Gefühlsphänomenen dürfen wir (für ein selbstbestimmtes, gutes, und
glückliches Leben) nicht alle gleichermaßen ernst nehmen.
Wenn sie es einerseits sind, auf die wir für ganz Grundsätzliches hören sollten, so können sie uns andererseits doch auch
täuschen und in die Irre leiten. Die Unterscheidung zwischen
echten und unechten Emotionen, wie ich sie hier vorgestellt
habe, bietet uns eine Möglichkeit (unter anderen), damit umzugehen und sie in dieser Hinsicht richtig verstehen zu können:
Sind es echte Gefühle, die mir etwas über mich sagen, die ich
nicht leichtfertig übergehen darf noch überhaupt kann und auf
die ich mich verlassen kann, die mich wahrhaftig repräsentieren, oder sind es Pseudo-Emotionen, ohne Kraft und Bedeu-

tung? Dabei haben wir auch gesehen: Es ist keinesfalls falsch, für ein „echtes" Gefühlsleben, die eigenen Emotionen zu bewerten und sich Veränderung und andere zu wünschen und sich darum zu bemühen. Wichtig ist aber, darauf zu achten, wie man diese Veränderungen und Neuerungen anstrebt, welche Aktivität man wählt: Der direkte Weg ist nur in seltenen Fällen der erfolgreiche.

Mit dem Ergebnis dieses Kapitels hat sich freilich eine Spannung zu dem der ersten Kapitel des dritten Teils aufgebaut. In den Kapiteln III 1 und 2 habe ich gezeigt, wie wir aktiv an der Ausbildung und Ausgestaltung von (echten) Emotionen beteiligt sein können. In dem letzten Kapitel habe ich gezeigt, wie aktives Hinwirken auf Emotionen zu unechten Emotionen führen kann. Das ist wohlgemerkt eine Spannung und kein Widerspruch. Denn erstens sind die Arten der Einflussnahme auf die Emotionen vielfältig. Sie gehen von der praktischen Verantwortung, die man seinen eigenen mentalen Zuständen gegenüber hat, bis zur Mimikry, wo man fast schon von einem Einfluss von außen sprechen kann, da der körperliche Aspekt eine große Rolle spielt. Zweitens sind die Ausgangssituationen ganz verschiedene. So ist Einflussnahme bei Chaos und Vagheit hilfreich, um überhaupt zu klaren Emotionen zu gelangen, wohingegen sie bei anderen Fällen, da keine oder schon klare Emotionen vorliegen, gefährlich ist, was die Echtheit betrifft. Wie die Argumentation in diesem Kapitel berücksichtigt hat, was vorher erörtert wurde, nämlich dass Aktivität bei der Ausbildung von eigentlich passiv überkommenden Emotionen eine Rolle spielen kann, so kann von hier aus rückwirkend eine Einschränkung oder Warnung für die Thesen der früheren Kapitel festgehalten werden: Eine Person muss sich bei jeder Auseinandersetzung mit ihren Gefühlen ein Stück weit in ihre eigene Geschichte und ihren Charakter fügen, um in ihren Emotionen authentisch zu sein.

Schluss

Abhängigkeiten zwischen
Eigen- und Fremdverstehen

Am Ende des zweiten Teils stand die Frage danach, wieweit man seine eigenen Gefühle verstanden haben muss, um die anderer verstehen zu können. Jetzt ist es an der Zeit, sie zu beantworten. Anhand der verschiedenen herausgestellten Verstehensmomente lässt sich zeigen, dass in dieser Richtung tatsächlich eine gewisse Abhängigkeit besteht. In der anderen Richtung kann höchstens von möglicher Unterstützung gesprochen werden. In mancher Hinsicht muss man eigene Gefühle verstanden haben, um auf sie für die Empathiefähigkeit mit einer anderen Person zurückgreifen zu können. Und in mancher Hinsicht kann einem das Verstehen von Emotionen anderer dabei helfen, eigene Gefühle zu verstehen. Das erläutere ich kurz im Folgenden.

Um die Emotion eines anderen, der ich mich über eine narrative Erklärung annähere, nachvollziehen und damit wirklich verstehen zu können, kann ich nur auf eigene Emotionen zurückgreifen, die ich als deutlich bewusste und deutlich ausgebildete Emotionen erlebt habe. Denn nur bei diesen, für die mir Phänomenalität und Intentionalität (gemeinsam) klar sind, habe ich über die Intentionalität die Möglichkeit des Vergleichs mit einer so weit entzifferten Emotion eines anderen. Die Trauer eines anderen über einen für andere scheinbar unbedeutenden Verlust wie den einer alten Kinokarte, kann ich nur nachvollziehen, wenn ich dafür auf meine Erinnerung an eine Emotion zurückgreife, die ich ebenfalls als Trauer identifiziert habe – wie spezifisch sie der des anderen im Weiteren ähnelt ist eine andere Frage und der Verstehenserfolg ist wie geschildert abhängig von der eigenen Phantasie dabei.

Umgekehrt ist es denkbar, dass ich die Geschichte einer eigenen Emotion, die ich fühle, mir erst klar vor Augen führen kann und damit in dieser Hinsicht verstehen, wenn ich zufällig bei jemand anderem eine ganz ähnliche Emotion beobachtet habe, wobei mir zusätzlich ihre Entstehung evident ist bzw. von anderen erklärt wurde. Das kann mir helfen, auch die eigene Emotion auf neue Weise anzusehen und in den eigenen Erlebnissen Verbindungen auszumachen, die sich zu einer kohärenten Geschichte zusammenfügen lassen, auf die ich selbst vorher nicht gekommen war. So kann mir das Beobachten der Entwicklung von Wut bei meiner Schwester etwa nächstes Mal das Entstehen einer eigenen Wut transparenter machen, als es mir vorher war, weil ich sehe, was für Einflüsse von Familienstrukturen z.B. dabei eine Rolle spielen. Die Grenze zur Aufklärung von Chaos kann dabei fließend sein. Wenn man gar nicht weiß, was man fühlt, nützen einem Geschichten von anderen wenig, wenn man aber bereits eine gewisse Ahnung hat, schon.

Während für das Verstehen von Gefühlen anderer der Abgleich mit eigenen Gefühlserlebnissen unabdingbar ist, kann der Abgleich mit den Geschichten von Emotionen anderer für das vollständigere Verstehen eigener Emotionen sehr hilfreich sein, ist aber nicht notwendig. Das gilt freilich nur für konkrete Verstehensfälle in einem schon gegebenen Rahmen sozialer Interaktion. Emotionen sind derart soziale Phänomene, dass wir viele von ihnen gar nicht haben (geschweige denn, verstehen könnten), ohne mit anderen Personen darüber im Austausch zu sein – dies genauer zu erläutern wäre wieder ein eigenes Thema.[1] Nur wenn wir einen sozialisierten Erwachsenen annehmen, der schon Erfahrung in Emotionen hat, gilt diese relative Selbständigkeit im Verstehen.

Insgesamt gibt es, wie in der Arbeit ersichtlich wurde, eine sinnvolle und reich erläuterbare Rede vom Verstehen von Gefühlen. Damit sollte der in der Einleitung erwähnte grundsätzliche Zweifel an dem Thema durch die Praxis der Erläuterun-

gen unserer Erfahrungen und Redeweisen behoben sein.
Gefühle zu verstehen ist kein Paradoxon. Was haben wir dabei
über die zwei „Unbekannten", mit denen ich begonnen habe,
im Laufe dieser Untersuchung erfahren? Ich fasse kurz die
wichtigsten Punkte noch einmal zusammen.

Emotionen

Emotionen sind nach meiner Darstellung eigenständige intentionale Phänomene, die weder auf Körperempfindungen noch
Überzeugungen oder Wünsche reduziert werden können und
stattdessen am ehesten mit einer Art von Wahrnehmung vergleichbar sind: Mit Emotionen fassen wir in einer phänomenalen Repräsentation etwas in der Welt in Hinblick auf eine persönliche Bedeutsamkeit als (emotional) bedeutsam auf.
Außerdem gehen Wünsche und Handlungsmotivationen mit
ihnen einher. Die verschiedenen Emotionstypen (wie Freude,
Trauer, Zorn, usw.) können akut, langfristig und unter Umständen auch unbewusst auftreten, das heißt so, dass wir kein
unmittelbares Wissen von ihnen haben. Emotionen haben einen Erlebnischarakter, der aber sehr verschieden ausgeprägt
sein kann. Emotionen sind als besonders eindeutig bzw. differenziert intentionale Gefühle von anderen Gefühlsarten wie
Stimmungen zu unterscheiden, auch wenn die Übergänge dazwischen fließend sind. Wir können auch unfertige Emotionen
erleben, was sich als Gefühlschaos oder -vagheit beschreiben
lässt. In erster Linie werden wir passiv von Emotionen überkommen, doch in gewissem Maß verfügen wir auch über aktive
Einflussmöglichkeit. Aus der Perspektive der ersten Person
können wir in Reflexion auf eigene Emotionen Einfluss auf sie
nehmen, was ihre Ausbildung und Ausgestaltung betrifft. Das
Anerkennen dieser gewissen Einflussmöglichkeit auf eigene
Gefühle hilft, das Auftreten bestimmter prekärer emotionaler
Phänomene zu erklären, die als Pseudo-Emotionen oder unechte Emotionen zu bezeichnen sind. Solche gibt es, so kann

man auf diese Weise sehen, nicht nur durch äußerlich-künstli-
chen Einfluss, sondern auch aufgrund fehlleitender eigener
Aktivität. Bei der beschriebenen Einflussmöglichkeit auf Emotionen sind einer beliebigen Manipulation von Emotionen also
gleichwohl Grenzen gesetzt, nämlich dadurch, dass echte
Emotionen dem Charakter einer Person entsprechen.

Diese Punkte zur Erläuterung von Emotionen habe ich alle
entlang der Hauptfrage deutlich werden lassen. In einem Rück-
blick auch dazu vergleiche ich das Verstehen von Emotionen
anderer mit dem Verstehen von eigenen.

Emotionen verstehen

Emotionen einer anderen Person zu verstehen heißt, die individuelle Manifestation eines Emotionstyps an ihr zu verstehen.
Dazu muss man den Emotionstyp kennen und die konkrete
Emotion auf eine narrative Weise erklären können. Das ist:
eine Geschichte zu ihrer Entstehung erzählen können, die ihren Bezug einerseits auf etwas in der Welt (eine Person, einen
Gegenstand, einen Sachverhalt) und andererseits auf etwas für
die Person individuell Bedeutsames verdeutlicht. Ihre eigentliche Gültigkeit für das Verstehen erhält so eine narrative Erklärung nicht dadurch, dass in einem konkreten Fall allgemeine
Gesetzlichkeiten aufgezeigt werden, sondern dadurch, dass sie
aus Verbindungen besteht, die man hinreichend ähnlich selbst
von sich aus eigener Gefühlserfahrung kennt.

Eigene Emotionen zu verstehen ist nur teilweise parallel
zum Verstehen von Emotionen anderer zu beschreiben. Man
kann die Perspektive der dritten Person auf sich selbst einnehmen – aber eigentlich typisch ist die Beschäftigung mit seinen
Gefühlen aus der Perspektive der ersten Person; und dies hat
einige Bedeutung. Erstens stellt sich das Verstehensproblem
hinsichtlich des Erlebnisaspektes von Emotionen anders: Es
gibt nicht das Hindernis fehlender Empathiefähigkeit bei bekannter narrativer Erklärung. Stattdessen kann es jedoch das

Problem geben, dass einem Emotionen unbewusst sind. Zum Verstehen eigener Emotionen gehört aber, sich ihrer bewusst zu sein. Denn nur so bezieht man sich auf sie aus der Perspektive der ersten Person. Zu dieser Perspektive gehört, dass man eigene mentale Zustände nicht nur passiv betrachtet, sondern bei ihrer Ausbildung und -gestaltung aktiv mitwirken kann. Für das Verstehen eigener Gefühle sucht man nicht in erster Linie nach Ähnlichkeiten im bisher Erlebten, wie es für das Verstehen von Emotionen anderer der Fall ist, sondern, und damit kommen wir zum zweiten wichtigen Unterschied: Man sucht über die Entzifferung der drei Intentionalitätselemente hinaus bzw. vielmehr dabei den Vergleich und Abgleich mit eigenen anderen Emotionen, Überzeugungen und reflektierten Werten. Das Bemühen, eine einzelne eigene Emotion zu verstehen, ist immer vor dem Hintergrund zu sehen, sich selbst als ganze Person zu verstehen. Dazu gehört die Tendenz, die Emotion als eine zu sehen, die einem „passt". Deshalb neigt man dazu, um Verständnis bemüht, seine Emotionen in eine gewisse Richtung zu beeinflussen. Dies kann positiv gelungene Selbstverantwortlichkeit sein oder negativ zu Selbsttäuschung und unechten Emotionen führen.

Eine Spezialhermeneutik

Wie eingangs gesagt, kann man vorliegende Untersuchung als eine Spezialhermeneutik ansehen. Den ausführlichen Vergleich mit anderen Spezialhermeneutiken und damit Aussagen über allgemeinste Prinzipien habe ich mir für diese Arbeit nicht vorgenommen. Ich deute hier zum Schluss nur kurz in zwei Punkten an, was als Einsicht für ein größeres Hermeneutik-Projekt mitgenommen werden könnte. Ich habe in der Einleitung das bekannte Prinzip erwähnt, nach dem Verstehen darin besteht, Regularitäten zu erkennen, und auch bemerkt, dass dies hinsichtlich bestimmter Verstehensbereiche für mangelhaft gehalten wird. Nach meiner Untersuchung im Bereich der

Emotionen scheint nun tatsächlich eine Ergänzung nötig. Nicht allgemeine Regularitäten stehen im Vordergrund, sondern Ähnlichkeit individueller Erfahrung – und diese muss sich nicht unbedingt bei anderen bestätigen. Verständlich an einem anderen ist, was man bei sich selbst so oder hinreichend ähnlich bereits erlebt hat. Was das Verstehen eigener Emotionen betrifft, so ist ein weiterer Aspekt zu ergänzen: Der Akt des Verstehens wirkt sich auf das Objekt des Verstehens aus. Verstehend können wir Gefühle verändern. Dieser Aspekt hat natürlich nur Bedeutung für selbstbezügliches Verstehen. Doch als solcher verdient er Beachtung als ein Beispiel einer Spezialhermeneutik, die sich weniger durch bestimmte Gegenstände als durch die Struktur des Selbstbezugs definiert.

Die Klarheit der Gefühle

Einen letzten zusammenfassenden Blick noch einmal allein auf das Thema, diesseits des Ausblicks: Über die einzelnen im Detail ausgeführten Punkte, in denen ich das Verstehen von Gefühlen erläutert habe, die eigenen wie die anderer, zieht sich ein Merkmal hinweg. Etwas, das ich die Zerbrechlichkeit jedes Verstehenserfolgs in diesem Bereich nennen möchte. Erstens verläuft Verstehen hier über die Schritte der verschiedenen Hinsichten und in jeder selbst noch einmal immer in Graden. Manchmal merkt man, dass man erst am Anfang steht, dass das Verständnis noch recht vage ist und es noch tiefer werden könnte. Manchmal meint man, schon ganz verstanden zu haben, und plötzlich sieht man, das war noch nicht alles, es geht noch vielschichtiger. Für das Verstehen der Gefühle anderer hängt das besonders daran, dass es Ähnlichkeit und Phantasie braucht. Ähnlichkeit in den Gefühlserlebnissen und Phantasie zum Überwinden der Unterschiede. Beides sind Bausteine für eine zerbrechliche Brücke zum anderen, weil gewisse Unwägbarkeiten bleiben. Ist es wirklich das, was der andere fühlt? Für das Verstehen eigener Gefühle ergibt sich die Zerbrechlichkeit aus dem Einfluss, den man verstehend auf seine eigenen Gefühle nimmt. Es ist eine komplizierte Suche nach Kohärenz zwischen Authentizität, Aufrichtigkeit und eingreifender Selbstbestimmung. Einerseits dürfen und können wir unsere Prägung, die sich in den Gefühlen zeigt, nicht als Teil unserer selbst leugnen, andererseits tendieren wir dazu und ist es auch sinnvoll im Leben, Gefühle in Einklang mit Überzeugungen bzw. vor allem reflektierten Werten zu bringen, und so gehört diese Aktivität gegenüber den Gefühlen dazu. Das bedeutet aber auch, dass Emotionen zu haben und sie zu verstehen in einem ständigen, letztlich nie abgeschlossenen Prozess miteinander verbunden ist. Deshalb: Klarheit über die Gefühle eines anderen zu erhalten braucht nicht nur Entdeckung, sondern auch Phantasie. Klarheit in eigenen Gefühlen zu erreichen braucht nicht nur Entdeckung, sondern auch Gestaltung. In beiden Fällen sind gewisse Unwägbarkeiten enthalten – ob die Phantasie trifft, ob die Gestaltung nicht fehl geht und ob oder wo sie überhaupt an ein Ende kommt. So bleibt die Klarheit über Gefühle immer eine fragile.

Anmerkungen

Einleitung

1   Das Thema des selbstbestimmten Lebens aufgrund besserer Verständnisses von Gefühlen müsste in zwei verschiedenen Richtungen ausgeführt werden, was ich in dieser Arbeit nicht explizit unternehme und deshalb hier nur kurz andeute: Zum einen kann man ein selbstbestimmteres Leben im Sinne von Selbstbestimmtheit gegenüber anderen Personen und Einflüssen erreichen, wenn man sich ganz klar über die eigenen Gefühle und damit Werte und Bedürfnisse ist (wie im Laufe der Arbeit deutlich wird). Und zum anderen kann man ein selbstbestimmteres Leben in dem Sinn erlangen, dass man klärt, was genau man für Gefühle hat und mit welchen davon man sich nicht identifiziert, woran anschließend man versuchen kann, auf sie Einfluss in die Richtung zu nehmen, die man für besser hält (auch wie das geht, wird sich in dieser Arbeit zeigen).

2   Einen Überblick zur Geschichte dieses Begriffsfeldes gibt: Newmark, *Pathos – Affekt – Gefühl. Philosophische Theorien der Emotionen zwischen Aristoteles und Kant.*

3   Ein jüngeres Forschungsprojekt zu Gefühlen nennt sich schon genau so. Vgl. www.animal-emotionale.de.

4   Ein zusammenfassender Beitrag zur Kontroverse z.B. Döring, Die Renaissance des Gefühls in der Gegenwartsphilosophie.

5   Vgl. insbesondere de Sousa, *Die Rationalität des Gefühls.*

6   Siehe z.B. *Goldie,* Imagination and the Distorting Power of Emotion.

7   Vgl. z.B. Döring und Mayer, *Die Moralität der Gefühle.* Und Wallace, *Responsibility and the Moral Sentiments.*

8   Ausnahmen bilden: Ein Kapitel einer Monographie, auf die ich mich verschiedentlich in dieser Arbeit beziehe, Goldie, *The Emotions. A Philosophical Exploration.* Außerdem, wenn auch unter dem Begriff des Erklärens und so schon mit einer anderen Nuancierung des Themas: Oksenberg Rorty, Explaining Emotions. Und: Henckmann, Über das Verstehen von Gefühlen. Das betrifft wie gesagt die Literaturlage der gegenwärtigen Emotionsdiskussion in der Philosophie und nicht die frühere Welle mit der Beschäftigung mit Emotionen An-

fang des 20. Jahrhunderts, als einige Phänomenologen sich diesem Thema widmeten, auf die ich stellenweise im Detail in der Arbeit eingehe.

9   Dies betont insbesondere Scholz, *Verstehen und Rationalität. Untersuchungen zu den Grundlagen von Hermeneutik und Sprachphilosophie.* Bes. S.143.

10 Dieses findet sich in verschiedenen Annäherungen an den Verstehensbegriff, insbesondere im wissenschaftlichen Kontext, in verschiedenen Weisen. Vgl. z.B. das Hempel-Oppenheim-Erklärungsprinzip: In den Wissenschaften wird anhand nomologischer Deduktion verstanden, man muss zeigen, wie das Explanandum über Gesetze mit anderen Fakten verbunden ist. Hempel, Erklärung in Naturwissenschaft und Geschichte.

11 Zunächst ist es wichtig, hier überhaupt zu unterscheiden, in welcher Hinsicht wir eine Person verstehen bzw. was von ihr; sonst werden zu leicht Dinge vermischt, die eigentlich verschiedene sind, und der Verstehensbegriff wird konfus erläutert, weil verschiedener Gebrauch vermischt wird. Eine Ungenauigkeit darin scheint mir für einen Großteil der Probleme hermeneutischer Ansätze verantwortlich, wie bei Schleiermacher, Dilthey und Scheler.

12 Schleiermacher spricht vom „objectiven und subjectiven Nachconstruieren der gegebenen Rede", um nicht nur grammatisch zu verstehen, was gesagt wird, sondern auch psychologisch aus der Gedankenreihe des Autors her. Schleiermacher, *Hermeneutik.* S.82. Für Dilthey ist für das Verstehen einer anderen Person, in dem was sie sagt, denkt und fühlt, eine Art des „Nacherlebens" wichtig, „in welchem der ganze psychische Zusammenhang eines fremden Daseins von dem Einzelgegebenen aus aufgefaßt wird". Dilthey, *Studien zur Grundlegung der Geisteswissenschaften.* S.47.

13 „Die Natur erklären wir, das Seelenleben verstehen wir." Dilthey, Ideen über eine beschreibende und zergliedernde Psychologie. S.144.

14 Vgl. Bieri, Was bleibt von der analytischen Philosophie? S.333.

Kapitel I

1   Valéry, *Cahiers/ Hefte.* S.543. Die Zitate von Paul Valéry, die ich manchen Kapiteln voranstelle, sind seltener klassische Motti in dem Sinn, dass sie etwas pointiert zusammenfassen würden, das im Folgenden verhandelt wird, als vielmehr provokative Gedankensplitter, die die verhandelten Phänomene und Probleme betreffen oder streifen. Va-

léry hat selbst keine Abhandlung zu Gefühlen geschrieben, aber in seinen Heften im meist aphoristischen Stil gibt es eine Rubrik zur „Affektivität", aus der die hier verwendeten Zitate stammen.

2   Listen (nach Autoren und ihren Werken geordnet) der in der philosophischen Tradition behandelten emotionalen Phänomene (unter den verschiedenen Begriffen pathos, passiones, Affekte, Leidenschaften und schließlich Gefühl) finden sich in: Newmark, *Pathos – Affekt – Gefühl. Philosophische Theorien der Emotionen zwischen Aristoteles und Kant.* S.225-238.

3   James, What is an emotion?

4   Diese grundsätzliche Art von Intentionalitätserläuterung findet sich in der analytischen Philosophie seit Kenny, *Action, Emotion and Will.* In einer ersten Version taucht diese Idee aber schon auf in: Brentano, *Psychologie vom empirischen Standpunkt.* Band I. S.124 f.

5   De Sousa, *Die Rationalität des Gefühls.* S.185.

6   In der Forschungsliteratur ist der Begriffsgebrauch und die Differenzierung von Gefühl und Emotion auch heute noch nicht ganz einheitlich. Hinzu kommt, dass die Sprachregelung bei Übersetzungen manchmal unterschiedlich ist, so dass man sie explizit machen muss. Ich beziehe mich hier mit „Gefühl" auf „emotion", nicht „feeling". „Feeling" entspricht bei mir dem substantivierten Verb „Fühlen".

7   Diese Theorie hat sie ausführlich dargelegt in ihrer Monographie: Nussbaum, *Upheavals of Thought. The Intelligence of Emotions.* Kurz gefasst in dem Aufsatz: Nussbaum, Emotions as Judgments of Value and Importance.

8   Nussbaum, *Upheavals of Thought. The Intelligence of Emotions.* S.4.

9   Vgl. Ibid. S.57 f.

10 Diese „Individuierungsthese", wie man sie nennen kann, weist Landweer in ihrem Überblick über die derzeitige Gefühlsdiskussion als das stärkste Argument kognitivistischer Theorien aus, was aber die Schwächen dieser Theorien nicht aufhebt. Landweer, Phänomenologie und die Grenzen des Kognitivismus. Gefühle in der Philosophie. S.471.

11 "[T]heir aboutness, their intentionality, their basis in beliefs, their connection with evaluation. All this makes them look very much like thoughts, after all; […] the considerations we have brought forward might be satisfied, it seems, by a weaker or more hybrid view, according to which beliefs and perceptions play a large role in emotions, but are not *identical* [Herv. EWG] with them." Dass Emotionen letzteres sind, identisch mit Überzeugungen, genau das will Nussbaum zeigen. Nussbaum, *Upheavals of Thought. The Intelligence of Emotions.* S.33.

12 Ibid. S.23.

13 Vgl. z.B. Ibid. S.31.

14 Ibid. S.41.

15 Ibid. S.22.

16 Vgl. zu folgender Urteils-Erläuterung: Honderich, *The Oxford Companion to Philosophy.* S.XX.

17 "In the actual event, my grief was, I argued, identical to a judgment with something like the following form: 'My mother, an enormously valuable person and important part of my life, is dead'." Nussbaum, *Upheavals of Thought. The Intelligence of Emotions.* S.76.

18 Dass diese Formulierung „absurdly crude" erscheinen kann, räumt Nussbaum selbst ein. Doch das hängt ihrer Meinung nach nur an der Verkürzung. Tatsächlich handele es sich immer um komplexere Urteile. Aber eben, sie bleibt dabei: Emotionen sind Urteile. Ibid. S.76.

19 Vgl. Ibid. S.35.

20 Zu diesem Einwand und dem folgenden siehe auch: Demmerling, Brauchen Gefühle eine Sprache? Zur Philosophie der Psychologie.

21 Z.B. Solomon, *The Passions. Emotion and the Meaning of Life.*

22 Ein Standardtext zu dieser eher selten vertretenen These ist in der analytischen Tradition: Evans, *The Varieties of Reference.* Vgl. außerdem Langer, *Philosophy in a New Key. A Study in the Symbolism of Reason, Rite, and Art.* Allerdings macht keiner dieser beiden Autoren den Urteilsbegriff in diesem Zusammenhang so stark wie Nussbaum.

23 "[I]t is not obvious why we think that there is a greater problem about expressing an emotion's content musically than about expressing it linguistically. We think this because we live in a culture that is verbally adept but (on the whole) relatively unsophisticated musically." Nussbaum, *Upheavals of Thought. The Intelligence of Emotions.* S.264.

24 Das wäre freilich eigens auszuführen, kann an dieser Stelle jedoch nur als Andeutung stehen gelassen werden. Dass Emotionen zum großen Teil angelernt sind, wird in vielen gegenwärtigen Gefühlstheorien gezeigt. Neben Nussbaum und Goldie z.B. auch prominent in: de Sousa, *Die Rationalität des Gefühls.* S.298 ff.

25 "We do not want to confuse the important issue of sincerity with the issue of true or false content, and so we will call the grief "mistaken" or "inappropriate" rather than false. But the propositional content is nonetheless false". Nussbaum, *Upheavals of Thought. The Intelligence of Emotions.* S.47.

26 Nussbaum erwähnt auch noch das Merkmal der Perspektivität. Doch da dies ein Merkmal auch von jeder Sinneswahrnehmung ist und so bei jedem Wahrnehmungsurteil eine Rolle spielt, kann es

auch kein speziell Emotionen charakterisierendes sein. Das führt zum Beispiel Ronald de Sousa aus. Vgl. de Sousa, *Die Rationalität des Gefühls.* S.252 ff.

27 Landweer spricht in Bezug auf diese eudämonische Bewertung von der „verdrängten ‚feeling-Komponente'" in Nussbaums Urteilstheorie. Landweer, Phänomenologie und die Grenzen des Kognitivismus. Gefühle in der Philosophie. S.477.

28 Vgl. Goldie, *The Emotions. A Philosophical Exploration.*

29 "The idea is not that there is no causal psychological explanation of an action out of fear such as jumping away from the oncoming bus, for surely it was, after all, something that you recognized about the *bus* which causally explains your feelings about it and why you did what you did. It is, rather, just the idea that dubbing the psychological episodes involved as *beliefs* gives them all too intellectual a flavour in explaining such an action: for example, a person's belief ought to meet certain rationality constraints, such as being consistent and coherent. It is as though we almost have to *post-rationalize* the bus story by ascribing the right beliefs. [...] But correct and appropriate ascription of such beliefs need not imply, I think, that these beliefs need play a causal role in explaining the emotional response." Ibid. S.47.

30 Vgl. Ibid. S.24 ff.

31 Damit beruft er sich mit einer eigenen Betonung auf Aristoteles, im Unterschied zu verbreiteten rein kognitivistischen Interpretationen von dessen Schriften.

32 Vgl. dazu: Goldie, *The Emotions. A Philosophical Exploration.* S.28 ff.

33 "Whilst recognition and response are distinct, and can come apart – as I will show shortly – they are related because the emotional response will be of the sort which someone educated in this way *ought* to have in dangerous circumstances, and his emotional response will not be intelligible independent of his conception of the circumstances as dangerous." Ibid. S.31.

34 Ibid. S.54.

35 "[T]he bodily feeling is thoroughly infused with the intentionality of the emotion; [...]." Ibid. S.57.

36 Mit dieser Idee der „geborgten Intentionalität" versucht er letztlich William James Theorie leicht variiert zu rehabilitieren. Vgl. James, What is an emotion? Goldie ist besonders die Betonung des Fühl-Aspektes bei James sympathisch. Denn das gibt ein Gegengewicht zur Überzeugungs-Wunsch-Theorie. Doch in zwei wesentlichen Punkten weicht er in der Konzeption von Fühlen von James ab. James sagt, jede Emotion ist ein Fühlen, und dieses Fühlen ist

Wahrnehmung eigener körperlicher Vorgänge. Nach Goldie jedoch können wir erstens eine Emotion erfahren und einer körperlichen Veränderung dabei unterliegen, ohne doch diese körperliche Veränderung selbst spüren zu müssen. Zweitens besteht er darauf, dass jedes Fühlen, das für eine Emotion eine wesentliche Rolle spielt, nicht nur rein körperlich ist, sondern die besagte „geborgte Intentionalität" besitzt. Das ist also eine, die über den eigenen Körper hinausgeht, auf Überzeugungen, Personen, Sachverhalte, etc.

37   „[…] and in turn, the feeling towards is infused with a bodily characterization". Goldie, *The Emotions. A Philosophical Exploration.* S.57.

38   Diese Beobachtung erläutert auch ausführlich Döring, Seeing What to Do: Affective Perception and Rational Motivation. S.378 f.

39   "The notion of having feeling toward things in the world may seem to be a puzzling one: it is not a familiar sort of "attitude" in the philosopher's armory, unlike, for example, perception, belief, desire, memory, or imagination." Goldie, Emotion, Feeling, and Knowledge of the World. S.97.

40   Goldie in diesem Sinn: "[W]hen we have an emotion, we are *engaged with the world*, grasping what is going on in the world, and responing accordingly." Goldie, *The Emotions. A Philosophical Exploration.* S.48.

41   Siehe Heidegger, *Sein und Zeit.* § 29, S.134 f.

Kapitel II

1   Valéry, *Cahiers/ Hefte.* S.565.

2   Eine Zusammenfassung der Kontroverse bietet: Scholz, Wie versteht man eine Person? Zum Streit über die Form der Alltagspsychologie. In der Sache findet sich diese Hauptkontroverse auch schon ähnlich bei Scheler in Bezug auf dessen Vorgänger und Zeitgenossen erörtert. Er unterscheidet zwischen „Analogie-Schluss-" und „Einfühlungstheorie". Vgl. Scheler, *Wesen und Formen der Sympathie.* Z.B. S.20 ff. Wie Scheler, über Dilthey und Husserl hinaus, diesen Streit mit seiner Lehre einer unmittelbaren Fremdwahrnehmung aufzulösen versuchte, schildert jüngst ausführlich: Schloßberger, *Die Erfahrung des Anderen. Gefühle im menschlichen Miteinander.*

3   Für diese sogenannte Theorie-Theorie steht zum Beispiel: Churchland, *On the Contrary. Critical Essays 1987-1997.* Und: Stich, *Deconstructing the Mind.*

4   Vgl. Harris, From Simulation to Folk Psychology: The Case for Development.

5   Die Theorie-Theorie erfüllt, wie Koppelberg es formuliert, nicht das

Prinzip eines minimalen psychologischen Realismus. Koppelberg, Theorien mentaler Simulation und die Vielfalt affektiver Phänomene – Begriffliche Probleme und empirische Belege. S.217.

6   So z.B. Ibid. Ich gehe darauf in II 2 in meiner Erläuterung des Verstehens des Grundes von Gefühlen noch ausführlicher ein.

7   Für die Simulationsauffassung argumentiert besonders Robert Gordon, zum Beispiel in: Gordon, Folk Psychology as Simulation.

8   Erstmals in dieser Diskussion verwendet hat dieses Experiment Goldman, Interpretation Psychologized. S.83.

9   Diese Kritik bringt u.a. auch: Scholz, Wie versteht man eine Person? Zum Streit über die Form der Alltagspsychologie. S.90: „Bevor die Simulation beginnen kann, müssen also typischerweise bereits Verstehensleistungen erbracht worden sein, die infolgedessen nach einem anderen Modell erklärt werden müssen."

10 Vgl. Wittgenstein, *Philosophische Untersuchungen.* Er scheint in gewisser Weise einem Ansatz von Scheler zu entsprechen, da beide betonen, dass Gefühl und Ausdruck zusammengehören. Vgl. Scheler, *Wesen und Formen der Sympathie.* Doch darunter verstehen sie sehr Verschiedenes. Wenn Scheler sich gegen die Idee verwahrt, wir schlössen auf die Gefühle anderer, argumentiert er nicht nur auf epistemischer, sondern auch ontologischer Ebene. Wir nähmen die Gefühle des anderen derart direkt wahr, dass wir darüber überhaupt die Erfahrung des anderen machten. Dafür spricht er nicht nur von Körper und Geist, sondern von „Leib" als einem Schlüsselbegriff. Niemand nähme den Ausdruck am Körper des anderen isoliert wahr, um dann auf anderes, Geistiges zu schließen, sondern Ausdruck wahrnehmen heiße immer schon, am Leib Gefühle wahrnehmen – und damit den anderen als ein Lebewesen wie sich selbst. Das mag auf einer basalen Ebene richtig sein. Doch tatsächlich, scheint mir, stehen wir im alltäglichen Leben schon längst in so einem Zusammenhang mit den anderen Menschen, dass wir wissen, dass sie Personen wie wir sind (oder es zumindest gewohnheitsmäßig annehmen). Und in dieser Situation gilt uns der Ausdruck als Anzeichen für Gefühle, genauso wie eben, wohin es im Kontinuum weitergeht, Gesten, Verhalten und Handlungen. Wir können nur lernen, in der Wahrnehmung sehr viel davon zu kombinieren, und so Gefühle quasi direkt wahrnehmen.

11 Eine ausführliche Darstellung der damit angerissenen Idee des Schlusses auf die beste Erklärung bietet: Lipton, *Inference to the Best Explanation.*

12 Für dieses Potential von Wahrnehmung argumentiert Peter Goldie ausführlich. Z.B. in Goldie, Emotion, Reason, and Virtue. S.3 ff.

13 Das konstatiert auch Lenzen in ihrem übersichtlichen Buch zur De-

batte. Nachdem sie zuerst ausführlich die verschiedenen Alternativen von Theorie-Theorie, Simulationstheorie und einem Kompromissvorschlag diskutiert, widmet sie sich in ihrem abschließenden Kapitel ausdrücklich dem Verstehensbegriff. Dabei wird deutlich, dass die Frage nach dem Verstehen (selbst wenn sie auf das Verstehen von Personen und nicht direkt Gefühlen abzielt), obwohl mit der vorhergehenden Diskussion in Berührung, doch eine ganz eigene ist. Lenzen, *In den Schuhen des anderen. Simulation und Theorie in der Alltagspsychologie.* S.183 ff.

14 Godard, *Le Mépris.*

15 de Sousa, *Die Rationalität des Gefühls.* S.185. Original: "They [the objects] are whatever an emotion is of, at, with, because of, or that". de Sousa, *The Rationality of the Emotion.* S.109.

16 Diese Beobachtung findet sich auch in: Nissenbaum, *Emotion and Focus.* S.65.

17 Siehe z.B. Helm, The Significance of Emotions. Als kleiner Blick in die Geschichte: Insgesamt kann man sagen, dass Helms Ausarbeitung der „felt evaluations", die im Mittelpunkt seiner Überlegungen zu Gefühlen steht, anknüpft an die Art und Weise, wie Husserl die Intentionalität psychischer Phänomene (die vorher erstmals von Brentano betont wurde) für Gefühle ausführt. „[W]ir haben nicht bloß die Vorstellung und dazu das Gefühl, als etwas zur Sache an und für sich Beziehungsloses und dann wohl bloß assoziativ Angeknüpftes, sondern Gefallen oder Mißfallen *richten* sich auf den vorgestellten Gegenstand, und ohne solche Richtung können sie überhaupt nicht sein." Husserl, Logische Untersuchungen. Untersuchungen zur Phänomenologie und Theorie der Erkenntnis. Und zum Beispiel Freude weiter: „[A]n die Vorstellung knüpft sich eine Lustempfindung, die einerseits als Gefühlserregung des fühlenden psychophysischen Subjekts und andererseits als objektive Eigenschaft aufgefaßt und lokalisiert wird: das Ereignis erscheint als wie von einem rosigen Schimmer umflossen." Ibid. S.52.

18 Helm spricht von "import". Diesen Begriff und seine Bedeutung für das Verständnis von Emotionen und ihren Fokus erläutert er insbesondere in Helm, Felt Evaluations. A Theory of Pleasures and Pains.

19 Das Modell einer kausalen Erklärung individueller Emotionen zu geben versucht Oksenberg Rorty, Explaining Emotions. Auf ihre spezielle Darstellung gehe ich in meiner Argumentation aber nicht direkt ein.

20 Auf dieses Phänomen gehe ich an anderen Stellen noch ausführlicher ein. Siehe II 3.2 und II 4.2.

21 Elster, *Alchemies of the Mind. Rationality and the Emotions.* S.1 ff.

22 Vgl. Voss, *Narrative Emotionen. Eine Untersuchung über Möglichkeiten und*

Grenzen philosophischer Emotionstheorien. S.185 ff. Nussbaum, *Upheavals of Thought. The Intelligence of Emotions.* S.236. Goldie, *The Emotions. A Philosophical Exploration.* S.33.

23 Vgl. u.a. Goldie, Understanding Emotions: Minds and Morals. S.13.

24 Vgl. Nussbaum, *Upheavals of Thought. The Intelligence of Emotions.* S.178.

25 Voss, *Narrative Emotionen. Eine Untersuchung über Möglichkeiten und Grenzen philosophischer Emotionstheorien.* S.209.

26 Insbesondere Goldie und Voss.

27 Voss, *Narrative Emotionen. Eine Untersuchung über Möglichkeiten und Grenzen philosophischer Emotionstheorien.* S.185.

28 Klar von einer Verstehen ermöglichenden *Erklärung als Narration* (ohne das zu Verstehende mit einer narrativen Struktur auszustatten) spricht auch: Vielmetter, *Die Unbestimmtheit des Sozialen. Zur Philosophie der Sozialwissenschaften.* S.324 ff. Er konzentriert sich dabei nicht auf Gefühle, sondern bezieht sich allgemeiner auf Verstehen anderer Personen und ihrer mentalen Phänomene.

29 Besonders komplexe Fälle von Tierphobien finden sich bei Freud erläutert. Etwa die Furcht des kleinen Hans vor Pferden, die Freud als Auswirkung der verdrängten (mit Libido gepaarten) Furcht vor dem Vater deutet. Freud, Die Verdrängung. S.115.

30 Zu einer Kritik an der Verwendung des Begriffs des Narrativen für jegliche (deskriptive wie normative) Konzeption von Person-Sein vgl. Strawson, Gegen die Narrativität. Seiner Meinung nach führt und erfährt nicht jeder sein Leben diachronisch, sondern andere führen und erfahren es episodisch. Das heißt, sie stellen sich, insofern sie sich als Selbst ansehen, nicht als etwas vor, das es in der Vergangenheit gab und das es in der weiteren Zukunft geben wird. Obwohl ich selbst eine Kritik an der übertriebenen Verwendung des Narrationsbegriffs bringe, will ich darin nicht so weit wie Strawson gehen. Ich denke, seinem alternativen Modell, dem episodischen, können Gefühle in mancher Hinsicht einen Strich durch die Rechnung machen. Gefühle sind „nachtragend". Sie verbinden uns mit der Vergangenheit und mit der Zukunft. Nicht für ewig und das ganze Leben, aber sicher für nicht unbeträchtliche Lebensabschnitte.

31 Moravia, *Die Verachtung.*

32 Bei Dilthey heißt es, dass wir andere je nach dem Grad der „Sympathie, Liebe oder Verwandtschaft" verstehen und: „ganz unsympathische Menschen verstehen wir überhaupt nicht mehr". Dilthey, Beiträge zum Studium der Individualität. S.277.

33 Scheler unterscheidet „Nachfühlen" von „Gefühlsansteckung" und „Mitfühlen". Er bezeichnet einmal Verstehen als Nachfühlen und erläutert dies so: „Es ist wohl ein *Fühlen* des fremden Gefühls, kein

bloßes Wissen um es oder nur ein *Urteil*, der Andere habe das Gefühl; gleichwohl ist es kein Erleben des wirklichen Gefühles als eines Zustandes. Wir erfassen im Nachfühlen fühlend noch die *Qualität* des fremden Gefühls – ohne daß es in uns herüberwandert oder ein gleiches reales Gefühl in uns erzeugt wird." Scheler, *Wesen und Formen der Sympathie*. S.5. Meine folgende Darstellung versteht sich allerdings keineswegs als Scheler-Exegese, sondern nur als das Vorführen einer Idee, wie sie ähnlich z.B. bei Scheler zu finden ist.

34 Unter einem dem digitalen bzw. Internet-Zeitalter angepassten Ausdruck macht es Goldman. Er spricht, wie einige andere Autoren, vom „off-line-Modus", in dem man ein Gefühl haben könne, wenn man sich in den anderen hineinversetzt. Vgl. z.B. Goldman, Interpretation Psychologized. Peter Goldie wählt den weniger naturwissenschaftlichen Begriff „centrally imagining". Vgl. Goldie, *The Emotions. A Philosophical Exploration*. S.198.

35 Der Empathie-Begriff ist mir nicht in dem Sinn wichtig, dass ich in streitende Konkurrenz mit anderen Definitionen dieses Begriffs treten will. Der Begriff kommt nicht aus der Umgangssprache, sondern aus Theoriebildung und hat sich nur gewissermaßen eingebürgert. Dabei ist es nicht überflüssig, zu bemerken, dass es sich im Deutschen um eine Rückübersetzung aus dem Englischen handelt. Der Psychologe Titchener führte um 1900 den Ausdruck „empathy" als Übersetzung des deutschen Ausdrucks „Einfühlung" ein. Vgl. Titchener, *An Outline of Psychology*.

36 So betont es auch Goldie, *The Emotions. A Philosophical Exploration*. S.197.

37 Auf die Idee von vorgestellten Gefühlen gehe ich später bei der Erörterung von Gefühlen bei Kunstrezeption noch einmal ein. Siehe III 4.3.1.

38 Auf den Zusammenhang von Charakter und Emotionen gehe ich noch einmal ausführlicher ein in III 4.3.3.

39 Die Notwendigkeit dieser beiden Aspekte für Empathie, sich nicht nur die Situation, sondern auch den Charakter vorzustellen, betont auch Goldie. Deshalb spricht er in Absetzung von „in-his-shoes-imagining" von „centrally imagining". Goldie, *The Emotions. A Philosophical Exploration*. S.198 f.

40 Lipps, Das Wissen von fremden Ichen. Damit führte er die von Johann G. Droysen in Ansätzen begonnene Kritik an der bis dahin verbreiteten Analogieschlusstheorie fort, der Vorläuferin der heutigen oben erwähnten Theorie-Theorie.

41 "[O]ne person can know or say of another what the quality of the other's experience is. They are subjective, however, in the sense that

even this objective ascription of experience is possible only for someone sufficiently similar to the object of ascription to be able to adopt
his point of view – to understand the ascription in the first person as
well as in the third". Nagel, What Is It Like to Be a Bat? S.172.

42 Diese Terminologie von Beschreibungs- und Erfahrungswissen geht
zurück auf Russell, Knowledge by acquaintance and knowledge by
description.

43 Vgl. z.B. Nussbaum, *Upheavals of Thought. The Intelligence of Emotions.*
S.57.

44 Das betont auch Slaby, *Gefühl und Weltbezug. Die menschliche Affektivität
im Kontext einer neo-existenzialistischen Konzeption von Personalität.* S.299.

45 Diesen Begriff prägte insbesondere Bieri, Nominalismus und innere
Erfahrung.

46 Schmitz, *Der unerschöpfliche Gegenstand.* S.294 ff. Diese Idee, die auch
als „leibliches Betroffensein" im Unterschied zu Körperempfindungen ausgeführt wird, nehmen auch auf: Demmerling und Landweer,
Philosophie der Gefühle. Von Achtung bis Zorn.

47 Slaby, *Gefühl und Weltbezug. Die menschliche Affektivität im Kontext einer
neo-existenzialistischen Konzeption von Personalität.* Insbesondere S.107 ff.

48 Erörterungen zur Störung des Intellekts durch Emotionen finden
sich z.B. bei Goldie, Imagination and the Distorting Power of Emotion. Und in Elster, *Sour Grapes.*

49 Goldie, *The Emotions. A Philosophical Exploration.* S.195 ff.

50 Weiter differenzierte Erläuterungen der Angemessenheit von Emotionen folgen in späteren Kapiteln: III 2.3 und III 4.3.

51 Dieses Beispiel entnehme ich Vielmetter, *Die Unbestimmtheit des Sozialen. Zur Philosophie der Sozialwissenschaften.* S.329 ff.

52 Zitiert nach Ibid. S.329.

53 Für die ethnologische Wissenschaft hat Rosaldo damit freilich eine
provozierende These geliefert, was diese Wissenschaft sein kann
bzw. inwiefern Verstehen zwischen Kulturen möglich ist.

54 Was ich hier andeute, vertritt insbesondere Robert Grandy unter
dem Namen des „principle of humanity", das er gegen Donald Da-
vidsons „principle of charity" stellt: Man muss zum Verstehen einer
anderen Person dieser nicht in erster Linie unterstellen, sie sei rational, sondern, sie sei einem selbst ähnlich. "So we have, as a pragma-
tic constraint on translation, the condition that the imputed pattern
of relations among beliefs, desires, and the world be as similar to our
own as possible". Grandy, Reference, Meaning, and Belief. S.443.

55 Dies betont auch Lenzen für das Verstehen von Personen, wenn sie
Robert Gordon kritisiert, der einen noch grundsätzlicheren, katego-

rialen Unterschied zwischen dem Verstehen in den Naturwissenschaften einerseits und dem Verstehen von Personen andererseits
macht. Lenzen, *In den Schuhen des anderen. Simulation und Theorie in der
Alltagspsychologie.* S.191.

56　In der Wissenschaftstheorie findet sich dieser Punkt der Vertrautheit
als Voraussetzung für Verstehen bei Dray, *Laws and Explanation in
History.*

57　Auch Wittgenstein steht prominent für eine These dazu, dass Verstehen heißt, mit etwas umgehen zu können: Die Bedeutung eines
Begriffes liegt in seinem Gebrauch, und das bedeutet, einen Begriff
zu verstehen heißt, ihn richtig gebrauchen zu können. Vgl. Wittgenstein, *Philosophische Untersuchungen.* Z.B.§§7 ff. Doch hier ist gleich ersichtlich, dass seine These auf Sprachverstehen ausgelegt ist, weshalb
sie an dieser Stelle der vorliegenden Abhandlung nicht am Platz ist.

58　Vgl. Heidegger, *Sein und Zeit.* S.143 (§31).

59　Von Gefühls*selbigkeit* zu reden ist ohnehin so abwegig, dass ich es
hier nicht extra thematisiere. Sehen wir Gefühle als Zustände leben-
diger, auch physischer Menschen an, ist das eine Unmöglichkeit.

60　Den Begriff des „Schlüsselszenarios" prägte Ronald de Sousa. Vgl.
de Sousa, *Die Rationalität des Gefühls.* S.298 ff.

61　Siehe Scheler, *Wesen und Formen der Sympathie.* S.23 ff.

62　Das muss im übrigen nicht immer als expliziter Akt gedacht sein,
sondern kann auch im Sinne impliziten Wissens wirken. Das genauer
zu erläutern wäre ein eigenes Thema.

63　Diesen Begriff übernehme ich von Bieri, Wie wäre es, gebildet zu
sein? Allerdings verwende ich ihn nicht in der präzisen Erläuterung
von „Einfühlungsvermögen" (aus Gründen meiner bisherigen Argumentation), sondern in einem weiteren Sinn als die Bezeichnung der
Fähigkeit, fremdes Erleben mit eigenem zu vergleichen und dabei
Lücken und Unterschiede durch Einbildungskraft zu überbrücken.

64　Proust, *A la recherche du temps perdu.*

65　Was für Gefühle und Zustände es sind, die wir bei Kunstrezeption
erfahren, erörtere ich ausführlich in III 4.3.1.

66　Auf das Phänomen der Identifikation mit fiktiven Charakteren komme ich auch noch einmal zurück in III 4.3.1.

67　Die Idee der Universalität von Emotionen, also dass alle Menschen
die gleichen Typen erleben würden, wird vor allem von (psycholo-
gisch-)ethnologischer Seite betont. Siehe z.B. Ekman, *Emotion in the
Human Face. Studies in Emotion and Social Interaction.* S.147 ff. Oder Ekman, *Gesichtsausdruck und Gefühl. 20 Jahre Forschung von Paul Ekman.*
S.15 ff. Die Unterschiede werden dagegen in (individual-)psycholo-
gischen Studien herausgearbeitet. Vgl. z.B. Holodynski und Friedl-

meier, *Emotionen – Entwicklung und Regulation.* S.169 ff.

68 Philosophen geben derzeit meist eine Darstellung gemäßigter kultureller Differenz in den Gefühlen, wie ich sie hier auch vertrete. Vgl. z.B. Solomon, *True To Our Feelings. What Our Emotions Are Really Telling Us.* S.252 ff. Und Nussbaum, *Upheavals of Thought. The Intelligence of Emotions.* S.139 ff. Ich gehe auf diese Argumentationen nicht weiter ein, weil ich mich direkt auf die Frage des Verstehens konzentriere.

69 In dem Artikel über dieses Gefühl, der hier erster Bezugspunkt ist, heißt es nach Detailanalyse vieler Literaturbeispiele in einer Zusammenfassung: *"amae* has a variety of meanings centring around passive dependency needs in hierarchical relationships". Morsbach und Tyler, A Japanese Emotion: *Amae.* S.300.

70 So formuliert es Bieri in: Bieri, *Das Handwerk der Freiheit. Über die Entdeckung des eigenen Willens.* S.153.

71 Das führt auch Martha Nussbaum an Beispielen aus. Nussbaum, *Upheavals of Thought. The Intelligence of Emotions.* S.155 f.

72 Goldie, Emotion, Reason, and Virtue. S.249.

73 Die Idee, dass man nur durch Anknüpfung an andere, *verstandene* Phänomene ein neues Phänomen verstehen kann, findet sich z.B. auch in dem Aufsatz Scriven, Explanations, Predictions, and Laws.

Kapitel III

1 Valéry, *Cahiers/ Hefte.* S.547.

2 Das heißt nicht, dass man sich über das Objekt nicht täuschen könnte. Darauf gehe ich in Kapitel III.4 ein.

3 Eine ausführliche Differenzierung zwischen primitiven und komplexen Emotionen findet sich bei Steinfath, *Orientierung am Guten. Praktisches Überlegen und die Konstitution von Personen.* S.140 ff.

4 Vgl. Birbaumer und Schmidt, *Biologische Psychologie.* S.377 f.

5 Dazu gibt es einzelne Untersuchungen unter dem Stichwort der Ambivalenz von Gefühlen. Zum Beispiel Greenspan, A Case of Mixed Feelings: Ambivalence and the Logic of Emotion. Die Ambivalenz der Gefühle, wie sie bei Freud thematisiert wird, schließt meine Darstellung der Emotionen übrigens auch nicht aus. Denn Freuds „Gefühlsambivalenz", eine These, aus der er viel für seine psychoanalytische Arbeit schöpft, meint nicht einen vollkommen unentschiedenen und in diesem Sinn unklaren Gefühlszustand, sondern das gemeinsame Auftreten von Emotionen, die sich in ihren Handlungsmotivationen widersprechen. Wie Liebe und Hass, die Fürsorge und Tö-

tungswunsch mit sich bringen. Vgl. z.B. Freud, Totem und Tabu. S.340 ff. Chaosauflösung an sich sagt noch nichts darüber, ob die ausgebildeten Emotionen miteinander verträglich sind.

6   Ein Begriff von Robert Musil, auf den ich später noch einmal eingehen werde. Musil, *Der Mann ohne Eigenschaften.* Band II. S.1166.

7   Dafür beziehe ich mich vor allem auf das zweite Kapitel von: Moran, *Authority and Estrangement.*

8   "What we are calling a theoretical question about oneself, then, is one that is answered by discovery of the fact of which one was ignorant, whereas a practical or deliberative question is answered by a decision or commitment of some sort, and it is not a response to ignorance of some antecedent fact about oneself." Ibid. S.58.

9   Ich würde sagen, eine Emotion. Aber dazu erst später.

10 Vgl. Moran, *Authority and Estrangement.* S.56.

11 Der Vollständigkeit halber sei erwähnt, obwohl es in einen etwas anderen Diskussionsbereich gehört: Die Freundin kann natürlich auch Einfluss nehmen auf meine Entscheidung, indem sie mir z.B. zuredet. Aber diese Einflussnahme ist eine ganz andere Aktivität gegenüber meinen Einstellungen, als ich sie selbst habe. Ich kann mich (zumindest mehr oder weniger) entscheiden, ob ich die Vorschläge oder Überredungsversuche anderer aufnehme oder nicht.

12 Vgl. Moran, *Authority and Estrangement.* S.60.

13 So zum Beispiel: "[…] whether any resentment is called for in this case, whether it is what he is to feel". Ibid. S.62.

14 Das betont Moran auch noch einmal ausdrücklich in seiner Antwort auf zwei Kritiken. Moran, Responses to O'Brien and Shoemaker. S.403.

15 Siehe Moran, Frankfurt on Identification: Ambiguities of Activity in Mental Life.

16 Moran scheint mir nicht genau zwischen den verschiedenen Szenarien zu unterscheiden. Er formuliert zwar theoretisch die Variante von Situationen, in denen es darum geht, überhaupt erst zu einer bestimmten emotionalen Antwort zu kommen: „making up his mind", „coming to some settled response", „to settle and sort out the various conflicting elements of one's immediate reaction" (Moran, *Authority and Estrangement.* S.58). Andererseits fangen entgegen dieser seiner theoretischen Explikation, nach der es ausdrücklich um „Herausbildung" von Emotionen geht, seine Beispiele immer schon bei ausgebildeten Emotionen an: Neid, Dankbarkeit, Zorn, Schuld. Mir scheint, Moran fehlt ein Beispiel bzw. eine konkrete Veranschaulichung genau dafür, was er theoretisch bespricht, nämlich den Fall von Herausbilden. Ich denke, mit den Fällen von Gefühlschaos und -vagheit die richtigen Beispielfälle angeführt zu haben; in diesen Fäl-

len macht es Sinn, von Herausbildung zu sprechen.

17 Musil, *Der Mann ohne Eigenschaften*. S.1171.

18 Ibid. S.1164.

19 „Gefühle kommen nie rein, sondern stets bloß in annähernder Verwirklichung zustande. [...] Der Vorgang der Ausgestaltung und Verfestigung kommt niemals zu Ende. [...] Es gibt keine Erlebnisse, die von Anfang an ein bestimmtes Gefühl sind, ja nicht einmal Gefühl schlechthin." Ibid. S.1168.

20 Zum Abschluss noch ein Zitat zu einer anderen Dimension, in der es ein Gefühlschaos geben kann, womit noch einmal die Relevanz dieser Thematik betont werden kann. Ein Moment deutscher Geschichte, beobachtet von Jürgen Habermas: „Als die Berliner Mauer in der Nacht vom 9. auf den 10. November den Massen, die nach Westen drängten, nachgab, konnte sich wohl niemand seiner Gefühle erwehren. Alle, die am Bildschirm die Verwandlung des gewohnten martialischen Bildes in eine Pop-Szene beobachteten, den mehr als nur kosmetischen Eingriff in die Physiognomie einer ganzen Epoche sahen, waren gerührt. Im Bundestag traten Willy Brandt die Tränen in die Augen – sprachlose Macht der Gefühle. Noch waren die Formeln nicht gefunden, die am nächsten Tag der Regierende Bürgermeister vor dem Schöneberger Rathaus aussprach: ‚Heute sind wir das glücklichste Volk der Welt' – glücklich worüber? Gefühle bedrängen uns, solange wir nicht wissen, was sie *sagen*. Inzwischen ist der Streit über die Interpretation der Gefühle in vollem Gang." Habermas, Die Stunde der nationalen Empfindung. Republikanische Gesinnung oder Nationalbewußtsein? S.157.

21 In III 4.3.2 nehme ich das Thema drogenverursachter Gefühle ausführlicher auf.

22 Dies hat auf anschauliche Weise in einem Vortrag auch gezeigt: Bittner, Bin ich mein bester Biograf?

23 Um Missverständnisse zu vermeiden, sei dazu noch erwähnt, dass die Tatsache, dass geistige und sprachliche Fähigkeiten im narrativen Verstehen eine Rolle spielen, keineswegs heißt, dass jemand, der sie nicht hat, nur weniger intensive Emotionen haben könnte (vielleicht sogar im Gegenteil). Es heißt nur, dass er eine weniger differenzierte Bandbreite an Emotionen kennt. So bemerkt z.B. auch Moran: "A person whose conceptual universe of the emotions is limited to the two possibilities of feeling good and feeling not-so-good will certainly fail to be subject to (and not just fail to *notice*) the range of responses possible for some other person with the emotional vocabulary of Henry James." Moran, *Authority and Estrangement*. S.40 f.

24 Beidem kann man selbst natürlich auch ambivalent gegenüberste-

hen, aber darum geht es hier nicht.

25 Das ist nicht nur ein Gedanke der romantischen Epoche, sondern findet sich heute auch beispielsweise bei Harry Frankfurt, wenn er das „caring" betont als emotionale Basis aller unserer Entscheidungen, anhand derer sich wiederum unsere Person bestätigt und bildet. Vgl.Frankfurt, On Caring.

26 Der Übersichtlichkeit halber spreche ich hier zunächst zusammenfassend von „Gründen" einer Emotion, später in der Argumentation differenziere ich die Intentionalitätsaspekte.

27 Inwiefern wir dabei einer gewissen Selbsttäuschung unterliegen, weil wir unter Umständen nie die Emotion haben können, die wir gerne hätten, ist wieder eine andere Frage.

28 Frankfurt, Identification and Externality. S.65.

29 Frankfurt, Identification and Wholeheartedness.

30 Frankfurt, The Faintest Passion.

31 Für unbewusstes Mentales gibt es derzeit drei Argumentationsrichtungen. Die erste steht in der Tradition Freuds und wird heute z.B. vertreten von Richard Moran, vgl. Moran, *Authority and Estrangement*. Die zweite, jüngere konzentriert sich auf unbewusstes Grammatikwissen und wird vor allem von Noam Chomsky propagiert, z.B. in Chomsky, *Knowledge of Language*. In der dritten Richtung schließlich tritt Daniel Dennett in Rückgriff auf Karl Spencer Lashley mit Argumenten aus der Neurobiologie dafür ein, dass quasi alle wichtigen mentalen Prozesse unbewusst ablaufen würden, vgl. Lashley, Cerebral Organization and Behavior. Und Dennett, *Content and Consciousness*. Zu den wichtigsten Gegnern von unbewusstem Mentalen gehören derzeit John Searle und Adolf Grünbaum, vgl. Grünbaum, *The Foundations of Psychoanalysis: A Philosophical Critique*.

32 Dieses Argument nimmt auch de Sousa auf, bevor er mit Freud die Notwendigkeit der Annahme von unbewusstem Psychischen darlegt. de Sousa, *Die Rationalität des Gefühls*. S.164.

33 Ein seit Freud klassisches Argument für unbewusstes Psychisches. Vgl. Freud, Das Unbewußte. S.125 ff.

34 Das vertreten u.a. die eben erwähnten Lashley, Cerebral Organization and Behavior. Und Dennett, *Content and Consciousness*.

35 Neid muss nicht immer böswillig sein. Man kann jemanden um etwas beneiden, in dem Sinn, dass man es auch gerne hätte, ohne es zugleich dem anderen zu missgönnen.

36 Dieses Argument findet sich zum Beispiel bei: Döring und Peacocke, Handlungen, Gründe und Emotionen. S.95.

37 Dieses Argument lassen nicht alle Autoren gelten. Döring/Peacocke sagen, Emotionen müssten bewusste Zustände sein, weil nur be-

wusste Zustände Gründe für Handlungen darstellen können. Damit bestreiten sie, dass man auf Emotionen von Handlungen aus rückschließen könnte, weil nach ihnen Handlungen gar nichts mit Unbewusstem zu tun haben können. Ibid. S.96. Doch diese ihre Handlungstheorie, die sie „fertig" an die Emotionen herantragen, ohne direkt zu untersuchen, ob es sich bei den Emotionen vielleicht anders verhalten könnte, ist keineswegs problemlos. Es fallen nicht nur die für mich hier relevanten Handlungserklärungen durch unbewusste Emotionen heraus, sondern es ist insgesamt unmöglich, Handlungen gewissermaßen aus passiven oder negativen Gründen her zu erklären. Eine Erklärung wie „Er ist an ihnen vorbeigefahren, ohne anzuhalten, weil er sie nicht gesehen hat" ist schon nicht möglich. Ebenso Fälle wie „Er hat zugesagt, weil er nicht wusste, was er sich damit einhandeln würde". Meiner Ansicht nach sind das zumindest wichtige Teilaspekte der Erklärung und Begründung einer Handlung, die neben „aktiven" oder „positiven" Gründen berücksichtigt werden müssen. Diese kleine Andeutung der möglichen Kritik soll genügen, um zu rechtfertigen, warum ich auf diesen Punkt nicht weiter eingehe. Er würde zu weit fort in die Thematik der Handlungstheorie führen.

38 Vgl. z.B. Riemann, *Grundformen der Angst. Eine tiefenpsychologische Studie.*
39 Roberts, *Emotions. An Essay in Aid of Moral Psychology.*
40 Roberts nennt sie „feelings of construed condition". Ibid. S.67.
41 Vgl. Ibid. S.315.
42 Wohlgemerkt diskutiere ich diese Art von Emotionstheorie nur in Hinblick auf das Thema dieses Kapitels, die Frage nach den unbewussten Emotionen, und gehe nicht auf andere Punkte ein, die den ganzen Ansatz auch auszeichnen.
43 Zu den Kritikern in dieser Richtung gehört insbesondere Wittgenstein, *Philosophische Untersuchungen.*
44 Vgl. James, What is an emotion?
45 Vgl. Roberts, *Emotions. An Essay in Aid of Moral Psychology.* S.319.
46 Vgl. Ibid. S.319.
47 Roberts führt in seinem Buch den Begriff des „construal" ein, um dem, was Emotionen sind, einen Namen zu geben: "Construals have an immediacy reminiscent of sense perception. They are impressions, ways things appear to the subjects; they are experiences, and not just judgments or thoughts or beliefs." Ibid. S.75. Das erscheint zunächst als eine viel versprechende Weise, Emotionen als originär intentionale Phänomene zu erläutern. Doch in dem späteren Kapitel zu emotionaler Täuschung, auf das ich mich hier beziehe, trägt er dem meiner Meinung nach, wie in der Darstellung deutlich wird, nicht angemessen Rechnung, sondern fällt bei der weiteren Erläuterung

doch in eine Art von kognitiven Reduktionismus zurück.

48 Das wird besonders betont in Nagel, What Is It Like to Be a Bat? und Bieri, Nominalismus und innere Erfahrung.

49 Die Rede der „Deutlichkeit", die hier auftaucht, verlangt zwei ergän-zende Bemerkungen. Erstens greife ich damit ein Bewusstseinsmo-dell auf, das in der Tradition Leibniz' steht. Dafür ist die Gradualität von Bewusstsein zentral. „Bewusst" und „unbewusst" sind darin nur zwei Pole eines Kontinuums mit sehr vielen Zwischenstufen. Leib-niz benutzte dafür den Ausdruck der „petites perceptions", der als erster Vorläufer dessen angesehen werden kann, was Freud dann als „Unbewusstes" bezeichnete. Vgl. Leibniz, *Monadologie*. Und Freud, Das Unbewußte. Zweitens scheint es hier nun eine womöglich wi-dersprüchliche Erläuterung dessen zu geben, was in III 1 unter „un-deutlichen Emotionen" verhandelt wurde. Doch wie ich im Text noch zeigen werde, ist das nicht als ein Widerspruch, sondern als ei-ne Ergänzung zu sehen.

50 Damit sage ich nicht, dass *alle* ungebilligten bzw. als einem selbst fremd angesehenen Emotionen unbewusst sind. Was es heißt, sich mit einer Emotion zu identifizieren, habe ich in Kapitel III 2 erläutert.

51 Vgl. Freud, Die Verdrängung.

52 Ähnlich betont auch Löw-Beer, dass sich seine beiden Modelle des Bewusstseins, das „passive" und das „aktive", nicht widersprechen, sondern ergänzen. „Die beiden Bewußtseinsmodelle stehen nur im Widerspruch zueinander, wenn man jedem von ihnen die Erläuterung von allen Bewußtseinsweisen zutraut. Dies ist aber nicht gerechtfertigt. Das aktive Modell, dem die evaluative Einführung von unbewußten psychischen Zuständen entspricht, und das passive Modell, dem die prognostische Einführung von unbewußten psychischen Zuständen zugeordnet ist, ergänzen sich." Löw-Beer, *Selbsttäuschung: Philosophische Analyse eines psychischen Phänomens.* S.56. Nach dem passiven Modell ist Bewusstsein unmittelbares Wissen psychischer Zustände, nach dem aktiven ist Bewusstsein konstitutiv für komplexere psychische Zustände. Das erste entspricht etwa dem, was ich in diesem Kapitel behandle, das zweite behandelt eine Idee, wie ich sie ähnlich in III 1 ausgearbeitet habe.

53 Als ein etwas komplexeres Beispiel aus therapeutischer Praxis sei noch aus Riemann erwähnt: „Ein [...] Musiker lebte in einer schwierigen finanziellen Situation. Von einem Bekannten bekam er eine Stellung vermittelt, die gut bezahlt war, auch im Rahmen seiner Interessen lag, und so eine entscheidende Hilfe für ihn bedeutet hätte. Am Tage, da er die Stelle antreten sollte, die er bereits

zugesagt hatte, blieb er unentschuldigt weg und verlor die Chance. Vor sich selbst argumentierte er, der Freund habe ihm nur seine Überlegenheit zeigen und ihm seine klägliche Lage vor Augen führen wollen – vielleicht habe er sogar homosexuelle Motive gehabt." Und dazu der Kommentar: „Statt also annehmen zu können, was ihm wohlwollend angeboten worden war, bekam er Angst, abhängig zu werden und dem anderen dankbar verpflichtet sein zu müssen. Er mußte das vor sich selbst umdeuten, indem er dem Freunde fragwürdige Motive unterschob. Etwas tiefer unter dieser schwer verständlichen Haltung aber lag zugleich, daß er dem anderen eine Bewährungsprobe zumutete: Wenn er es mit seinem Helfenwollen wirklich ernst meint und sich durch mein Verhalten nicht abschrecken läßt, wenn er mich trotzdem nicht fallen läßt, bedeute ich ihm wirklich etwas." Riemann, *Grundformen der Angst. Eine tiefenpsychologische Studie*. S.41 f.

54 Dass man sie *sich selbst* nicht zugibt, ist für „unbewusste" Emotionen charakteristisch und zu unterscheiden von den natürlich sehr viel häufigeren und unproblematischen Fällen, in denen jemand anderen Personen seine selbst ihm sehr wohl bewusste Angst verheimlicht.

55 So auch Löw-Beer z.B.: „Zur Verhaltenserklärung muß eine Erklärung hinzukommen, die Auskunft darüber gibt, warum sich die Person ihren Haß nicht bewußt machen kann [...] Wenn die Bedingungen, die verhindern, daß sich die Person ihres Hasses bewußt wird, aufgehoben werden, dann wird die Person sich ihres Hasses bewußt." Löw-Beer, *Selbsttäuschung: Philosophische Analyse eines psychischen Phänomens*. S.40.

56 Dass so ein Zusammenbringen von Anzeichen für das Bewusstsein einer Emotion reichen würde, scheint zum Beispiel Elster zu vertreten. Siehe Elster, *Alchemies of the Mind. Rationality and the Emotions*. S.101.

57 Diese Einflussmöglichkeit ist natürlich im wie in den anderen Kapiteln thematisierten Sinn gemeint und nicht im Sinne einer Manipulation etwa, wie sie eine andere Person oder wir selbst aus der Perspektive der dritten Person unter Umständen vornehmen können.

58 Einer der ersten Texte dazu ist: Freud, Erinnern, Wiederholen und Durcharbeiten. Die Stimulation von Emotionen kennt auch die gegenwärtige Psychotherapie. Vgl. Lammers, *Emotionsbezogene Psychotherapie. Grundlagen, Strategien und Techniken*.

59 Hiermit beschreibe ich sehr grob den Mechanismus der so genannten „Übertragung", wie er z.B. beschrieben wird in Thomä und Kächele, *Lehrbuch der psychoanalytischen Therapie*. S.53 ff.

60 Bei diesen Beispielen zur Täuschung ist aufgrund der knappen Situa-

tionsbeschreibung eine klare Unterscheidung, ob es sich um eine Täuschung in einer Emotion, also missverstandene Emotionen, oder aber unechte Emotionen handelt, nicht immer eindeutig möglich. Für den Gang der Argumentation und da die unechten Emotionen erst später ausführlich thematisiert werden, soll hier die Möglichkeit, die Beispiele so zu lesen, ausreichen.

61 Vgl. Roberts, *Emotions. An Essay in Aid of Moral Psychology.* S.315 ff.

62 Vgl. Ibid. S.317.

63 Das erwähnt auch Roberts. Ibid. S.328. Doch ich würde nicht wie er sagen, dass wir deshalb „wählen" könnten, uns eine andere Emotion zuzuschreiben. Die Funktionsweisen dessen, was und warum wie unbewusst bleibt und oberflächlich durch andere Zuschreibungen bedeckt wird, kann ich hier nicht untersuchen, weil das ein eigenes Thema ist.

64 Roberts zum Beispiel spricht tatsächlich in so einem Sinn von Situations-Fehlrepräsentation einerseits und Wichtigkeitsfehlrepräsentation andererseits. Ibid. S.317.

65 Diese Bemerkungen führen mich also noch einmal von einer anderen Seite zu einer Erläuterung von zwei Arten der Angemessenheit von Emotionen, wie ich sie auch in III 1.3 erwähnt habe.

66 Hier handelt es sich letztlich um eine ähnliche Argumentation, wie sie schon in der Diskussion von Nussbaums Ansatz im ersten Kapitel vorkam, deshalb gehe ich darauf hier nicht ausführlicher ein.

67 Ob zum Wesen die Existenz gehört, wäre eine extra Frage; je nachdem wäre die Frage nach echt/unecht eine weitergehende Unterscheidung auf der Seite der realen Emotionen oder unabhängig davon.

68 Diese Prämisse findet sich im Zusammenhang mit unechten Emotionen z.B. auch bei: Mulligan, Was sind und was sollen die unechten Gefühle?

69 Die Unterschiede in der emotionalen Reaktion bei Kunstrezeption über die Kulturepochen hinweg wären ein eigenes Thema, auf das ich hier nicht eingehe. Sie haben unter anderem auch mit Veränderung von Gefühlskonzepten über die Epochen hinweg zu tun. Vgl. dazu z.B. Benthien, Fleig, et al., *Emotionalität: Zur Geschichte der Gefühle.*

70 Anstoß zur Debatte um dieses Paradox gab insbesondere: Radford, How can we be moved by the fate of Anna Karenina?

71 Ibid.

72 Diese Strategie war im 19. Jahrhundert populär, wird jedoch heute kaum mehr vertreten.

73 So wird argumentiert in: Lamarque, How can we Fear and Pity Fictions?

74 Diese Kritik an Lamarque findet sich auch in: Walton, *Mimesis as*

Make-Believe. S.203.

75 Im Zusammenhang seiner Mimesis-Theorie in: Ibid. Unterkapitel „Fearing Fictions", S.195-204 und „Fearing fictionally", S.241-249.

76 Damit beziehe ich mich auf die Einschränkung, die Walton vornimmt. Ibid. S.247. Auf die weiteren Unterschiede, die er zwischen echten und „Quasi"-Emotionen sieht, und inwiefern er dabei eine richtige Beobachtung hinsichtlich der Handlungsmotivation macht, gehe ich später noch ein.

77 Die Rolle des Erschreckens als eine körperbetonte Emotion wird, gegen eine Überintellektualisierung der Diskussion, untersucht in Robinson, Startle.

78 Für diese Argumentation beziehe ich mich zum großen Teil auf: Moran, The Expression of Feeling in Imagination.

79 Natürlich kann auch absichtlich so gegen die Illusion gearbeitet werden, dass das emotionale Involvieren verhindert wird, wie es beispielsweise das Prinzip des Brechtschen Theaters ist. Aber das bietet eben auch kein Beispiel für emotionale Reaktionen gegenüber Fiktion, was hier Thema ist.

80 Ein extremes Beispiel ist der Film von Haneke, *Caché.* Nur Sekunden eingeblendete Erinnerungsbilder eines dunklen kleinen Jungen stehen linear-erzählerisch völlig ungeklärt zwischen den Bildern der Gegenwart des Pariser Intellektuellen.

81 Vgl. Moran, *Authority and Estrangement.* S.87 f.

82 Vgl. Moran, The Expression of Feeling in Imagination. S.93.

83 Für dieses Beispiel gehe ich davon aus, dass das Verhalten der beschriebenen Theaterbesucher eines aus ihren Gefühlen heraus ist, kein bewusst zynisches oder täuschendes, so dass zu unserer Reaktion darauf auch gehört, dass wir ihnen reale Gefühle unterstellen, die man kritisieren kann, und nicht nur ein Verhalten.

84 Ich gehe hier von geschlossenen fiktionalen Geschichten aus, nicht von welchen, in denen der Rezipient irgendwie mit einbezogen wird, wie es in ausgefallenen, modernen Versuchen oder vielleicht in „Zwischenwelten" wie interaktiven Spielen (am Computer) der Fall sein kann.

85 Das ist ein Verfahren, bei dem die Gehirnaktivität in bestimmten Bereichen durch elektronische Impulse stimuliert bzw. gebremst wird (mittels eines ins Hirn implementierten Gerätes). Es gibt erste, aber noch wenig gesicherte Versuche, bei denen depressive Patienten, denen auf keine andere Weise zu helfen war, dabei (und teilweise auch anhaltend) eine Stimmungsaufhellung erlebten. Mayberg, Lozano, et al., Deep brain stimulation for treatment-resistant depression.

86 Einen von vielen möglichen Überblicken dazu geben z.B. Schmid-

bauer und vom Scheidt, *Handbuch der Rauschdrogen.*

87 Vgl. Weber-Guskar, Ist Rausch ein Gefühl?

88 Servan-Schreiber, Perlstein, et al., Selective pharmacological activation of limbic structures in human volunteers: A positron emission tomography study.

89 Servan-Schreiber, *Die neue Medizin der Emotionen. Stress, Angst, Depression: Gesund werden ohne Medikamente.* S.34 f.

90 Zur Entwicklung von Vorstellungen psychischer Krankheit über die verschiedenen kulturgeschichtlichen Epochen hinweg vgl. z.B. Porter, *Madness. A Brief History.*

91 Vgl. Kramer, *Listening to Prozac: A Psychiatrist explores antidepressant drugs and the remaking of the self.* S.278.

92 Dass „künstlich erzeugte" Gefühle keineswegs einfach mit „künstlichen" Gefühlen gleichgesetzt werden können, thematisiert Stephan, Zur Natur künstlicher Gefühle. Um die Frage nach der Bedingtheit unechter Emotionen durch künstliche Erzeugung zu beantworten, mache ich zunächst einen gleichen Punkt, verfolge dann aber mit der Begrifflichkeit des Unechten andere Phänomene als die, welche unter „künstlich" zu fassen wären.

93 Davon berichtet Elliott, *Better than Well. American Medicine meets the American Dream.* S.74. Er rekurriert auf Hoehn-Saric, Lipsey, et al., Apathy and Indifference in Patients on Fluaxamine and Fluoxetine.

94 Krämer, Neuro-Enhancement von Emotionen: Zum Begriff emotionaler Authentizität.

95 Vgl. de Sousa, *Die Rationalität des Gefühls.* S.330.

96 Für eine kurze Textpassage, in der einiges davon vorkommt, siehe z.B. Heidegger, *Sein und Zeit.* § 35. Eine Aufarbeitung seiner Daseinsanalyse in Hinblick auf ihre Bedeutung für eine Theorie der Gefühle findet sich in Slaby, *Gefühl und Weltbezug. Die menschliche Affektivität im Kontext einer neo-existenzialistischen Konzeption von Personalität.*

97 Diese erwähnt auch kurz Pugmire, *Rediscovering Emotion.* S.112, S.119, S.121.

98 Für die Methode des Einfühlens, um den richtigen Ausdruck zeigen zu können, vgl. z.B. Stanislawski, *Die Arbeit des Schauspielers an sich selbst.* Andersherum werden Ausdruck und Gesten manchmal im therapeutischen Bereich zur Stimulation von Gefühlen genutzt. Therapeutisches Lachen in Kursen mag von außen gesehen etwas Lächerliches haben, aber wer sich darauf einlässt, kann offenbar Erfolge erleben. Eine Kombination aus Yoga und Lachen wurde 1995 von dem indischen Yoga-Lehrer Madan Katari in Mumbai entwickelt und hat unter dem Namen „Lach-Yoga" seinen Weg bis in deutsche populärwissenschaftliche Bücher gefunden, die zu zitieren ich

hier allerdings verzichte.

99 Vgl. Wittgenstein, *Nachlass*. Item 133 96r.

100 Hierbei spielt neben dem intensiv ausgeübten Ausdruck meist auch noch die allgemeine Stimmung eine Rolle, die anstecken kann. Gefühlsansteckung habe ich als eigene Art von Gefühlsentstehung schon in II 3 angesprochen. Konkrete Beispiele sind sicher oft als Mischfälle zu beschreiben.

101 Als Beispiel in der Philosophie spielt es eine zentrale Rolle in Murdoch, *The Sovereignty of Good*. S.16 ff. Murdoch verwendet es allerdings in einem anderem Zusammenhang und zu einem anderen Zweck, nämlich zur Kritik an einer Moralphilosophie, die tugendhaftes Handeln u.a. zu sehr mit Freiheit und selbständiger Wahl konnotiert. David Pugmire hat bereits einmal auf das Beispiel zurückgegriffen, um die Frage nach der Echtheit von herbei-gewünschten Gefühlen zu untersuchen. Dabei legt er sich auf keine Deutung fest, sondern bemerkt nur, dass man mit einem Wunsch nur insoweit eine echte Emotion hervorrufen kann, als man alle in eigener Macht stehenden Vorbedingungen für das Entstehen dieser Emotion bereitstellt – dann aber hieße es abwarten, ob sie sich tatsächlich einstellt. Das ist in diesem Fall: die Schwiegertochter noch einmal vorurteilsfrei ansehen. Er erwähnt dann auch noch kurz die Möglichkeit, den eigenen Charakter zu ändern, um andere Emotionen zu erleben, doch nur als Stichwort, und führt das in keiner Weise weiter aus, wie ich es hier versuche. Vgl. Pugmire, *Rediscovering Emotion*. S.124 ff. und S.130.

102 Dass sie tatsächlich sogar eine moralische Handlung vollzieht, dafür argumentiert Murdoch in dem erwähnten Aufsatz.

103 Nach dieser Definition ist auch klar, warum es sich bei der weiter oben erwähnten Gefühlsansteckung (II 3) in der Regel um unechte Gefühle handelt. Sie entsprechen nicht dem eigenen, sondern einem anderen Charakter.

104 Sammelbände dazu sind z.B. Flanagan und Oksenberg Rorty, *Identity, Character, and Morality: Essays in Moral Psychology*. Schoeman, *Responsibility, Character, and the Emotions. New Essays in Moral Psychology*.

105 Brandt, Traits of Character. A Conceptual Analysis. S.23.

106 Ibid. S.30.

107 Ibid. S.31.

108 Diese Auffassung von Charakter findet sich auch in de Sousa, *Die Rationalität des Gefühls*. S.513. „Wie wir individuell auf sie [Dilemmata] reagieren, gehört zu den Faktoren, welche unsere emotionalen Dispositionen formen. [...] Und das Gesamtmuster dieser Dispositionen ist wiederum Teil dessen, was wir unseren Charakter nennen

und was unsere individuelle Identität definiert."

109 Vgl. Milgram, *Obedience to Authority. An Experiment View*. In diesem Experiment werden die Testpersonen gebeten, als „Lehrer" in einem Lernexperiment zu fungieren. Für sie unsichtbar, jedoch hörbar, sitzt ein „Schüler", angeblich auch Testperson, in Wirklichkeit zum (eigentlichen) Experiment gehörend. Der „Lehrer" muss dann dem „Schüler" bei jedem Fehler, den dieser macht, per Voltregelung und Knopfdruck einen Stromschlag versetzen. Er hört vom (simulierenden) „Schüler" bald kleine Beschwerden, dann Klagen bei zunehmender Stärke der Stromschläge. Ein „Experiment-Leiter" hält den „Lehrer" dazu an, dennoch fortzufahren – bis in Volthöhen, die an dem Gerät eindeutig als lebensgefährlich gekennzeichnet sind.

110 Im Samariter-Experiment werden studentische Testpersonen beauftragt, etwas in einer bestimmten Zeit zu lernen, das sie später abgefragt werden sollten. Auf dem Weg zu dieser „Prüfung" werden sie über den Campus geschickt, auf dem jemand sie um Hilfe bittet, wofür sie etwas Zeit aufwenden müssten. Hilfe oder nicht boten die Testpersonen weniger in Übereinstimmung mit sonstigen Charaktereigenschaften an als vielmehr abhängig davon, wieviel Zeit ihnen für den Weg bis zur Prüfung gegeben wurde, und ähnlichen, situativen Faktoren.

111 Im Kontext der Emotionsdiskussion wird diese Frage nach dem Charakter ausführlich erörtert in: Goldie, *The Emotions. A Philosophical Exploration*. S.160 ff. Erste Studien dazu stammen von Darley und Batson, 'From Jerusalem to Jericho': A Study of Situational and Dispositional Variables in Helping Behaviour. Im Sinne des Fehlers, den wir diesbezüglich in der Alltagspsychologie machen, diskutiert haben das vor allem Ross und Nisbett, *The Person and the Situation: Perspectives of Social Psychology*.

112 Damit skizziere ich nur grob, was entwicklungstheoretisch genauer auszuarbeiten wäre. Dabei wären evolutionsbedingte Basisemotionen (Furcht, Ekel, Freude etwa, die für das Überleben wichtig sind) zu berücksichtigen sowie die Abhängigkeit der Ausprägung von Gefühlen je nach Entwicklungsstand eines Menschen vom Säugling bis zum Erwachsenen. Ein Baby kann schon Lust und Unlust fühlen, was bald in Freude und Furcht übergehen kann, und das unterscheidet sich noch einmal von den Möglichkeiten von Furcht und Freude, die wir als Erwachsener mit komplexem Charakter haben. Diese verschiedenen Arten von Gefühlen, die verschiedenen Entwicklungsstufen einer Person entsprechen, finden sich zum Beispiel dargestellt in: Zinck und Newen, Classifying Emotion: A Developmental Account.

113 Darauf weist auch besonders Jon Elster hin. In seiner frühen Schrift

Ulysses and the Sirenes macht er unsere Möglichkeit, Emotionen und Charakter zu beeinflussen und zu gestalten, zunächst stark gegen andere, konservativere Positionen. Elster, *Ulysses and the Sirenes: Studies in Rationality and Irrationality*. Doch in einer späteren Schrift, *Sour Grapes*, ergänzt und korrigiert er diese Ansichten teilweise, indem er Hindernisse eines solchen *character plannings*, wie er es nennt, erörtert. Darin ist er sehr viel skeptischer, was unsere Möglichkeiten des willlentlichen Gestaltens eigener Emotionen betrifft. Elster, *Sour Grapes*.

114 Eine zweite Hinsicht, in der Emotionen angemessen sein können oder nicht, habe ich am Anfang von III 4.3 erwähnt: Abhängig von der Wahrheit neutraler Tatsachenüberzeugungen, die für eine Emotion relevant sind, etwa, ob der Fisch wirklich vergiftet ist, oder ob ein naher Verwandter wirklich gestorben ist.

115 Ohne dass dies explizit Thema meiner Arbeit ist, stehen bei ihr solche Gedanken natürlich auch im Hintergrund. Als beispielhafte Verweise darauf, wo in der Philosophie diese verschiedenen Aspekte besonders betont wurden, kann man nennen: Stoa und Epikur für die Diskussion um Gefühle und Glück, Hume zu Emotionen als Handlungsmotivation, Heidegger für Gefühle und Sinn im Leben, und zur Rolle bei Entscheidungen schließlich heute de Sousa et al.

Schluss

1 Eine Analyse einer Emotion in dieser Richtung bietet z.B. Landweer, *Scham und Macht. Phänomenologische Untersuchungen zur Sozialität eines Gefühls*.

Bibliographie

Benthien, Claudia; Anne Fleig et al., Hrsg. (2000). *Emotionalität: Zur Geschichte der Gefühle.* Köln u.a., Böhlau Verlag.

Bieri, Peter (1982). Nominalismus und innere Erfahrung. *Zeitschrift für Philosophische Forschung* 36(1). 3-24.

Bieri, Peter (2001). *Das Handwerk der Freiheit. Über die Entdeckung des eigenen Willens.* Wien/ München, Hanser.

Bieri, Peter (2005). Wie wäre es, gebildet zu sein? In: *Neue Zürcher Zeitung am Sonntag.* 06.11.

Bieri, Peter (2007). Was bleibt von der analytischen Philosophie? *Deutsche Zeitschrift für Philosophie* 55(3). 333-344.

Birbaumer, Niels und Robert F. Schmidt (1991). *Biologische Psychologie.* Berlin, Springer.

Bittner, Rüdiger (2005). *Bin ich mein bester Biograf?* Vortrag am Philosophischen Institut, Freie Universität Berlin.

Brandt, Richard B. (1970). Traits of Character. A Conceptual Analysis. *American Philosophical Quarterly* 7(1). 23-37.

Brentano, Franz (1874). *Psychologie vom empirischen Standpunkt.* Leipzig, Meiner.

Chomsky, Noam (1986). *Knowledge of Language.* New York, Praeger.

Churchland, Paul (1998). *On the Contrary. Critical Essays 1987-1997.* Cambridge, Mass., Bradford.

Darley, John M. und C. Daniel Batson (1973). 'From Jerusalem to Jericho': A Study of Situational and Dispositional Variables in Helping Behaviour. *Journal of Personality and Social Psychology* 27. 100-108.

de Sousa, Ronald (1987). *The Rationality of the Emotion.* Cambridge, Mass., MIT Press.

de Sousa, Ronald (1997). *Die Rationalität des Gefühls.* Frankfurt am Main, Suhrkamp.

Demmerling, Christoph (2007). Brauchen Gefühle eine Sprache? Zur Philosophie der Psychologie. In: Landweer, Hilge, Hrsg. *Gefühle – Struktur und Funktion.* Berlin, Akademie. 19-33.

Demmerling, Christoph und Hilge Landweer (2007). *Philosophie der Gefühle. Von Achtung bis Zorn.* Stuttgart/ Weimar, Metzler.

Dennett, Daniel (1969). *Content and Consciousness.* London/ New York, Routledge and Kegan Paul, Humanities Press.

Dilthey, Wilhelm (1924). Beiträge zum Studium der Individualität. (1895/96). In: Ders., *Gesammelte Schriften* Band V. Leipzig/ Berlin, Teubner. 241-316.

Dilthey, Wilhelm (1924). Ideen über eine beschreibende und zergliedernde Psychologie. (1894). In: Ders., *Gesammelte Schriften*. Band V. Leipzig/ Berlin, Teubner. 139-240.

Dilthey, Wilhelm (1924). Studien zur Grundlegung der Geisteswissenschaften. In: Ders., Hrsg. *Gesammelte Schriften*. Band VII. Leipzig/ Berlin, Teubner. 3-78.

Döring, Sabine (2005). Die Renaissance des Gefühls in der Gegenwartsphilosophie. *Information Philosophie* 4. 14-27.

Döring, Sabine (2007). Seeing What to Do: Affective Perception and Rational Motivation. *Dialectica* 61(3). 363-394.

Döring, Sabine und Verena Mayer, Hrsg. (2002). *Die Moralität der Gefühle*. Berlin, Akademie Verlag.

Döring, Sabine und Christopher Peacocke (2002). Handlungen, Gründe und Emotionen. In: Döring, Sabine und Verena Mayer, Hrsg. *Die Moralität der Gefühle*. Berlin, Akademie. 81-103.

Dray, William (1961). *Laws and Explanation in History*. New York, Oxford University Press.

Ekman, Paul (1982). *Emotion in the Human Face. Studies in Emotion and Social Interaction*. Cambridge/Paris, Cambridge University Press/Maison des Sciences de l'Homme.

Ekman, Paul (1988). *Gesichtsausdruck und Gefühl. 20 Jahre Forschung von Paul Ekman*. Paderborn, Junfermann-Verlag.

Elliott, Carl (2003). *Better than Well. American Medicine meets the American Dream*. New York/ London, W. W. Norton & Company.

Elster, Jon (1979). *Ulysses and the Sirenes: Studies in Rationality and Irrationality*. Cambridge, Cambridge University Press.

Elster, Jon (1983). *Sour Grapes*. Cambridge, Cambridge University Press.

Elster, Jon (1999). *Alchemies of the Mind. Rationality and the Emotions*. Cambridge, Cambridge University Press.

Evans, Gareth (1982). *The Varieties of Reference*. Oxford, Clarendon Press.

Flanagan, Owen und Amélie Oksenberg Rorty, Hrsg. (1990). *Identity, Character, and Morality: Essays in Moral Psychology*. Cambridge, Mass., MIT Press.

Frankfurt, Harry (1988). Identification and Externality. In: Ders., *The Importance of What We Care about*. Cambridge, Cambridge University Press. 58-68.

Frankfurt, Harry (1988). Identification and Wholeheartedness. In: Ders., *The Importance of What We Care about*. Cambridge, Cambridge University Press. 159-176.

Frankfurt, Harry (1997). On Caring. In: Ders., *Necessity, Volition and Love.* Cambridge, Cambridge University Press. 155-180.

Frankfurt, Harry (1997). The Faintest Passion. In: Ders., *Necessity, Volition, and Love.* Cambridge, Cambridge University Press. 95-107.

Freud, Sigmund (2000). Das Unbewußte. (1915). In: Ders., *Studienausgabe. Band III. Psychologie des Unbewußten.* Frankfurt am Main, Fischer. 121-173.

Freud, Sigmund (2000). Die Verdrängung. (1915). In: Ders., *Studienausgabe. Band III. Psychologie des Unbewußten.* Frankfurt am Main, Fischer. 103-118.

Freud, Sigmund (2000). Erinnern, Wiederholen und Durcharbeiten. (1914). In: Ders., *Studienausgabe. Schriften zur Behandlungstechnik. Ergänzungsband.* Frankfurt am Main, Fischer. 205-216.

Freud, Sigmund (2000). Totem und Tabu. (1912-13). In: Ders., *Studienausgabe. Band IX. Gesellschaft/ Religion.* Frankfurt am Main, Fischer Taschenbuch. 287-444.

Godard, Jean-Luc (1963). *Le Mépris.* Italien/ Frankreich.

Goldie, Peter (2000). *The Emotions. A Philosophical Exploration.* Oxford, Clarendon Press.

Goldie, Peter (2004). Emotion, Feeling, and Knowledge of the World. In: Solomon, Robert, Hrsg. *Thinking about Feeling. Contemporary Philosophers on the Emotions.* Oxford, Oxford University Press. 91-106.

Goldie, Peter (2004). Emotion, Reason, and Virtue. In: Evans, Dylan und Pierre Cruse, Hrsg. *Emotion, Evolution, and Rationality.* Oxford, Oxford University Press. 249-267.

Goldie, Peter (2005). Imagination and the Distorting Power of Emotion. *Journal of Consciousness Studies* 12(8-10). 130-142.

Goldie, Peter, Hrsg. (2002). *Understanding Emotions: Minds and Morals.* Cornwall, Ashgate Publishing.

Goldman, Alvin (1995). Interpretation Psychologized. In: Davies, Martin und Tony Stone, Hrsg. *Folk Psychology. The Theory of Mind Debate.* Oxford, Blackwell. 74-99.

Gordon, Robert (1986). Folk Psychology as Simulation. *Mind and Language* 1(2). 158-171.

Grandy, Richard (1973). Reference, Meaning, and Belief. *Journal of Philosophy* 70(14). 439-452.

Greenspan, Patricia (1980). A Case of Mixed Feelings: Ambivalence and the Logic of Emotion. In: Oksenberg Rorty, Amelie, Hrsg. *Explaining Emotions.* Berkeley, University of California Press. 223-250.

Grünbaum, Adolf (1984). *The Foundations of Psychoanalysis: A Philosophical Critique.* Berkeley, University of California Press.

Habermas, Jürgen (1990). Die Stunde der nationalen Empfindung. Republikanische Gesinnung oder Nationalbewußtsein? In: Ders., *Die nachholende Revolution*. Frankfurt am Main, Suhrkamp. 157-166.

Haneke, Michael (2006). *Caché*. Frankreich/ Österreich/ Deutschland/ Italien.

Harris, Paul L. (1992). From Simulation to Folk Psychology: The Case for Development. *Mind and Language* 7. 120-144.

Heidegger, Martin (1993). *Sein und Zeit*. Tübingen, Max Niemeyer.

Helm, Bennett (1994). The Significance of Emotions. *American Philosophical Quarterly* 31(4). 319-331.

Helm, Bennett (2002). Felt Evaluations. A Theory of Pleasures and Pains. *American Philosophical Quarterly* 39(1). 13-30.

Hempel, Carl G. (1970). Erklärung in Naturwissenschaft und Geschichte. (1962). In: Krüger, Lorenz, Hrsg. *Erkenntnisprobleme der Naturwissenschaften*. Köln/ Berlin, Kiepenheuer und Witsch. 215-238.

Henckmann, Wolfhart (2004). Über das Verstehen von Gefühlen. In: Herding, Klaus und Bernhard Stumpfhaus, Hrsg. *Emotion, Pathos, Gefühl*. Berlin/ New York, Walter de Gruyter. 51-79.

Hoehn-Saric, Rudolph; John R. Lipsey et al. (1990). Apathy and Indifference in Patients on Fluaxamine and Fluoxetine. *Journal of Clinical Psychopharmacology* 10(5). 344-348.

Holodynski, Manfred und Wolfgang Friedlmeier (2005). *Emotionen – Entwicklung und Regulation*. Berlin, Springer.

Honderich, Ted, Hrsg. (1995). *The Oxford Companion to Philosophy*. Oxford, Oxford University Press.

Husserl, Edmund (1975). Logische Untersuchungen. Untersuchungen zur Phänomenologie und Theorie der Erkenntnis. (1901). In: Ströker, Elisabeth, Hrsg. *Studienausgabe der V. Logischen Untersuchung*. Hamburg, Meiner.

James, William (1884). What is an emotion? *Mind* 9(34). 188-204.

Kenny, Anthony (1963). *Action, Emotion and Will*. London, Routledge and Kegan Paul.

Koppelberg, Dirk (2002). Theorien mentaler Simulation und die Vielfalt affektiver Phänomene – Begriffliche Probleme und empirische Belege. In: Döring, Sabine und Verena Mayer, Hrsg. *Die Moralität der Gefühle*. Berlin, Akademie. 213-228.

Krämer, Felicitas (2006). *Neuro-Enhancement von Emotionen: Zum Begriff emotionaler Authentizität*. Conference on Emotions between Authenticity and Regulation, Universität Bielefeld.

Kramer, Peter D. (1993). *Listening to Prozac: A Psychiatrist explores antidepressant drugs and the remaking of the self*. New York, Penguin.

Lamarque, Peter (1981). How can we Fear and Pity Fictions? *British Journal of Aesthetics* 21(4). 291-304.

Lammers, Claas-Hinrich (2007). *Emotionsbezogene Psychotherapie. Grundlagen, Strategien und Techniken.* Stuttgart, Schattauer.

Landweer, Hilge (1999). *Scham und Macht. Phänomenologische Untersuchungen zur Sozialität eines Gefühls.* Tübingen, Mohr Siebeck.

Landweer, Hilge (2004). Phänomenologie und die Grenzen des Kognitivismus. Gefühle in der Philosophie. *Deutsche Zeitschrift für Philosophie* 52(3). 467-486.

Langer, Susanne K. (1942). *Philosophy in a New Key. A Study in the Symbolism of Reason, Rite, and Art.* Cambridge Mass., Harvard University Press.

Lashley, Karl Spencer (1956). Cerebral Organization and Behavior. In: Solomon, H.; S. Cobb et al., Hrsg. *The Brain and Human Behavior.* Baltimore, MD, Williams and Wilkens Press.

Leibniz, Gottfried Wilhelm (1714). *Monadologie*, zitiert nach der von Hartmut Hecht übersetzten und herausgegebenen Ausgabe: 1998. Stuttgart. Reclam.

Lenzen, Manuela (2005). *In den Schuhen des anderen. Simulation und Theorie in der Alltagspsychologie.* Paderborn, Mentis.

Lipps, Theodor (1907). Das Wissen von fremden Ichen. *Psychologische Untersuchungen* I(4). 694-722.

Lipton, Peter (1991). *Inference to the Best Explanation.* London, Routledge.

Löw-Beer, Martin (1990). *Selbsttäuschung: Philosophische Analyse eines psychischen Phänomens.* Freiburg/ München, Alber.

Mayberg, Helen S.; Andreas M. Lozano et al. (2005). Deep brain stimulation for treatment-resistant depression. *Neuron* 45(5). 651-660.

Milgram, Stanley (1974). *Obedience to Authority. An Experiment View.* New York, Harper&Row.

Moran, Richard (1994). The Expression of Feeling in Imagination. *Philosophical Review* 103(1). 75-104.

Moran, Richard (2001). *Authority and Estrangement.* Princeton, Princeton University Press.

Moran, Richard (2002). Frankfurt on Identification: Ambiguities of Activity in Mental Life. In: Buss, Sarah und Lee Overton, Hrsg. *Contours of Agency. Essays on Themes from Harry Frankfurt.* Cambridge, MIT Press. 189-217.

Moran, Richard (2003). Responses to O'Brien and Shoemaker. *European Journal of Philosophy* 11(3). 402-419.

Moravia, Alberto (1987). *Die Verachtung.* Reinbek bei Hamburg, Rowohlt.

Morsbach, H. und W.J. Tyler (1986). A Japanese Emotion: *Amae.* In: Harré, Rom, Hrsg. *The Social Construction of Emotion.* Oxford, Blackwell. 289-307.

Mulligan, Kevin (2007). Was sind und was sollen die unechten Gefühle? In: Amrein, Ursula, Hrsg. *Das Authentische. Zur Konstruktion von Wahrheit in der Moderne.* Zürich, Chronos.

Murdoch, Iris (1971). *The Sovereignty of Good.* New York, Routledge.

Musil, Robert (2000). *Der Mann ohne Eigenschaften.* Reinbek bei Hamburg, Rowohlt.

Nagel, Thomas (1979). What Is It Like to Be a Bat? In: Ders., *Mortal Questions.* Cambridge, Cambridge University Press. 165-180.

Newmark, Catherine (2008). *Pathos – Affekt – Gefühl. Philosophische Theorien der Emotionen zwischen Aristoteles und Kant.* Hamburg, Meiner.

Nissenbaum, Helen (1986). *Emotion and Focus.* Chicago, University of Chicago Press.

Nussbaum, Martha (2001). *Upheavals of Thought. The Intelligence of Emotions.* New York, Cambridge University Press.

Nussbaum, Martha (2004). Emotions as Judgments of Value and Importance. In: Solomon, Robert, Hrsg. *Thinking about Feeling. Contemporary Philosophers on the Emotions.* Oxford, Oxford University Press. 183-199.

Oksenberg Rorty, Amelie (1980). Explaining Emotions. In: Dies., Hrsg. *Explaining Emotions.* Berkeley/ Los Angeles, University of California Press. 103-126.

Porter, Roy (2002). *Madness. A Brief History.* New York, Oxford University Press.

Proust, Marcel (1988). *A la recherche du temps perdu.* Paris, Gallimard.

Pugmire, David (1998). *Rediscovering Emotion.* Edingburgh, University Press.

Radford, Colin (1975). How can we be moved by the fate of Anna Karenina? *Proceedings of the Aristotelian Society Supplement* 49. 67-79.

Riemann, Fritz (1979). *Grundformen der Angst. Eine tiefenpsychologische Studie.* München/ Basel, Ernst Reinhardt.

Roberts, Robert C. (2003). *Emotions. An Essay in Aid of Moral Psychology.* Cambridge, Cambridge University Press.

Robinson, Jenefer (1995). Startle. *The Journal of Philosophy* XCII(2). 53-74.

Ross, Lee und Richard E. Nisbett (1991). *The Person and the Situation: Perspectives of Social Psychology.* New York, McGraw-Hill.

Russell, Bertrand (1997). Knowledge by acquaintance and knowledge by description. (1912). In: Ders., *The Problems of Philosophy.* New York/ Oxford, Oxford University Press. 46-59.

Scheler, Max (1973). *Wesen und Formen der Sympathie.* (1923). Bern, Francke Verlag.

Schleiermacher, Friedrich Daniel Ernst (1974). *Hermeneutik.* (1838). Heidelberg, Carl Winter.

Schloßberger, Matthias (2005). *Die Erfahrung des Anderen. Gefühle im menschlichen Miteinander.* Berlin, Akademie.

Schmidbauer, Wolfgang und Jürgen vom Scheidt (1971). *Handbuch der Rauschdrogen.* Frankfurt am Main, Fischer.

Schmitz, Hermann (1990). *Der unerschöpfliche Gegenstand.* Bonn, Bouvier.

Schoeman, Ferdinand, Hrsg. (1987). *Responsibility, Character, and the Emotions. New Essays in Moral Psychology.* Cambridge, Cambridge University Press.

Scholz, Oliver Robert (1999). *Verstehen und Rationalität. Untersuchungen zu den Grundlagen von Hermeneutik und Sprachphilosophie.* Frankfurt am Main, Vittorio Klostermann.

Scholz, Oliver Robert (1999). Wie versteht man eine Person? Zum Streit über die Form der Alltagspsychologie. *Analyse und Kritik. Zeitschrift für Sozialwissenschaften* 21(1). 75-96.

Scriven, Michael (1970). Explanations, Predictions, and Laws. In: Feigl, Herbert und Grover Maxwell, Hrsg. *Minnesota Studies in the Philosophy of Science.* Minneapolis, University of Minnesota Press. 170-230.

Servan-Schreiber, David (2004). *Die neue Medizin der Emotionen. Stress, Angst, Depression: Gesund werden ohne Medikamente.* München, Antje Kunstmann.

Servan-Schreiber, David; William M. Perlstein et al. (1998). Selective pharmacological activation of limbic structures in human volunteers: A positron emission tomography study. *Journal of Neuropsychiatry and Clinical Neurosciences* 10. 148-159.

Slaby, Jan (2008). *Gefühl und Weltbezug. Die menschliche Affektivität im Kontext einer neo-existenzialistischen Konzeption von Personalität.* Paderborn, Mentis.

Solomon, Robert C. (1993). *The Passions. Emotion and the Meaning of Life.* Indianapolis, Hackett Publishing.

Solomon, Robert C. (2007). *True To Our Feelings. What Our Emotions Are Really Telling Us.* Oxford/ New York, Oxford University Press.

Stanislawski, Konstantin (2001). *Die Arbeit des Schauspielers an sich selbst.* Berlin, Henschel.

Steinfath, Holmer (2001). *Orientierung am Guten. Praktisches Überlegen und die Konstitution von Personen.* Frankfurt am Main, Suhrkamp.

Stephan, Achim (2003). Zur Natur künstlicher Gefühle. In: Ders., Hrsg. *Natur und Theorie der Emotionen.* Paderborn, Mentis. 309-324.

Stich, Stephen P. (1996). *Deconstructing the Mind.* New York, Oxford, Oxford University Press.

Strawson, Galen (2005). Gegen die Narrativität. *Deutsche Zeitschrift für Philosophie* 53(1). 3-22.

Thomä, Helmut und Horst Kächele (1989). *Lehrbuch der psychoanalytischen Therapie.* Berlin et.al., Springer.

Titchener, Edward B. (1896). *An Outline of Psychology.* New York, Macmillan Company.

Valéry, Paul (1993). *Cahiers/ Hefte.* Frankfurt am Main, Fischer.

Vielmetter, Georg (1998). *Die Unbestimmtheit des Sozialen. Zur Philosophie der Sozialwissenschaften.* Frankfurt am Main, Campus.

Voss, Christiane (2004). *Narrative Emotionen. Eine Untersuchung über Möglichkeiten und Grenzen philosophischer Emotionstheorien.* Berlin, Walter de Gruyter.

Wallace, Jay R. (1998). *Responsibility and the Moral Sentiments.* Cambridge Mass., Harvard University Press.

Walton, Kendall L. (1990). *Mimesis as Make-Believe.* Cambridge, Harvard University Press.

Weber-Guskar, Eva (2007). Ist Rausch ein Gefühl? *Totalitarismus und Demokratie* 4(2). 391-400.

Wittgenstein, Ludwig (1997). *Philosophische Untersuchungen.* Frankfurt am Main, Suhrkamp.

Wittgenstein, Ludwig (2000). *Nachlass.* Oxford, The Bergen Electronic Edition.

Zinck, Alexandra und Albert Newen (2008). Classifying Emotion: A Developmental Account. *Synthese. An International Journal for Epistemology, Methodology and Philosophy of Science* 161(1). 1-25.

Personenregister